OLIVER HILMES

Das Verschwinden des Dr. Mühe

**EINE KRIMINALGESCHICHTE
AUS DEM BERLIN DER 30ER JAHRE**

PENGUIN VERLAG

Sollte diese Publikation Links auf Webseiten Dritter enthalten,
so übernehmen wir für deren Inhalte keine Haftung,
da wir uns diese nicht zu eigen machen, sondern lediglich
auf deren Stand zum Zeitpunkt der Erstveröffentlichung verweisen.

Penguin Random House Verlagsgruppe FSC® N001967

1. Auflage 2022
Copyright © dieser Ausgabe 2022 by Penguin Verlag
in der Penguin Random House Verlagsgruppe GmbH,
Neumarkter Straße 28, 81673 München
Copyright © der Originalausgabe 2020 by Penguin Verlag, München
Covergestaltung: FAVORITBUERO, München
Covermotiv: Mauritius Images / Rosseforp /
imageBROKER v: Shutterstock / new person / janniwet
Karten: Peter Palm, Berlin
Gesamtherstellung: GGP Media GmbH, Pößneck
Printed in Germany
ISBN 978-3-328-10869-6
www.penguin-verlag.de

Für meine Eltern

Diese Geschichte beruht auf einer wahren Begebenheit. Zahlreiche Ereignisse konnten anhand historischer Dokumente rekonstruiert werden, anderes wurde aus dramaturgischen Gründen erdacht.

*Alle Verbrechen sind auch vor dem Erfolg der Tat,
soweit genug Schuld besteht, ausgeführt.*

Lucius Annaeus Seneca (um 4 v. Chr.–65 n. Chr.)

DER SEE

Ernst Keller steht am Ufer des Sacrower Sees und schaut auf das Wasser. Es ist nahezu windstill, und die Wasseroberfläche bildet einen Spiegel, in dem sich das gleißende Sonnenlicht bricht. Keller kneift die Augen zusammen, zusätzlich zieht er seinen Hut tief ins Gesicht, damit die Krempe einen Schatten wirft. Jetzt erst erkennt er auf dem See ein kleines Ruderboot, das seine Runden zieht.

Der hundertsieben Hektar große Sacrower See ist eiszeitlichen Ursprungs und misst an seiner tiefsten Stelle sechsunddreißig Meter. Das Wasser gilt als außergewöhnlich sauber, weshalb der See insbesondere in den warmen Monaten ein beliebtes Ausflugsziel darstellt. An der nördlichen Spitze, wo sich Ernst Keller gerade befindet, öffnet sich das von einem dichten Schilfgürtel umgebene Ufer zu einer Badestelle. Ein paar Meter oberhalb der Bucht ist das Lokal Waldfrieden ansässig, nicht weit entfernt liegt ein Zeltplatz. Ein idyllischer Ort, denkt Keller. Was hat Erich Mühe hier mitten in der Nacht nur gewollt?

DR. MED. ERICH MÜHE,
PRAKTISCHER ARZT IN BERLIN-KREUZBERG
MONTAG, 13. JUNI 1932

»Öffnen Sie bitte den Mund, und sagen Sie ›Hiiiihh‹. Noch etwas weiter. Ja, so ist es gut. Und jetzt bitte: ›Hiiiihh.‹« Bertha Kornrumpf ist einundsiebzig Jahre alt und die Besitzerin eines Bandagen- und Trikotagengeschäfts. Sie trägt heute einen langen Faltenrock, eine weiße Bluse und eine leichte Strickjacke. Die grauen Haare sind zu einem Dutt gesteckt. Vor etwa fünf Jahren ist ihr Mann Paul gestorben. Diesen Schicksalsschlag hat Frau Kornrumpf nie überwunden. Sie denkt jeden Tag an ihn.

Ihr gegenüber sitzt Dr. med. Erich Mühe, praktischer Arzt im Berliner Bezirk Kreuzberg. Dr. Mühe hat Paul Kornrumpf nie kennengelernt. Er war noch gestorben, bevor Erich Mühe die Praxis von seinem Vorgänger übernommen hat. Und doch hat Mühe das Gefühl, alles über Paul Kornrumpf zu wissen. Über sein Leben, seine Ehe mit Frau Bertha, über sein Leiden und auch über seinen Tod. Dr. Mühe unterbricht die Prozedur und klappt den an seinem Kopf befestigten kreisrunden Spiegel nach unten. Der Spiegel hat in der Mitte ein Loch, das sich nun direkt vor sein rechtes Auge schiebt. »So geht es besser. Darf ich noch einmal bitten?« Während Frau Kornrumpf den Mund erneut öffnet und »Hiiiihh« sagt, drückt Dr. Mühe mit einem Holzstab die Zunge nach unten und schaut tief in den Rachen der

Patientin. Durch das Loch im Spiegel erkennt er eine Pharyngitis wie aus dem Lehrbuch. Frau Kornrumpf blickt derweil in die wasserblauen Augen ihres Arztes.

»Na, darauf müssen Sie aber nicht stolz sein«, stellt der Arzt fest. »Alles rot und geschwollen. Sie haben eine akute Halsentzündung. Das ist bei dem feuchten und kühlen Wetter der vergangenen Tage aber auch kein Wunder. Sie haben sich wohl etwas eingefangen. Ich verschreibe Ihnen eine Lösung zum Gurgeln.« Er greift zu seinem Rezeptblock. »Doch mit der Medizin alleine ist es nicht getan. Sie gehören ins Bett und müssen sich schonen. Mindestens eine Woche. Haben Sie das verstanden, Frau Kornrumpf?«

Frau Kornrumpf nickt, doch was sie verstanden hat, bereitet ihr große Sorgen. »Wie soll das gehen, Herr Doktor? Das Geschäft läuft nicht mehr so gut, seitdem Wertheim Bandagen in das Sortiment aufgenommen hat. Bei den Preisen am Moritzplatz kann ich nicht mithalten. Und überhaupt: Ich kann doch nicht den Laden für eine Woche zusperren. Unmöglich! Ach herrje, es ist ein Jammer. Wenn doch nur der Paul noch leben würde!«

»Aber, aber. Nur nicht den Kopf hängen lassen, Gnädigste. Es wird sich schon fügen.« Erich Mühe erhebt sich von seinem Stuhl und reicht Frau Kornrumpf das Rezept. »Stellen Sie sich vor«, sagt er, während er sie zur Tür begleitet, »in den nächsten Tagen schließe ich die Praxis, meine Frau und ich wollen ein paar Urlaubstage an der Ostsee verbringen. Ich dachte immer, dass das nicht gehe, dass ich doch nicht mal eben die Praxis zumachen könne. Doch glauben Sie mir – es ist ganz einfach.« Erich Mühe lächelt. Dann bittet er den Nächsten in das Behandlungszimmer.

Es ist Montag, der 13. Juni 1932. Bertha Kornrumpf war heute seine erste Patientin.

★

Jeden Morgen beginnt Erich Mühe um acht mit der Arbeit. So steht es auf dem Emailleschild an der Fassade des Hauses Oranienstraße 185: »Dr. med. Erich Mühe, Sprechstunde täglich von 8 bis 10 Uhr und 16 bis 18 Uhr, außer mittwochnachmittags«. Der Weg zu seiner Praxis ist für den Arzt denkbar kurz, denn die Behandlungsräume befinden sich in seiner Wohnung. Das gibt es oft in Berlin, wo herrschaftliche Wohnungen mitunter eine gesamte Etage einnehmen. Von den neun Zimmern, die Erich Mühe mietet, nutzt er drei beruflich und die verbleibenden fünf privat. Ein Zimmer hat er an eine Freundin seiner Frau untervermietet.

Die Wohnung der Mühes liegt im ersten Stock eines Hauses aus dem Jahre 1850. Die Fassaden der meisten Gebäude in der Oranienstraße sind mit spätklassizistischen Formen dezent dekoriert: hier ein Spitzgiebel und ein Ornament, dort ein Erker, eine Rosette oder eine Säule. Im Vergleich zu der Gegend rund um den Kurfürstendamm, wo der üppige Stuck wie Zuckerguss an den Häusern zu kleben scheint, wirkt die Architektur in dieser Nachbarschaft bescheiden.

Das Haus, in dem das Ehepaar wohnt, gehört dem Architekten Paul Renner, der dank seiner prachtvollen Villen zu Berlins bekanntesten Baumeistern zählt. Wer über das nötige Kleingeld verfügt, lässt sein Eigenheim von Renner errichten.

Paul Renner und sein Mieter Erich Mühe sind sich bislang noch nicht begegnet. Der Architekt kommt selten nach Kreuzberg, residiert er doch selbst im noblen Westend. Um die Vermietungsangelegenheiten kümmert sich ein Hausverwalter. Der hat alle Hände voll zu tun, denn neben den Eheleuten sind zweiunddreißig weitere Parteien in der Oranienstraße 185 gemeldet. Man vermutet kaum, dass sich hinter der unscheinbaren Toreinfahrt nacheinander vier Gewerbehöfe erstrecken. Die Buchdruckerei Fraundorf & Zehnpfundt hat dort ebenso ihre Werkstatt wie Tischlermeister Siebert oder Metallhändler Wiedemann. In den vergangenen zwei Jahren gab es als Folge der schlechten Konjunktur eine gewisse Fluktuation: Handwerksbetriebe gaben auf, andere zogen neu hinzu. Wirtschaftliche Probleme hat neuerdings auch die Gamaschenfabrik Angerer, Koch & Co. AG, die erst vor zwei Jahren ihren Firmensitz aus dem rheinischen Mettmann in einen der Hinterhöfe verlegt hat. Doch Gamaschen sind irgendwie aus der Mode gekommen, und die Geschäfte laufen schlecht. Wenn kein Wunder geschieht, wird man in Kürze ein Vergleichsverfahren eröffnen müssen.

Im Seitenflügel wohnen die Damen Klimpel und Schade, beide früh verwitwet und beide Erich Mühes Patientinnen. Frau Klimpel, die gerne in die Oper geht und besonders die Musikdramen Richard Wagners schätzt, hat einen kleinen Hund namens Wotan, der allerdings weniger an eine germanische Gottheit, sondern eher an eine Mischung aus einem Hund und einem Reh erinnert. Wotan ist spindeldürr und kompensiert diese körperliche Unzulänglichkeit mit unentwegtem Bellen.

Zu Mühes Patienten gehört auch der Kaufmann Cäsar Frahm, der im dritten Stock wohnt. Herr Frahm ist in seinen Dreißigern und stets sehr modisch gekleidet. Und er ist alleinstehend, was die beiden Damen merkwürdig finden. Trifft man sich im Treppenhaus oder im Hof, grüßen Frau Klimpel und Frau Schade ihren Nachbarn, doch hinter vorgehaltener Hand tratschen sie darüber, ob er vielleicht ein »175er« sei. Ihre juristischen Kenntnisse sind im Allgemeinen nicht sonderlich ausgeprägt, doch der Paragraf 175 des Reichsstrafgesetzbuchs, der die »widernatürliche Unzucht« zwischen Männern unter Strafe stellt, ist ihnen durchaus ein Begriff.

Wenn Herr Frahm zu Dr. Mühe in die Sprechstunde kommt, macht der Arzt immer kleine Späße. Welche Schlacht er zuletzt gewonnen habe, frotzelt er dann. Und ob er mit »dem anderen Cäsar« verwandt sei. Frahm lächelt verlegen. Doch von den Kontakten in der Praxis abgesehen, pflegt Erich Mühe keinen Umgang mit seinen Nachbarn. Gerade weil er ständig von Patienten umgeben ist, bedeutet ihm Geselligkeit nicht viel. Am liebsten ist er alleine – zum Leidwesen seiner Frau.

★

Während der Arzt an diesem Vormittag die Rachen seiner Patienten inspiziert, ihnen den Puls misst, sie abtastet und so manches Rezept ausstellt, sitzt Charlotte Mühe im Wohnzimmer und blättert in einer Illustrierten. Nur wenige Meter trennen sie von ihrem Gatten, doch in Wirklichkeit ist es ein ganzes Leben. Hier die Hinfälligen und Kranken, dort die Prominenten und Reichen. Zwar hilft sie gelegentlich in der Praxis, aber Erichs Beruf ist ihr im Grunde zuwider. Manchmal fragt sie sich, warum sie einen Arzt geheiratet hat. Ja, warum eigentlich? Sie hat keine Antwort. Ihr Leben dreht sich jedenfalls nicht um die Gebrechen und Leiden der anderen. Charlotte Mühe liebt das Schöne und Gesunde. Ganz besonders haben es ihr Schauspielerinnen angetan. So veröffentlicht die Boulevardzeitung *Tempo* gerade eine Porträtserie mit dem Titel »Ist das Ihr Film-Typ?«, die sie atemlos verschlingt. In die kurzen Artikel kann sie sich versenken wie in einen Roman. Da dreht sich alles um Berühmtheiten wie Gitta Alpár, Lilian Harvey, Marta Eggerth oder Charlotte Ander. Heute hat Camilla Horn ihren Auftritt. »Ihre Entdeckung klingt wie ein Filmmärchen«, beginnt der Text. »Es war einmal ein großer Regisseur namens Murnau, der suchte für seinen *Faust*-Film ein Gretchen.« Ein paar Zeilen genügen, und Charlotte Mühe träumt sich in eine andere Welt. Sie wäre für ihr Leben gern eine gefeierte Sängerin. Eine zweite Lilli Lehmann! Wie ihr Vorbild würde sie dann die großen Rollen singen: Gluck und Mozart, Bizet, Verdi und Wagner. Sie wäre zu Gast an allen bedeutenden

Opernhäusern von New York bis Berlin, sie würde um die Welt reisen und in eleganten Hotels residieren. Man würde ihr nach jeder Aufführung Blumen auf die Bühne werfen und sie feiern. Und dann würden die Journale und Zeitschriften über sie berichten – über das wunderbare, aufregende und mondäne Leben der Charlotte Mühe. Zwar nimmt sie seit zwei Jahren sogar Unterricht, wobei sie eine schöne Stimme habe, wie ihr Lehrer sagt, doch einstweilen bleibt das alles wohl nur ein Traum. Ach, wenn sie doch nur jemand entdeckte!

★

Mittlerweile ist es zwölf Uhr, und Erich Mühe verlässt das Behandlungszimmer. Nach der Vormittagssprechstunde hat er noch einige Briefe und Berichte geschrieben, seine Abrechnungen erledigt und Telefonate geführt. Zeit für eine kurze Pause. Aus dem Wohnzimmer erklingt Musik, Charlotte nimmt ihre Gesangsstunde wie jeden Montag. Normalerweise findet der Unterricht in der Wohnung des Lehrers statt, doch wenn das aus irgendwelchen Gründen einmal nicht geht, trifft man sich in der Oranienstraße. Heute ist so ein Tag.

Auf dem Programm steht ein Lied von Johannes Brahms. »O liebliche Wangen, ihr macht mir Verlangen«, singt Charlotte Mühe, bis das Klavier nach ein paar Takten abbricht und eine Männerstimme, offensichtlich der Lehrer Hugo Rasch, verzückt ruft: »Wunderbar, meine Liebe! Aber immer schön auf die Wortenden achten. Es heißt Ver-lan-gen.« Dann geht es weiter.

Zu schauen, zu grüßen,
Zu rühren, zu küssen,
Ihr macht mir Verlangen,
O liebliche Wangen!

An dieser Stelle hebt sie ihre Stimme in höchste Höhen, was man auf der gesamten Etage hört. »Schnell weg«, murmelt Mühe und zieht die Wohnungstür hinter sich zu. Dabei ist er kein Musikbanause, keineswegs, gelegentlich begleitet er seine Frau sogar in ein Konzert. Vor ein paar Monaten besuchten sie ein Konzert in der Philharmonie. Das Berliner Philharmonische Orchester wurde von dem berühmten Dirigenten Bruno Walter geleitet. Dieser Abend hat ihm gut gefallen. Nach dem Konzert gingen seine Frau und er zu Fuß von der Bernburger Straße, wo sich die Philharmonie befindet, durch die Köthener Straße zum Haus Vaterland. Eigentlich mag er dieses Etablissement mit den vielen Restaurants, Cafés und Bars nicht. Zu laut. Zu viele Menschen. Zu viele Berlin-Besucher. Das Haus Vaterland, sagt er immer, sei nur für die zahllosen Gäste der Stadt erfunden worden. Als Berliner, zu denen sich der im Anhaltinischen geborene Erich Mühe mittlerweile zählt, gehe man nicht ins Vaterland.

Mit einer Ausnahme: Genau in der Mitte des riesigen Gebäudes liegt unterhalb der Csarda-Bar und zwischen dem türkischen Café und dem Löwenbräu die kleine Bodega. Eine spanische Weinbar, in der ein guter Tropfen serviert wird. Dort kehrt er ab und zu ein, so auch an jenem Abend nach dem Konzert. Charlotte und er nahmen auf zwei Hockern Platz, als Tisch diente ein altes Weinfass. Erich Mühe war noch nie in Spanien, und doch hegt er eine heimliche Liebe für dieses Land. Irgendwann einmal will er nach Madrid oder, noch besser, nach Barcelona reisen. Ein jeder Mensch hat Träume.

Während seine Frau Charlotte also das deutsche Liedgut pflegt, nimmt Erich Mühe Reißaus. Er will dem Gesangslehrer nicht begegnen. Ihm fällt es schwer zu sagen, warum er Hugo Rasch nicht mag. Ist es der spöttische Gesichtsausdruck? Der einschmeichelnde Ton, in dem er mit seiner Frau redet? Oder Raschs politische Einstellung, die dieser wie eine Monstranz zur Schau trägt?

Das Parteiabzeichen am Revers ist nicht zu übersehen. Vermutlich von allem etwas. Wenn ein Treffen unvermeidlich ist, setzt Mühe seiner Frau zuliebe ein Lächeln auf, doch im Grunde kann er Rasch nicht ausstehen.

Er macht sich auf den Weg zum Moritzplatz. Kommt ihm ein Bekannter oder ein Patient entgegen, zieht er seinen Hut und grüßt freundlich. Normalerweise braucht er für die kurze Strecke etwa zehn Minuten, doch heute dauert es länger. Als er vor dem Haus Oranienstraße 27 stehen bleibt und durch das Schaufenster in das altertümliche Ladenlokal schaut, erblickt er dort Bertha Kornrumpf bei der Arbeit. Er schüttelt den Kopf und bewegt seinen rechten Zeigefinger, als wollte er sagen: »Na, was sehe ich da? Sie gehören ins Bett!«

Ein paar Meter weiter, an der Kreuzung Oranien-/Ecke Adalbertstraße, steht ein Zeitungsjunge und preist die Schlagzeilen der aktuellen Blätter an. Mit spürbarer Anstrengung versucht er, hochdeutsch zu sprechen: »Die neue Reichsregierung kippt das SA-Verbot!« – »Hat Greta Garbo ihr ganzes Geld verloren?« – »Reichskanzler von Papen will SA wieder zulassen!« – »Sechs Berliner Schüler auf Segeljacht entflohen!« – »Selbstmord im Sacrower Forst!« – »Groener warnt vor der SA!«

Mühe bleibt abrupt stehen. »Was hast du gerade gesagt?«, fragt er den Jungen, der Knickerbocker und eine Schiebermütze trägt und dessen Gesicht mit Sommersprossen übersät ist.

»Wat meenense denn? Die SA oder die Jarbo? Ick hab ja mehr als eene Schlachzeile im Anjebot. Da müssense Ihnen schon jenauer ausdrücken.«

»Ich meine die Sache mit dem Sacrower Forst. Wo steht das?«

»Na, sajense dit doch jleich … dit findense hier drin.« Der Junge, höchstens zehn Jahre alt, reicht ihm eine Zeitung, die er sofort hastig durchblättert. Rasch entdeckt er den gesuchten Artikel: »Selbstmord eines Berliner Arztes«, steht da geschrieben.

Im Sacrower Forst sei eine Leiche gefunden worden: »Die daraufhin alarmierte Polizei untersuchte den Körper und fand in den Taschen der Kleidung die Ausweispapiere, aus denen hervorging, dass es sich bei dem Toten um den 33-jährigen Arzt Dr. Karl Fustding aus Berlin handelte.«

»Wat issen? Sie sehn ja aus, als ob Se den Allmächtijen jesehen haben.« Geschäftstüchtig wie Zeitungsjungen zu sein pflegen, fügt der Knirps hinzu: »Kieken is nüscht. Koofen!«

Mühe nuschelt ein paar Worte. Als ob er mit sich selbst redete, murmelt er zweimal »Sacrower Forst«. Dann gibt Mühe dem Jungen einen Groschen und setzt seinen Weg fort.

★

Vor einem großen Geschäftshaus an der Kreuzung Oranienstraße/ Ecke Oranienplatz stehen Passanten und betrachten die neueste Damenmode in den Schaufenstern des Kaufhauses C&A. Die Schaufensterpuppen aus Gips und mit modellierten Frisuren tragen wadenlange Röcke, Blusen mit niedrig angesetzten Puffärmeln und breit geschnittenen Schultern sowie kleine Velourhüte, die seitlich tief ins Gesicht gezogen sind. Die Taillen der meisten Modelle sind eng und sitzen hoch, wodurch der Oberkörper kurz und schmal erscheint. Einige Damen diskutieren lebhaft die Vor- und Nachteile der aktuellen Entwürfe.

»Was sagt man dazu?«, echauffiert sich eine Passantin. »Wer soll das denn tragen? Da muss man ja Mannequin sein, um da reinzupassen.«

Eine andere Frau lacht: »Reinpassen tue ich auch nicht. Und leisten kann ich mir das erst recht nicht.« Zu ihrem Mann gewandt, sagt sie: »Nicht wahr, Hermann ... Muttern bleibt bei ihre Kittelschürze.«

In den Obergeschossen des Hauses befinden sich das Hotel

Ahlbecker Hof sowie die Räumlichkeiten des Zentralverbands der Angestellten. Mühe wirft im Vorbeigehen einen flüchtigen Blick auf das Treiben, dann überquert er den Oranienplatz.

Als er vor knapp vier Jahren von Schöneberg nach Kreuzberg zog, war die Umgestaltung des Oranienplatzes gerade abgeschlossen. Bis dahin hatte der Luisenstädtische Kanal den Platz in zwei Hälften geteilt. Da das Gewässer allerdings die meiste Zeit stand und nicht abfloss, was gerade in heißen Sommern mit großem Gestank verbunden war, beschloss man, den Kanal zuzuschütten. Die alte Oranienbrücke, die die beiden Platzhälften verbunden hatte, wurde abgetragen. Auch die vier mächtigen Kandelaber, die das Areal einst prägten, passten nicht mehr in die Zeit und mussten weichen.

Mühe geht die Oranienstraße etwa dreihundert Meter weiter und erreicht nun den Moritzplatz. Dort herrscht der übliche Trubel. Zahllose Passanten drängeln sich auf den Bürgersteigen und vor den Geschäften. Er kauft in der Tabakwarenhandlung Loeser & Wolff ein Päckchen Zigaretten und stattet dann Ernst Kobligk, dem Besitzer der Apotheke Zum Schwan, einen kurzen Besuch ab.

Neben der Apotheke steht das Kaufhaus Wertheim. 1913 errichtet, nimmt der mächtige Bau mit den siebenundzwanzig breiten Fensterachsen und den vier großen Eingangsportalen den gesamten südöstlichen Rand des Platzes ein. Bei Wertheim gibt es alles für den täglichen Bedarf. Im Souterrain werden Haushaltswaren und Porzellan angeboten, im Erdgeschoss Kurzwaren und – zum Leidweisen von Frau Kornrumpf – neuerdings auch Trikotagen. In den oberen Stockwerken findet man die aktuelle Damen- und Herrenmode und vieles andere mehr. Ein großer Lichthof verbindet alle Etagen miteinander.

Zehn Straßenbahnlinien überqueren den Moritzplatz im Minutentakt. Vor vier Jahren erhielt er zudem einen Anschluss an die

Untergrundbahn. Eigentlich war der neue Halt auf der Strecke von Gesundbrunnen nach Neukölln am benachbarten Oranienplatz vorgesehen, doch merkwürdigerweise entschieden sich die Verkehrsplaner dann doch für den Moritzplatz, wodurch die Bahn allerdings eine scharfe Kurve fahren muss. Bis heute halten sich die Gerüchte, dass sich Firmeninhaber Georg Wertheim den Anschluss seines Hauses an das Verkehrsnetz fünf Millionen Mark kosten ließ. Mühe kennt das Gerede, es ist ihm gleichgültig. Im Gegensatz zu seiner Frau besucht er nur selten das Wertheim-Kaufhaus, und die Untergrundbahn nutzt er, nachdem er sich vor Kurzem ein Auto zugelegt hat, ohnehin nicht mehr.

★

Das Statistische Reichsamt in der Alexanderstraße weiß alles: wie hoch die Ausgaben und Einnahmen der öffentlichen Verwaltung sind, über wie viele Binnenschiffe das Reich verfügt und welche Einkünfte aus Land- und Forstwirtschaft erzielt werden. Es gliedert die deutschen Volksbüchereien nach Ländern, Gemeinden und Provinzen, berechnet den Personalstand der Behörden und gibt den Gebrechlichen und Invaliden ein statistisches Antlitz. Es zählt Obstbäume, Wohnungen, Rindviecher und Schafe, Eisenbahnzüge, Kraftwagen, Lichtspieltheater, Ehepaare und Kinder, unverheiratete Damen und alleinstehende Herren, Juden, Christen und Atheisten sowie Ausländer und Staatenlose. Für die Beamten des Statistischen Reichsamts besteht Deutschland nur aus Zahlen und Prozenten.

Eine Ziffer lautet: 49 971. Genauer gesagt: Im Deutschen Reich leben 49 971 Ärztinnen und Ärzte. Auf 10 000 Einwohner kommen 7,9 Mediziner. In Berlin ist die Versorgung noch besser: 6653 Ärzte kümmern sich um die Gesundheit in der Reichshauptstadt, das sind 16 pro 10 000 Bürger. Darüber hinaus sind

1222 Zahnärzte, 2386 Zahntechniker, 879 Hebammen sowie 1384 Heilgehilfen und Masseure verzeichnet. In Berlin gibt es 51 711 Krankenhausbetten, 494 Apotheken und 501 Tierärzte.

Dr. med. Erich Mühe ist einer von den 6653 Berliner Ärzten. Geboren am 17. Mai 1898 im anhaltinischen Wulfen, einem verschlafenen Nest auf halber Strecke zwischen Halle und Magdeburg, Vater Christoph Bahnhofsvorsteher, Mutter Luise Hausfrau. Abitur am Karlsgymnasium in Bernburg, Anfang 1917 Einberufung zum Heeresdienst nach Frankreich. Nach Kriegsende Studium der Medizin in München, Jena und Berlin. Dissertation über »Ein Fall von Angioma arteriale racemosum«, Zulassung als Arzt im Mai 1923. Die Praxis in der Oranienstraße betreibt er seit 1928; zuvor war er zwei Jahre in der Eisenacher Straße niedergelassen.

Er ist vierunddreißig Jahre alt, eins siebzig groß, schmächtig und hat dunkelblondes, in der Mitte gescheiteltes Haar; bartlos. Da er Schmisse im Gesicht hat, lässt das vermuten, dass er als Student Mitglied in einer schlagenden Verbindung war. Gegen seine Kurzsichtigkeit trägt er eine modische Brille mit schwarzer Fassung. Weiterhin besitzt er ein Auto, einen Hund und zwei Lebensversicherungen. Vor Kurzem hat er sein Postscheckkonto aufgelöst und sich mehrere Tausend Mark auszahlen lassen.

Geheiratet hat er im Juli 1924 in Magdeburg. Seine Frau Charlotte ist zwei Jahre jünger als er und stammt aus Berlin.

Ob Erich Mühe glücklich ist, weiß das Statistische Reichsamt nicht.

★

Erich Mühe betritt durch eine Drehtür das Restaurant Aschinger am Moritzplatz. Die Tür dreht sich so schnell, dass Mühe aufpassen muss, nicht eingeklemmt zu werden. Gilt das Restaurant Horcher in der Lutherstraße als das kulinarische Eldorado der Hautevolee, ist Aschinger die Adresse der Leute wie du und ich. Etwa 40 000 Gäste besuchen täglich die Aschinger-Lokale, zu denen Gaststätten –»Bierquellen« genannt –, Konditoreien, Restaurants sowie Straßenverkaufsstellen gehören. Bei Aschinger gibt es Hausmannskost zu günstigen Preisen, überdies erhält jeder Gast gratis einen Brotkorb. Mancher Student bestellt eine Tasse Kaffee oder ein Glas Bier und tut sich an den kostenlosen Brötchen gütlich.

Mühe schätzt die ungezwungene Atmosphäre und dass man einen schnellen Happen im Stehen essen kann, wenn die Zeit knapp ist. Charlotte kocht weder gern noch gut, so geht ihr Gatte mehrmals die Woche zu Aschinger.

»Was darf's denn heute sein, Herr Doktor?«, begrüßt ihn der Ober.

Mühe studiert die Speisekarte: Berliner Bratwurst mit Rotkohl für 75 Pfennige? Gedämpfte Nieren »pikant« mit Kartoffelbrei für 90 Pfennige? Kalbskotelett mit Schwenkkartoffeln für 1,50 Mark? Oder doch lieber Lachs mit Remouladensauce?

»Gustav, jetzt besuche ich euch so oft, dass ich die Speisekarte eigentlich in- und auswendig kennen müsste. Doch heute frage ich mich, was das ›Spezial-Sahnegulasch‹ von einem ›normalen‹ Sahnegulasch unterscheidet.«

Gustav – Ende vierzig, untersetzte Figur, schütteres Haar – sieht in seinem schwarzen Anzug, dem blütenweißen Hemd und mit der Fliege aus, als käme er soeben von einer Beerdigung oder einer Konfirmation. »Das hat mich noch nie jemand gefragt«, stammelt er. »Wie kommen Sie darauf?«

»Nun, wenn man Sahnegulasch mit dem Prädikat ›Spezial‹ versieht, muss das ja eine Berechtigung haben. Oder ist das nur ein Werbeetikett?«

Gustav schaut den Gast ungläubig an, als ob dieser ihn gerade gebeten hätte, etwas Unrechtes zu tun. »Bedaure, ich habe keinen blassen Schimmer, aber ich werde mich erkundigen«, antwortet der Kellner und verschwindet in der Küche. Nach kurzer Zeit kehrt er zurück. Ein Schluck Cognac bringe den besonderen Pfiff. Aber man solle das nicht an die große Glocke hängen, lasse der Koch ausrichten, die Konkurrenz schlafe ja nicht.

»Ich kann schweigen«, sagt Mühe und lacht, »das ist meine Berufskrankheit. Und was ist mit dem ›Spezial-Suppentopf‹?«

»Wie bitte?«

»Was ist der Unterschied zwischen einem ›Spezial-Suppentopf‹ und einem ganz normalen, geradezu gewöhnlichen Suppentopf?«

Das Spiel wiederholt sich.

»Koriander! Der Zusatz von Koriander macht aus jedem herkömmlichen Suppentopf eine Spezialität«, lautet die Botschaft aus der Küche. Der Kellner legt seinen rechten Zeigefinger auf den Mund.

»Ihr könnt euch auf mich verlassen«, flüstert Mühe.

Merkwürdig genug, bestellt er weder das »Spezial-Sahnegulasch« mit Spätzle noch den »Spezial-Suppentopf«. Er ordert Fisch mit Remouladensauce.

Dann holt er die Zeitung hervor, die er unterwegs gekauft hat, breitet sie vor sich aus und überfliegt die Schlagzeilen: »Hindenburg zieht um« – »Theaterdirektor Aufricht wegen Devisenvergehen festgenommen« – »Brüning spricht in Mainz« – »Fünf Todesopfer eines Familiendramas« – »Großfeuer im Lunapark« – »Nationalsozialistischer Überfall auf Passanten« – »Verbrecherjagd in der Potsdamer Straße«. Als Mühe in der Rubrik »Vermischtes« erneut auf den Artikel über den Selbstmord im Sacrower Forst stößt, hält er inne. Er starrt auf das Papier. Dann nimmt er die Zeitungsseite zwischen beide Hände, legt sie über die Tischkante, trennt den Artikel vorsichtig heraus und steckt ihn in die Innentasche seines Sakkos.

»Nichts passiert in der Welt«, sagt Mühe, als Gustav den Fisch serviert. Er faltet die Zeitung zusammen und legt sie beiseite. Nach dem Essen gibt er dem Kellner ein außergewöhnlich gutes Trinkgeld und verabschiedet sich per Handschlag. Beides hat er noch nie getan.

★

Dr. med. Erich Mühe ist ein wohlhabender Mann. Seine Arztpraxis läuft so gut, dass er im vergangenen Jahr ein Einkommen von 31 000 Mark zu versteuern hatte. Die Eheleute können es sich leisten, auf großem Fuß zu leben. Man beschäftigt ein Hausmädchen, das den Haushalt führt, die Einkäufe erledigt und die Praxis in Ordnung hält, sowie eine Wäschefrau. Das Personal wird stets pünktlich und in bar bezahlt. Vom Elend der Arbeitslosen, vom Schicksal der Hungerlöhner, vom tristen Dasein der Masse der Bevölkerung, der es zunehmend schlechter geht – von alledem wissen die Mühes nur aus den Zeitungen.

Dabei genügt ein Blick aus dem Wohnzimmerfenster. Mancher Nachbar in der Oranienstraße kann seine Miete nicht mehr zahlen und wird von der Polizei kurzerhand vor die Tür gesetzt. Kürzlich ging ein Mieterstreik durch die Presse – die Bewohner eines Hauses in der nahen Manteuffelstraße forderten lautstark: »Erst Essen – dann Miete!«

Deutschland ist tief gespalten. Bei den Landtagswahlen in Preußen, Hessen, Oldenburg und Anhalt ging Adolf Hitlers NSDAP zuletzt als Siegerpartei hervor – in Anhalt wurde der nationalsozialistische Politiker Alfred Freyberg sogar zum Ministerpräsidenten gewählt. Unter dem Eindruck dieser Ereignisse ließ der fünfundachtzigjährige Reichspräsident Paul von Hindenburg Reichskanzler Heinrich Brüning von der Zentrumspartei vor gut zwei Wochen fallen und beauftragte Franz von Papen mit der Regierungsbildung. Die liberalen Zeitungen machen sich seither über Papens erzkonservatives »Kabinett der Barone« lustig, das zudem ohne jeden parlamentarischen Rückhalt agiert. Die Sozialdemokraten, die Kommunisten und das Zentrum lehnen seine Regierung strikt ab, nur die NSDAP verspricht im Gegenzug für die Aufhebung des Verbots der SA und SS eine Tolerierung.

Die Mühes leben in einer Gegend, die von Kommunisten und Nationalsozialisten hart umkämpft wird. Während die Roten einen Stützpunkt in der Naunynstraße haben, treffen sich die Hitler-Anhänger im Restaurant Heyms in der Skalitzer Straße oder im Wiener Garten in der Wiener Straße. Immer wieder kommt es zu Straßenschlachten, bei denen nicht selten Blut fließt.

Im Februar 1932 waren rund sechs Millionen Menschen arbeitslos. Und Erich Mühe erfüllte sich einen besonderen Wunsch. Er stieg in ein Taxi und fuhr zur Belle-Alliance-Straße, die sich, wie Mühes Wohnung, in Kreuzberg befindet. Der Wagen hielt vor einem Gebäude, das wie eine Raubritterburg aussieht. Im vorderen Teil ist das Finanzamt beheimatet, im hinteren Teil der weitläufigen Anlage ein Gewerbehof mit der Berliner Filiale der Adlerwerke. Der Händler konnte zunächst nicht glauben, dass Mühe die Summe von gut 7000 Mark für den Kauf einer Limousine der Marke Adler ohne Weiteres bezahlen wollte. Man habe günstige Finanzierungsangebote, man könne in seinem Fall über einen Ratenkredit sprechen, als Arzt sei er ja ein solventer Kunde. Doch davon wollte Mühe nichts wissen und beglich die Rechnung in bar. Seither ist die rotbraune Limousine mit dem Kennzeichen IA 12458, den schwarzen Kotflügeln und den dunklen Scheibenrädern sein ganzer Stolz. Mit ihr fährt der Arzt zu Hausbesuchen und unternimmt Ausflüge in die Umgebung von Berlin.

Doch der Wohlstand hat seinen Preis. In der letzten Zeit wirkte Erich Mühe öfter überarbeitet und erschöpft. Seiner Patientin Bertha Kornrumpf hat er erzählt, dass er bald einen Erholungsurlaub an der Ostsee antreten wolle. Auch Charlotte Mühe findet, dass ihr Erich zu viel arbeitet. Fast jeden Abend macht ihr Mann noch Hausbesuche und kommt selten vor acht nach Hause. Klagt sie über sein langes Fortbleiben, reagiert er gereizt. Woher denn das Geld für den Gesangsunterricht stamme, fuhr Erich sie einmal an. Ein anderes Mal fragte er, ob sie eigentlich eine Vorstellung habe, wie teuer so ein sorgenfreies Leben sei. Und überhaupt: seine Patienten brauchten ihn.

Anstatt auf die Heimkehr ihres Mannes zu warten, würde Charlotte Mühe lieber häufiger ausgehen. So steht in der Staatsoper Unter den Linden heute Abend beispielsweise Wolfgang Amadeus Mozarts Oper *Così fan tutte* auf dem Programm. Die musikalische Leitung hat kein Geringerer als Otto Klemperer, der seit seiner Berufung nach Berlin vor fünf Jahren regelmäßig mit spektakulären Aufführungen von sich reden macht. Doch der Dirigent hat auch Gegner. Für Charlottes Gesangslehrer Hugo Rasch ist Klemperer ein gefährlicher »Volksfeind«, der sich vorgenommen habe, die deutsche Kultur zu zerstören. »Kulturbolschewismus« lautet das Schlagwort, das momentan in der Musik, Malerei und Literatur Hochkonjunktur hat. Kulturbolschewistisch sei alles, was einem missfalle, lästerte der Schriftsteller Carl von Ossietzky im vergangenen Jahr: »Wenn der Kapellmeister Klemperer die Tempi anders nimmt als der Kollege Furtwängler, wenn ein Maler in eine Abendröte einen Farbton bringt, den man in Hinterpommern selbst am hellen Tag nicht wahrnehmen kann, wenn man für Geburtenregelung ist, wenn man ein Haus mit flachem Dach baut, so bedeutet das ebenso Kulturbolschewismus wie die Darstellung eines Kaiserschnitts im Film.«

In der Städtischen Oper an der Bismarckstraße, dem anderen großen Berliner Musiktheater, wird Giacomo Puccinis *La Bohème* gegeben. »Puccini!«, seufzt Charlotte Mühe, als sie den Veranstaltungshinweis in der *B.Z. am Mittag* entdeckt. Sie hat eine Schwäche für romantische Liebesgeschichten und für leidenschaftliche Menschen, die sich einander hingeben. Und so rührt sie das Schicksal der jungen Mimì, die in den Armen ihres Geliebten Rodolfo stirbt, jedes Mal zu Tränen.

Sollte ihr allerdings der Sinn nach leichter Muse stehen, könnte Frau Mühe die Scala besuchen. In Berlins berühmtem Varieté-Theater in der Lutherstraße beginnt um 20:30 Uhr Willy Rosens neue Schlager-Revue. Die Konkurrenz vom Wintergarten schläft nicht. Der Amüsiertempel am Bahnhof Friedrichstraße wurde erst vor wenigen Jahren grundlegend umgebaut und hat nun Platz für 3000 Besucher. Direktor Ludwig Schuch muss schon etwas Besonderes aufbieten, um die Ränge zu füllen. Doch Schuch besitzt einen guten Riecher und setzt auf ein gemischtes Programm aus Artistik und Komik. Etwas später am Abend wird der beliebte Kabarettist Paul Graetz erwartet.

Im Kino läuft seit Kurzem die Komödie *Frau Lehmanns Töchter*. Die Portiersfrau Ottilie Lehmann will ihre drei Töchter endlich an den Mann bringen, was zu allerlei komischen Verwicklungen führt. Der Film ist harmlos, entpuppt sich aber vielleicht gerade deshalb als Kassenschlager. Vor dem Primus-Palast an der Potsdamer Straße, nicht weit vom Potsdamer Platz entfernt, stehen die Leute mehrfach täglich Schlange. Die Spätvorstellung beginnt um 21:15 Uhr. Charlotte Mühe will ihren Mann beim Abendessen fragen, ob er sie heute ins Kino begleitet.

★

Mittlerweile ist es kurz nach sechs, und Dr. Mühe hat die Nachmittagssprechstunde beendet. Gertrud Zillich, das Hausmädchen, räumt die Praxis auf. Gertrud ist Anfang zwanzig, schlank und trägt brünette Haare, die zu einem Knoten geflochten sind. Auf der rechten Schläfe hat sie einen Schönheitsfehler in Form eines Leberflecks. Gertruds Mutter sagt immer, der Herrgott habe sie dort gezeichnet. Doch von dem Fleck abgesehen, ist die junge Frau auffallend hübsch. Oder vielleicht gerade deshalb? Einmal hat sie ein wildfremder Mann auf der Straße angesprochen und gefragt, ob sie Mannequin sei. Da musste Gertrud verlegen kichern. Nicht so ihre Mutter. »Schuster, bleib bei deinen Leisten«, sagte sie, als sie davon erfuhr. »Der Herrgott hat dich für etwas anderes vorgesehen!« Und so findet sich Gertrud statt auf dem schicken Ku'damm in einer Kreuzberger Arztpraxis wieder, sterilisiert die medizinischen Bestecke und bereitet alles für den nächsten Tag vor, wenn um kurz vor acht die ersten Patienten erwartet werden.

Mühe sitzt am Schreibtisch und ist in Abrechnungen vertieft, als plötzlich das Telefon klingelt. Gertrud will den Anruf entgegennehmen, doch er geht dazwischen. »Das ist für mich«, zischt er und gibt ihr einen Wink, den Gertrud so deutet, sie solle den Raum verlassen. Vielleicht hat ihr Chef es nicht so gemeint, doch Gertrud will keinen Ärger und folgt der vermeintlichen Aufforderung. Während sie die Tür hinter sich schließt, hört sie, dass der Doktor plötzlich sehr aufgebracht ist. Noch auf dem Flur ist sein Schimpfen zu vernehmen: wie er sich das vorstelle und ob er wisse, in welche Lage ihn das bringe. Mehrfach ruft Mühe »später!« in das Telefon. Mit wem der Doktor spricht, bleibt für Gertrud unklar.

In der Küche trifft Gertrud auf Charlotte Mühe. Gertrud mag die Frau ihres Arbeitgebers nicht besonders. Frau Mühe neigt nämlich dazu, ihre Hausangestellten von oben herab zu behandeln. Fast nie fragt sie Gertrud mal was Persönliches. Wie es ihr gehe und ob sie einen Freund habe. Stattdessen besteht sie darauf, mit »gnädige Frau« oder »Frau Doktor« angeredet zu werden.

»Wo ist mein Mann?«, will Frau Mühe wissen.

»Der Herr Doktor ist im Behandlungszimmer und telefoniert, gnädige Frau.«

»Frag ihn, wann er mit seiner Arbeit fertig ist und das Abendessen wünscht.«

»Gewiss, gnädige Frau.«

Gertrud verlässt die Küche und geht zurück in den vorderen Teil der Wohnung, wo sich die Praxisräume befinden. Erich Mühe hat mittlerweile das Telefongespräch beendet und packt hastig seinen Arztkoffer.

»Herr Doktor, die gnädige Frau möchte wissen, wann Sie das Abendbrot wünschen.«

Doch Mühe ist in großer Eile, schnell zieht er seinen Mantel an und setzt sich seinen Hut auf. Während er aus der Wohnungstür in das Treppenhaus tritt, sagt er nur jenes Wort, dass Gertrud schon mehrmals von ihm gehört hat, gerade erst vor wenigen Minuten: »Später.«

PAUL LABENZ,
INHABER DES LOKALS WALDFRIEDEN AM SACROWER SEE
MITTWOCH, 15. JUNI 1932

Etwa fünfzig Meter vom Ufer des Sacrower Sees entfernt befindet sich die Gaststätte Waldfrieden. Das Lokal liegt etwas erhöht und besteht aus einem zweigeschossigen Haupthaus, das von einem Satteldach gekrönt wird, sowie einem flachen Anbau. Man erkennt viel Holz, die Fenster haben Sprossen, darunter hängen Blumenkästen mit Geranien. Von der großen Terrasse hat man einen schönen Blick auf den See. Das Waldfrieden ist ein typisches Ausflugslokal.

Während Ernst Keller auf den Hauseingang zugeht, passiert er ein Schild mit der Aufschrift »Gepflegte Küche«.

»Na, das wollen wir doch mal sehen«, murmelt Keller und öffnet die Tür. Es ist kurz vor zwölf, er ist hungrig.

Hinter dem Tresen steht ein Mann im grauen Arbeitskittel, den Keller für den Eigentümer oder Pächter hält. Mit völliger Seelenruhe spült er Gläser, die in großer Zahl auf der Theke stehen. Der Wirt scheint Keller nicht zu bemerken, bis dieser sich räuspert.

»Ich wünsche zu speisen!«, erklärt er feierlich, als beträte er das Hotel Adlon.

»Küche ist noch geschlossen«, erwidert der Mann im Kittel nonchalant. »Heute ist das Lokal erst ab nachmittags geöffnet.«

Ernst Keller greift in seine rechte Hosentasche, seine Finger passieren ein Taschentuch, streifen diverse Schlüssel und arbeiten sich dabei immer tiefer nach unten vor, bis sie die auf dem Stoffboden liegende Dienstmarke erspüren.

»Mein Name ist Keller, mein Assistent Schneider hat mich angekündigt.« Er hält seinem Gegenüber die Dienstmarke entgegen. »Mit wem habe ich das Vergnügen?«

Der Mann im grauen Kittel stellt sich als Paul Labenz vor. Er und seine Frau Eleonore seien die Inhaber des Waldfriedens. »Entschuldigen Sie, Herr Kommissar, ich habe Sie erst später erwartet.«

»Ist nicht schlimm«, entgegnet Keller. »Ich bin etwas früher gekommen, um eines Ihrer gewiss köstlichen Wiener Würstchen zu probieren.«

Er werde sehen, was sich da machen lasse, verspricht Paul Labenz und geht in die Küche.

Keller schaut sich im Gastraum um. Die Einrichtung: rustikal. Einfache Holztische und Stühle, die Wände dunkel vertäfelt, ein paar Bilder mit ländlichen Motiven, das unvermeidliche Geweih. Über der Theke ein gerahmter Kalenderspruch: »Essen und Trinken hält Leib und Seele zusammen.« Ernst Keller zuckt mit den Schultern.

Während seine Blicke durch den Raum gleiten, kehrt der Wirt aus der Küche zurück. »Wohl zu munden.« Labenz präsentiert einen Teller mit zwei Wiener Würstchen samt großer Portion Kartoffelsalat. »Hat meine Frau selbst gemacht«, fügt er stolz hinzu, als misstraute er seiner eigenen kulinarischen Kompetenz. Keller greift zu dem Besteck, das schon auf einem der Tische liegt.

»Schmeckt's?« Labenz schaut den Kommissar mit großen Augen an.

»So schnell bin ich nicht«, antwortet Keller. »Ich habe noch keinen Bissen probiert.« Er schneidet die beiden Würstchen in kleine Stücke. »Sie wissen, warum ich hier bin?«

Paul Labenz nickt.

»Bei Ihnen wurde ja das Auto des verschwundenen Arztes gefunden. Bitte schildern Sie mir, was Sie gesehen haben.« Keller balanciert eine Gabel mit Kartoffelsalat.

»Ja, die Sache mit dem Doktor ... Ist das nicht merkwürdig? Ich will Ihnen alles erzählen.« Der Wirt setzt sich zu Ernst Keller an den Tisch, faltet seine Hände, als wäre er zur Beichte in der Kirche und erzählt mit einer Beflissenheit, die der Kommissar von Menschen kennt, die erstmals als Zeugen befragt werden. Man will nichts falsch machen, man fühlt sich wichtig.

»Im Frühsommer herrscht bei uns immer Hochkonjunktur. Dann ist furchtbar viel zu tun, von früh bis tief in die Nacht. Ich beklage mich nicht, doch in der letzten Zeit war es arg viel. Das Schlimmste ist, dass meine Frau nicht gut schläft. Nun ... ich schlafe wie ein Bär. Lege mich hin und bin sofort weg. Doch meine Frau ... die Ärmste. Keine Nacht mehr als vier Stunden. So war es auch gestern. Um vier Uhr in der Früh ist sie aufgestanden, da sie nicht mehr schlafen konnte. Und als sie aus dem Fenster schaute, sah sie diesen schicken Wagen vor unserem Grundstück stehen. Nicht direkt auf dem Grundstück, sondern dort vorne, wo das Schild ›Schritt fahren‹ steht. Sehen Sie das?«

Ernst Keller beugt sich in die ihm gezeigte Richtung. »Ja, das Schild sehe ich.«

»Die Eleonore, meine Frau, dachte sich nicht viel dabei«, fährt Labenz fort, »im Sommer kommt es immer wieder vor, dass Badegäste im Morgengrauen an den See fahren. Manchmal verabreden sich auch Liebespaare um diese Uhrzeit zu einem Stelldichein. Eng umschlungen gehen die dann runter zum Ufer. Das ist richtig rührend. Meine Frau und ich mögen unsere Arbeit.

Jetzt schon im siebten Jahr. Und wir haben unser Auskommen – nicht viel, aber es reicht.«

»Können Sie sich vorstellen, dass Dr. Mühe mit einem anderen morgendlichen Badegast in einen Streit geraten ist?«

»Ach was … ausgeschlossen.« Labenz winkt ab. »Warum sollten sich zwei Menschen hier so früh in die Haare kriegen?«

»Genau das will ich in Erfahrung bringen.«

»Soll das heißen, dass der Doktor möglicherweise einem Verbrechen zum Opfer gefallen ist?« Der Mann im grauen Kittel blickt entsetzt. »Nein, das glaube ich nicht«, beantwortet Labenz seine Frage selbst. »Und überhaupt: Sacrow ist ein friedliches Fleckchen, da –«

»Der erste Sündenfall ereignete sich bekanntlich im Paradies«, unterbricht Keller den Wirt. »Als Kriminalist ist mir der Glaube an eine heile Welt schon lange flöten gegangen. Wenn Sie wüssten, was ich täglich zu sehen und hören bekomme. Also, gibt es nie Ärger mit betrunkenen Gästen?«

»Natürlich. Vor allem die Nazis bereiten uns immer wieder Sorgen«, seufzt der Wirt. »Die fallen im Sommer in Horden ein, wollen Bier trinken und grölen diese entsetzlichen Lieder – und vertreiben mir die anderen Gäste. Weist man sie zurecht, erhält man eine freche Antwort. Ich müsse aufpassen, wenn sie an der Macht seien, und so weiter. Das musste ich mir bereits mehrmals anhören! Ich lasse mir natürlich nichts anmerken, doch da kann einem schon ganz blümerant werden.«

Paul Labenz starrt an die Wand, bevor er sich wieder Keller zuwendet. »Wissen Sie, Herr Kommissar, Politik interessiert mich nicht. Hat es noch nie. Ich halte mich überall heraus. Soll doch ein jeder nach seinem Gusto glücklich werden. Aber mit den Nazis will ich nichts zu tun haben. Da sei Gott vor! War es nicht im April, dass Hindenburg die SA und SS verboten hat? Danach wurde es besser. Und gerade jetzt hat der Papen das Verbot wieder aufgehoben. Haben Sie das mitbekommen? Ging ja durch alle Zeitungen. Ob das etwas mit dem Verschwinden des Doktors zu tun hat? Ich meine ja nur, weil der Doktor doch ausgerechnet seit gestern gesucht wird. Vielleicht ist er den Kerlen in die Quere gekommen?«

Keller schüttelt den Kopf. »Nein, nein. Für solche Spekulationen ist es viel zu früh. Im Grunde wissen wir ja noch gar nichts.«

»Und wenn der Fall etwas mit dem Selbstmord zu tun hat, der kürzlich hier im Sacrower Forst passiert ist?« Paul Labenz macht ein Gesicht, als hätte er soeben einen Geistesblitz. »Der Tote soll ja auch ein Arzt gewesen sein, stand zumindest in der Zeitung. Vielleicht gibt es da eine Verbindung?«

»An Ihnen ist ja ein richtiger Kriminaler verloren gegangen«, lacht der Kommissar. »Der Tote aus dem Wald war zwar in der Tat ein Arzt, doch der junge Mann hat sich aus Liebeskummer das Leben genommen. Hing da an einem Strick. Furchtbare Sache. Wir haben in seiner Tasche einen Abschiedsbrief gefunden.« Keller hält für ein paar Sekunden inne und starrt durch das Fenster ins Weite. Dann wendet er sich wieder an den Wirt. »Lassen wir das. Schildern Sie mir bitte, was Sie an dem Auto beobachtet haben.«

»Also ... das Auto. Meine Frau, die Eleonore, sagte mir gestern Morgen, dass da ein unbekanntes Fahrzeug stehe. Aber Gedanken machte ich mir erst am Nachmittag. So eine schnieke Adler-Limousine lässt man doch nicht mit offenen Fenstern rumstehen. Ich schickte also den Heinrich zum Auto, um nach dem Rechten zu sehen und die Fenster zu schließen. Heinrich Drews, der arbeitet bei uns als Aushilfe. Der Heinrich ist ein feiner Kerl, ist schon lange arbeitslos und findet keine Anstellung mehr. Aber auf den Heinrich kann man sich immer verlassen.«

Paul Labenz steht auf und geht zum Fenster. Mit seiner Hand deutet er in Richtung Parkplatz. »Als der Wagen um halb elf abends immer noch dort stand, ging ich hinunter zur Limousine, um mir die Sache einmal persönlich anzuschauen. Der Heinrich hatte mir gesagt, dass auf der Rückbank ein blauer Lederkoffer sowie ein paar einzelne Kleidungsstücke lagen. Diese Dinge nahm ich an mich und brachte sie zur Sicherheit ins Haus. Ach ja … und den Schlüssel zog ich auch noch ab.«

»Den Schlüssel?«, wundert sich Ernst Keller. »Der steckte noch im Zündschloss?«

»Ja, das tat er. Gegen Mitternacht legten meine Frau und ich uns schlafen. Sie werden nicht glauben, was dann passierte: Als die Eleonore heute Morgen um halb fünf aufwachte, war das Auto plötzlich verschwunden. Ich frage Sie, Herr Kommissar: Wie geht das ohne Zündschlüssel? Wir haben in der Nacht nichts gehört. Kein Starten, keine Motorengeräusche, nichts. Man könnte denken, dass der Wagen weggerollt wurde. Das ist doch unheimlich, nicht wahr?«

Der Kommissar hat das Essen beendet und schiebt den Teller beiseite. »Den Koffer und die anderen Gegenstände nehme ich mit auf das Präsidium. Das sind Beweisstücke!«

»Gewiss«, entgegnet Labenz und weist auf eine Anrichte neben der Küchentür. »Meine Frau hat dort alles bereitgelegt.«

»Ist gut«, sagt Keller. »Ich zeige Ihnen nun eine Fotografie des Verschwundenen, und Sie sagen mir bitte, ob Sie diese Person hier schon einmal gesehen haben.« Keller zieht etwas aus seiner Aktentasche und legt es vor sich auf den Tisch. »Das ist Dr. Erich Mühe. Kennen Sie den Mann?«

»Darf ich …?«, fragt Paul Labenz und nimmt den Abzug in die Hand. Lange mustert er das Gesicht, während der Kommissar ihm in die Augen schaut. Keller weiß, das ist der Moment, in dem man merkt, ob jemand lügt. Damals, als er etwa den Tischlergesellen verhörte, der Stein und Bein schwor, das Mordopfer nicht zu kennen, wusste er intuitiv, dass das gelogen war.

Labenz sagt, er könne sich nicht erinnern und überhaupt schaue er seine Gäste nicht so genau an. Ernst Keller spürt, dass er die Wahrheit spricht.

»Doch meine Frau«, ergänzt der Wirt eilfertig, »die wird Ihnen sicher helfen können. Die Eleonore, die merkt sich Gesichter.«

Keller nickt. »Übrigens … der Kartoffelsalat – ganz ausgezeichnet.«

ELEONORE LABENZ, GEBORENE THIESSEN, EHEFRAU VON PAUL LABENZ, INHABERIN DES LOKALS WALDFRIEDEN AM SACROWER SEE

MITTWOCH, 15. JUNI 1932

Eleonore Labenz steht in der Küche und rührt mit einem großen Löffel in einem noch größeren Topf. Sie trägt eine geblümte ärmellose Kittelschürze, die Haare sind unter einem Netz zusammengesteckt. »Kesselgulasch!«, ruft sie Keller, den sie vorher noch nie gesehen hat und der soeben den Raum betritt, zur Begrüßung entgegen. »Heute gibt es als Tagesgericht Kesselgulasch mit Kartoffeln«, erläutert sie, die fragenden Blicke des Besuchers richtig deutend.

Ob sie dem Herrn Kommissar nicht erst mal Guten Tag sagen wolle, bevor sie ihm die Speisekarte erkläre, raunt Paul Labenz seiner Frau zu.

»Mein Mann hat bestimmt schon alles erzählt«, beginnt die Labenz das Gespräch. »Ich werde Ihnen wohl nicht weiterhelfen können.«

»Es käme auf einen Versuch an«, kontert Keller. »Berichten Sie mir bitte, warum Sie in der Praxis angerufen haben.«

»Der Anruf in der Praxis …? Ja, das war meine Idee. Ich sagte zum Paul, dass man den Besitzer des Wagens doch benachrichtigen müsse. Vielleicht weiß der ja gar nicht, dass das Auto bei uns draußen am See steht. Es war gut möglich, dass man es in Berlin gestohlen und der Dieb damit eine Spritztour an den See gemacht hat. Wir leben in verrückten Zeiten. Erst gestern habe ich in der Zeitung über die verschwundenen Schüler gelesen. Haben Sie das mitbekommen?«

Frau Labenz schiebt den Topf vom Herd und nimmt nun einen Stapel alter Zeitungen in die Hand. Hektisch wendet sie Seite um Seite, zieht einzelne Blätter heraus und schichtet diese aufeinander.

»Elf, zwölf … hier ist die Ausgabe vom Dreizehnten. Die *Vossische Zeitung* ist wahrlich kein Krawallblatt!«, ruft sie. Und beginnt Keller voller Empörung einen Artikel vorzulesen: »›Auf abenteuerliche Weise sind in der Nacht zum vergangenen Sonnabend aus Berlin sechs Schüler im Alter von fünfzehn bis achtzehn Jahren verschwunden.‹ Das ist doch furchtbar! Das Schlimmste kommt aber noch: ›Durch Verkauf ihrer Fahrräder und anderer Wertgegenstände verschafften sie sich Geld, von dem sie wiederum Pistolen und Ausrüstungsgegenstände für eine längere Fahrt kauften.‹ Pistolen! Ich frage Sie, Herr Kommissar, wie können Kinder an Pistolen geraten? Und dann heißt es schließlich, dass sich die Schüler nach Sowjetrussland abgesetzt haben sollen. Pah! Da wundert einen nichts mehr.«

»Nun lass mal gut sein«, knurrt Paul Labenz. »Der Herr Kommissar interessiert sich nicht für deine Geschichten.«

Während die Wirtin sich wieder dem Kesselgulasch zuwendet, stammelt sie noch mehrfach etwas von Pistolen und Sowjetrussland.

»Gewiss«, versucht Keller sie zu beruhigen, »das ist eine furchtbare Geschichte, die im Präsidium hohe Wellen schlägt. Das dürfen Sie mir getrost glauben. Doch ich bin ja wegen des Doktors hier. Was hatte es also nun mit dem Anruf auf sich? Woher kannten Sie die Telefonnummer von Dr. Mühe?«

»Entschuldigung. Natürlich sind Sie deswegen hier. Also, der

Paul hat ja die Sachen geholt, die noch im Auto lagen, darunter eine Jacke. In der steckte dieser Ausweis mit der Adresse und Telefonnummer der Praxis. Der Besitzer des Wagens ist bestimmt ein Arzt, sagte ich zu Paul. Heute Morgen riefen wir um Viertel nach acht dort an.«

»Warum haben Sie sich nicht gleich gestern bei den Mühes gemeldet?«

»Man will ja nicht die Pferde scheu machen. Bis gestern hätte es ja eine ganz harmlose Erklärung für alles geben können …«

»Und die wäre?«, unterbricht der Kommissar sie. »Was meinen Sie damit?«

»Wir hätten es mit einem Liebespaar, das beim Rendezvous die Zeit vergessen hat, zu tun haben können. Ist alles schon passiert. Wirklich beunruhigend wurde die Sache erst, als heute Morgen der Wagen weg war. Daraufhin griffen wir sofort zum Telefon. Die Frau Mühe ging an den Apparat und sagte, dass ihr Mann nicht da sei und vermisst werde. Sie wolle jetzt die Polizei informieren, versicherte sie uns. Damit war für Paul und mich die Angelegenheit erledigt, mehr konnten wir in dem Moment ja nicht tun. Und mehr kann ich Ihnen auch nicht sagen. Und dass Sie hier sind, zeigt ja, dass Frau Mühe tatsächlich die Polizei angerufen hat.«

Keller zeigt ihr schließlich das Foto des Vermissten. »Haben Sie diesen Mann schon einmal gesehen?«

»Das ist ein Bild vom Doktor?« Nach wenigen Sekunden antwortet Eleonore Labenz überzeugt: »Ja, der war in diesem Jahr bereits bei uns am See.«

»Wie können Sie sich so sicher sein?«, wundert sich Keller. »Ist Ihnen an Herrn Mühe etwas aufgefallen, dass er Ihnen so gut in Erinnerung geblieben ist?«

»Nein, eigentlich nicht. Ich kann mir Gesichter nun mal gut merken …« Frau Labenz spricht den Satz nicht zu Ende. Als wäre ihr plötzlich etwas eingefallen, setzt sie ihre Rede dann aber rasch fort. »Und dann war da noch seine Begleiterin. Die beiden taten sehr vertraut.«

»Handelte es sich dabei um diese Dame?« Der Kommissar legt ihr ein weiteres Foto vor. Frau Labenz nimmt den zweiten Abzug in die Hand. Eingehend mustert sie die abgebildete Person.

»Aha, das ist bestimmt die Frau vom Doktor. Eine elegante Dame. Sieht man gleich, dass da Geld zu Hause ist. Dieser Pelzmantel … sehr geschmackvoll. Kann unsereins sich nicht leisten. Nein, in Begleitung dieser Dame habe ich ihn nicht gesehen. Das war eine andere Frau.«

★

Keller verlässt mit dem Koffer aus dem Auto das Gasthaus, geht ein paar Meter eine Böschung hoch und nimmt auf einer Bank Platz. Während er dort sitzt, lässt er seine Gedanken schweifen. Im Dezember wird er fünfundfünfzig, in ein paar Jahren kann er in Pension gehen. Und dann? Ernst Keller hofft, dass er noch ein paar gute Jahre mit seiner Frau Hertha hat. Sie hatten sich auf einem Faschingsball kennengelernt und 1901 geheiratet. Das ist nun über dreißig Jahre her. Doch immer häufiger zweifelt er daran, dass ihnen gute Zeiten bevorstehen. Das Land taumelt in einen Abgrund. Manchmal erzählt er ihr von seiner Arbeit im Polizeipräsidium: von den politischen Morden, Straßenschlachten und Überfällen, die die Berliner Polizei tagein, tagaus in Atem halten. »Muttchen«, sagt er dann, »die Menschen sind verrückt geworden. Das nimmt kein gutes Ende!« Vor knapp einem Jahr, im August 1931, wurden Kellers Kollegen Paul Anlauf und Franz Lenck am Bülowplatz von Kommunisten durch Schüsse hinterrücks ermordet. Keller hat beide gut gekannt. Die waren in Ordnung gewesen. Die Täter, ein gewisser

Erich Mielke und dessen Parteigenosse Erich Ziemer, sind seit-her auf der Flucht.

Schuld an der Misere haben für ihn die Nazis und die Kommunisten. Er macht keinen Unterschied, denn beide Parteien haben für ihn nichts anderes im Sinn, als die Menschen aufzuhetzen und Deutschland ins Verderben zu stürzen.

Früher, als es noch einen Kaiser gab, wählte er immer die Nationalliberale Partei. Die Nationalliberalen verkörperten Freiheit, Fortschritt, Vaterlandsliebe und Toleranz. National sein und liberal denken sind für ihn keine Widersprüche. In den Revolutionswirren, im November 1918, zerfiel die Partei, und der größere Teil schloss sich zur Deutschen Volkspartei zusammen. Seither gibt er seine Stimme der DVP. Doch die DVP hat schon bessere Zeiten gesehen. Mit dem plötzlichen Tod von Gustav Stresemann im Oktober 1929 verlor das Reich seinen geschätzten Außenminister und die Partei ihren Vorsitzenden. Bei der letzten Reichstagswahl Mitte September 1930 gewann sie dann nur noch 4,7 Prozent der Wählerstimmen. »Muttchen«, seufzte Keller damals, »das nimmt kein gutes Ende!«

Er, Keller, wurde in Thyrow, einem gottverlassenen kleinen Dorf südlich von Berlin, geboren und zog noch im Kindesalter mit seinen Eltern nach Potsdam. Der Schule wegen, hatte der Vater damals beschlossen, denn aus Ernst sollte ja mal etwas werden. Er besuchte das Viktoria-Gymnasium, wo er auch das Abitur ablegte, und trat nach seiner Militärzeit in den preußischen Polizeidienst ein.

Seit über zwei Jahrzehnten ist er nun Kriminaler. Ihm macht keiner ein X für ein U vor. Doch der Fall Mühe ist ungewöhnlich. Was ist hier am Sacrower See, an diesem idyllischen Ort, nur geschehen, fragt er sich erneut, während er auf das Wasser schaut.

In Gedanken sortiert er die Fakten. Dass der Arzt möglicherweise ein Verhältnis hat, wäre nicht außergewöhnlich. Viele Männer betrügen ihre Frauen. Doch warum hat er mitten in der Nacht diesen weiten Weg auf sich genommen? Keller überlegt, welche Strecke Mühe von Kreuzberg an den See gewählt haben könnte: Vermutlich wird er über die Charlottenburger Chaussee und die Bismarckstraße zum Reichskanzlerplatz und von dort über die Heerstraße bis zum Abzweig nach Groß Glienicke gefahren sein. Dann links in die Wilhelmstraße, weiter über die Potsdamer Chaussee, vorbei an Kladow, bis er hier die Nordspitze des Sees erreicht hat. Für diese Strecke braucht man gut und gerne eine Dreiviertelstunde. Ernst Keller schüttelt den Kopf. Für ein romantisches Stelldichein hätte er sich einen besser zu erreichenden Ort ausgesucht. Vielleicht hat der Wirt ja trotzdem recht, denkt er, und Mühes Verschwinden hat etwas mit dem Selbstmord des anderen Arztes zu tun? Das macht zwar im Moment gar keinen Sinn, doch manchmal entwickelt sich ein Fall in eine ganz unerwartete Richtung. Wie damals bei der wohlhabenden Witwe, von der alle zunächst glaubten, dass sie eines natürlichen Todes gestorben sei. Sie war alt und nicht bei bester Gesundheit gewesen, sodass zunächst niemand Verdacht schöpfte, als sie eines Morgens nicht mehr aufwachte. Doch in Wahrheit hatte der Sohn sie vergiftet, um an das Geld der alten Dame zu kommen. Keller verstrickte ihn während des Verhörs in Widersprüche, und am Ende gestand er die Tat.

Doch wo ist Erich Mühe geblieben? Und was in Gottes Namen ist mit dem Auto passiert?

Eine einzelne Wolke zieht am Himmel vorüber. Keller schaut auf seine Uhr. Er muss nach Berlin zurück. Er ahnt, dass dieser Fall ihn noch lange begleiten wird.

CHARLOTTE MÜHE, GEBORENE DARMER, EHEFRAU VON DR. ERICH MÜHE

MITTWOCH, 15. JUNI 1932

»Bitte haben Sie ein wenig Geduld«, sagt das Hausmädchen, nachdem es Ernst Keller und seinen Assistenten Schneider in das Wohnzimmer geführt hat. »Die Frau Doktor kommt gleich. Bitte nehmen Sie doch einstweilen Platz.« Die junge Frau deutet auf eine Sitzgelegenheit.

»Schneider, was sagt man dazu?«, flüstert der Kommissar, nachdem das Hausmädchen den Raum verlassen hat. »Sind ja Umgangsformen wie bei feinen Leuten. Da können wir nicht mithalten.«

Schneider nickt. »Ja, Chef, das erlebt man wirklich nicht alle Tage.«

Die beiden Männer setzen sich auf ein Sofa, Keller lässt in der Zwischenzeit seine Blicke schweifen. Vor einem der Fenster steht ein Flügel der Manufaktur Hoffmann, davor eine Klavierbank, auf dem Kaminsims ein Bronzepferd, an der Seite ein Schrankgrammofon samt Platten. Gegenüber befindet sich ein runder Tisch, das Sofa, worauf er und Schneider sitzen, zwei Sessel, ein gut gefüllter Bücherschrank. Auf dem Parkettboden liegen mehrere Teppiche, an den Wänden hängen insgesamt sechs Ölbilder – vier Landschaften und zwei Städteansichten. Eine Wohnzimmereinrichtung, wie es sie vermutlich hundert-, tausend- oder zehntausendfach in Berlin gibt, jedenfalls in den bürgerlichen Kreisen. Nichts deutet darauf hin, dass hier vor Kurzem ein Mensch verschwunden ist. Alles ist aufgeräumt, nirgendwo herrscht Unordnung. Zweifel scheint man hier verbannt zu haben. Der Kommissar zieht die Augenbrauen hoch. Er wirkt ratlos.

In diesem Augenblick betritt Charlotte Mühe den Raum. Sie ist Anfang dreißig, erlesen gekleidet, moderne Frisur, eine Frau wie aus einem Modekatalog. Keller und Schneider erheben sich zur Begrüßung.

»Ich verstehe das nicht«, seufzt Frau Mühe, ohne eine Reaktion der Besucher abzuwarten. »Was hat mein Mann sich nur dabei gedacht? Solche Scherereien, die ich nun seinetwegen habe. Ich muss mich um alles kümmern. Gott sei Dank kommt morgen die Praxisvertretung. Das Leben muss ja weitergehen.«

Das fängt ja gut an, denkt Keller. Der Gatte ist verschwunden, und die Ehefrau spricht von Scherereien.

»Ich war vorhin am Sacrower See, um mir die dortige Situation anzusehen«, beginnt er das Gespräch. »Deshalb komme ich auch erst jetzt zu Ihnen, gnädige Frau.«

»Haben Sie denn schon etwas in Erfahrung bringen können?« Charlotte Mühe klingt, als würde sie das Hausmädchen fragen, ob es schon die vergessene Milch besorgt habe.

»Nicht viel«, gesteht Keller. »Tatsache ist: Der Wagen Ihres Mannes war am See, ist aber irgendwann von dort wieder verschwunden. Ihr Mann war offensichtlich auch am See, zumindest deutet alles darauf hin. Doch von ihm fehlt ebenfalls jede Spur. Wir stehen vor einem Rätsel, bislang haben wir für all das keine plausible Erklärung.«

»Die habe ich ebenso wenig«, antwortet Frau Mühe, fast ein wenig schnippisch.

Ernst Keller atmet tief durch. »Es ist nun sehr wichtig, dass Sie uns genau schildern, wie der Tag vor dem Verschwinden Ihres

Mannes verlief. Bitte versuchen Sie, sich an möglichst viele Einzelheiten zu erinnern. Was hat Ihr Mann wann gemacht? Oft sind es Kleinigkeiten, die uns weiterhelfen können. Details, die zunächst unwichtig erscheinen.« Der Kommissar blickt sie eindringlich an: »Verstehen Sie das? Sie sind unsere wichtigste Zeugin.«

Charlotte Mühe scheint das alles nicht zu begreifen, versucht sich aber dennoch zu entsinnen. »Der Tag verlief eigentlich wie immer. Mein Mann hat ab acht seine Sprechstunde abgehalten. In der Mittagspause ging er zu Aschinger, während ich im Wohnzimmer unserer Wohnung meine wöchentliche Gesangsstunde hatte. Danach hat Erich wieder praktiziert. Montags ist die Praxis bis achtzehn Uhr geöffnet und immer besonders voll. Dann geht es hier zu wie im Taubenschlag. Die Patienten kommen mit den kleineren und größeren Wehwehchen, die am Wochenende aufgetreten sind. Das muss man natürlich ernst nehmen. Mein Mann ist ein sehr beliebter Arzt. Seine Patienten schätzen es, dass er stets ein offenes Ohr für sie hat. Ich mache mir ja oft Sorgen, dass mein Mann zu viel arbeitet, doch davon will er nichts wissen.«

»Gut. Und was geschah nach achtzehn Uhr?« Im Stillen fragt sich Keller, warum Ehefrauen dazu neigen, schnell von den Tatsachen abzuschweifen.

»Ach, der Tag ist ja noch nicht zu Ende.« Charlotte Mühe wedelt mit der Hand, als wollte sie sich konzentrieren. »Im Anschluss an die Behandlung macht Erich in der Regel noch Hausbesuche, so auch am Montag. Wenn ich mich recht erinnere, kam er gegen zwanzig Uhr nach Hause. Ich habe natürlich nicht auf die Uhr geschaut, doch es muss gegen acht gewesen sein, denn das Mädchen bereitete gerade das Abendessen vor. Ich wäre gerne ins Kino gegangen, doch daraus wurde nichts. Später tranken wir im Arbeitszimmer meines Mannes noch eine Flasche Wein. Unsere Untermieterin war ebenfalls zu Hause.«

»Ihr Untermieterin?«, wundert sich Keller. »Wer ist das?«

»Ilse Kaufmann. Eine gute Freundin, der wir ein Zimmer vermieten. Unsere Wohnung ist ja sehr groß …«

»Gut, die Dame werde ich zu gegebener Zeit befragen. Doch zurück zu Ihrem Mann. Ist Ihnen an ihm etwas aufgefallen?«, fragt Ernst Keller. »War er unruhig oder nervös? Schien ihn etwas zu bedrücken?«

Charlotte Mühe schüttelt den Kopf. »Ach was, nein! Erich verhielt sich wie immer und war guter Dinge. Von seiner Arbeit erzählt er ja meistens nicht viel; er ist froh, wenn er abends seine Ruhe hat. Als ich um Mitternacht in unser Schlafzimmer ging, blieb mein Mann im Arbeitszimmer, er wollte noch ein, zwei Zigaretten rauchen. Er versprach, bald nachzukommen.«

»Und hielt er sein Versprechen?«

»Ich lag bereits im Halbschlaf, als Erich ungefähr eine Stunde später an mein Bett trat und mir zu verstehen gab, dass er noch irgendwo einen Schoppen trinken wolle.«

»Sagte er, wo er hingehen wollte?«

»Das weiß ich nicht mehr. Vielleicht hat er es erwähnt, vielleicht auch nicht. Sie müssen entschuldigen, Herr Kommissar, dass ich mich an den genauen Wortlaut nicht erinnere, ich war nicht wirklich wach. Hinterher machte ich mir natürlich meine Gedanken, als am nächsten Morgen seine Betthälfte unbenutzt war …«

»Kam es Ihnen nicht merkwürdig vor, dass Ihr Mann zu nachtschlafender Zeit noch das Haus verließ?«

»Es war ja ein Montagabend«, wirft Schneider ein. »Nicht das Wochenende.«

»Was wollen Sie damit sagen?«, herrscht Charlotte Mühe die beiden Männer an. »Wir sind seit acht Jahren verheiratet und führen eine sehr glückliche Ehe.«

»Das bezweifle ich nicht, gnädige Frau«, versucht Keller sie zu beschwichtigen. »Gleichwohl, die Frage ist berechtigt: Wir wollen verstehen, warum Ihr Gatte so spät abends noch aufbrach.«

»Daran war nichts Außergewöhnliches. Erich hat sich vor nicht allzu langer Zeit einen Wagen gekauft, dessen Motor bis zu einer Fahrstrecke von 6000 Kilometer gedrosselt bleibt. Ich verstehe von diesen technischen Dingen nichts, doch so hat er es mir erklärt. Nach Zurücklegung der Strecke wird in der Werkstatt die Plombe entfernt, dann kann der Wagen voll ausgefahren werden. Mein Mann nutzt also jede sich bietende Gelegenheit für eine Spritztour. Ich vermute, wenn ich es recht bedenke, dass er zunächst irgendwo noch einen Schoppen getrunken hat und anschließend zum Baden an den See gefahren ist. Dort muss ihn ein Herzschlag oder so etwas ereilt haben.« Um ihre Worte zu unterstreichen, greift Charlotte Mühe an ihr Herz. »Ich hoffe, Sie finden bald meinen Mann. Er hat bestimmt zu viel gearbeitet. Ich habe es ihm immer wieder gesagt.«

Keller nickt, obwohl er diese Erklärung kaum überzeugend findet. Doch für den Moment zeigt er sich zufrieden.

»Ich muss Ihnen nun noch eine weitere persönliche Frage stellen«, fährt er fort. Dabei blickt er Frau Mühe streng an. »Sie haben Ihren Mann vorgestern zuletzt gesehen, uns aber erst am heutigen Mittwochvormittag informiert. Warum? Warum haben Sie uns nicht schon am gestrigen Dienstag angerufen?«

»Als Erich in der Früh nicht zu Hause war«, verteidigt sich Charlotte Mühe, »war ich sehr aufgeregt und wusste nicht, wie ich mich verhalten sollte. Ich meldete mich zunächst bei Herrn Rasch —«

»Wer ist das?«, unterbricht der Kommissar sie.

»Hugo Rasch ist mein Gesangslehrer und ein guter Freund unserer Familie. Herr Rasch kam umgehend in die Oranienstraße, und gemeinsam berieten wir, was zu tun sei. Wir entschlossen uns, einen Tag zu warten, bevor wir die Polizei anrufen.«

Keller schüttelt den Kopf. »Warum? Das müssen Sie mir erklären.«

Charlotte Mühe scheint diese Frage nicht zu verstehen. »Es wäre doch peinlich gewesen«, entgegnet sie pikiert, »wenn wir alle Hebel in Bewegung gesetzt hätten und mein Mann wäre kurze Zeit später mir nichts, dir nichts nach Hause gekommen. Er hätte ja auch irgendwo eine Panne mit dem Auto haben können, in einem Gasthaus übernachten müssen. Die Leute reden ohnehin so viel. Am schlimmsten ist die alte Kornrumpf ... die war am Montag noch bei Erich in der Sprechstunde. Eine furchtbare Frau, die überall ihre Nase reinsteckt. Hugo und ich wollten auf Nummer sicher gehen, dass wir es nicht mit einem falschen Alarm zu tun haben. Erst als heute Morgen die Wirtsleute anriefen, wurde mir klar, dass etwas geschehen sein muss. Etwas Gewichtigeres, nichts Banales. Daraufhin haben wir Sie ja umgehend informiert.«

Der Kommissar runzelt die Stirn. »Nun ja ... wir möchten Ihre Zeit nicht länger in Anspruch nehmen«, beendet er die Vernehmung. »Sie haben jetzt wahrscheinlich viele Unannehmlichkeiten wegen der Praxis. Doch zu guter Letzt möchte ich Ihnen noch etwas zeigen. Gestatten Sie?«

Ernst Keller öffnet den dunkelblauen Lederkoffer, den Schneider und er mitgebracht haben. »Das sind die Dinge, die der Wirt des Ausflugslokals dem Wagen vor dem Verschwinden entnommen hat. Erkennen Sie den Besitz Ihres Mannes wieder? Den Koffer?«

Frau Mühe beugt sich leicht über den Koffer. Behutsam, geradezu ängstlich, greift sie hinein und nimmt nacheinander jedes Teil in die Hand.

»Das ist der Anzug meines Mannes«, sagt sie mit regungsloser Miene. »Das ist sein Gürtel, sein Führerschein, seine Geldtasche, ein Oberhemd aus seinem Schrank. Das sind seine goldenen

Manschettenknöpfe, und diese goldene Uhr hat er zur Promotion erhalten. Auch seinen Füllfederhalter erkenne ich.« Plötzlich unterbricht sie die Prozedur, es vergehen einige Sekunden, dann erklärt sie im Brustton der Überzeugung: »Das sind zweifellos die Sachen meines Mannes. Er ist ins Wasser gegangen. Er muss ins Wasser gegangen sein. Er hat alles ausgezogen, um in der Nacht zu baden. Ich bin mir nun ganz sicher. Er muss im See ertrunken sein!«

»Gewiss, gnädige Frau, das ist eine Möglichkeit«, räumt Ernst Keller ein. Er hat erwartet, dass Charlotte Mühe in Tränen ausbricht. Doch davon keine Spur. Sie wirkt vielmehr erleichtert, glaubt sie doch offensichtlich, das Rätsel um das Verschwinden ihres Mannes gelöst zu haben. »Es gibt aber auch noch andere denkbare Erklärungen«, mahnt er. Während er diesen Satz spricht, kaum mehr als eine Plattitüde, greift er in seine Sakkotasche. Es dauert einige Sekunden, bis er mit seinen Fingern das Gesuchte erspürt. Ungelenk wie er ist, gibt er keine gute Figur ab. Charlotte Mühe schaut ihn fragend an.

»Ist das der Autoschlüssel Ihres Mannes?« Noch bevor sie reagieren kann, gibt Keller selbst die Antwort: »Er muss es sein, denn der Wirt hat ihn aus dem Zündschloss des Wagens gezogen. Doch nun frage ich mich, wie man den Adler ohne Schlüssel entfernen konnte. Ohne Schlüssel dürfte der Wagen keinen Mucks machen. Wie erklären Sie sich das? Was ist mit dem Zweitschlüssel? Ihr Mann wird doch sicher einen Zweitschlüssel gehabt haben?«

Charlotte Mühe hält den Schlüssel zwischen Daumen und Zeigefinger und dreht ihn hin und her. Es ist nur ein Stück gefeiltes und bearbeitetes Metall, doch sie betrachtet den Schlüssel wie ein Kunstwerk, an dem es viel zu entdecken gibt. Keller beobachtet scharf ihre Augen, zumindest versucht er es. Sind sie nicht ein Spiegelbild unserer Seele? Was man zu verschweigen denkt, offenbart sich in ihnen, davon ist er fest überzeugt. Doch bei Charlotte Mühe kommt er nicht weit. Er erkennt nichts, mehr noch, es ist, als ob dichter Nebel ihn umfinge.

Sie stammelt schließlich etwas von einer Handtasche, in der sich der Zweitschlüssel befunden und die sie vor etwa vier Wochen verloren habe. Wo? Das wisse sie leider nicht mehr, doch der Schlüssel sei ganz sicher weg.

Ernst Keller nickt. Er glaubt ihr kein Wort.

HUGO RASCH,
GESANGSLEHRER VON CHARLOTTE MÜHE
DONNERSTAG, 16. JUNI 1932

»Die Frau Mühe hat etwas zu verbergen«, sagt Ernst Keller am nächsten Morgen zu Schneider. »Das spüre ich in meinem kleinen Finger. So verhält sich doch keine um ihren Mann besorgte Gattin. Gestern Abend habe ich noch meine Hertha gefragt: ›Muttchen, was würdest du tun, wenn ich eines Tages nicht nach Hause käme?‹«

»Und was hat Ihre Frau geantwortet?«

»Dass ich sie nicht immer Muttchen nennen soll. Und dass sie sich keine Sorgen machen würde, denn mir ollem Kopp passiere schon nichts.«

»Das hat Ihre Frau wirklich geantwortet?«

»Schneider … Sie verstehen auch gar keinen Spaß«, knurrt Keller. »Natürlich würde meine Hertha Rotz und Wasser heulen, wenn mir etwas zustieße. Das ist es ja, was mich am Verhalten der Frau Mühe so irritiert. Diese Gefühlskälte!«

Der Kommissar steht auf und öffnet das Fenster. Straßenlärm dringt herein. Man hört das Quietschen der Straßenbahnen und das Knattern der Automotoren. »Doch wer weiß?«, sagt er gedankenverloren mehr zu sich selbst. »Man kann der Frau ja nur vor die Stirn und nicht dahinter blicken.«

Schneider lächelt verlegen.

»Was ist eigentlich mit diesem Gesangslehrer?« Ernst Keller schließt wieder das Fenster. »Haben Sie ihn zu uns aufs Präsidium bestellt?«

»Gewiss, Chef. Der kommt am Nachmittag.«

★

Die Stundenglocke der nahen Georgenkirche schlägt zweimal, als es an Kellers Bürotür klopft. »Herein!«, ruft der Kommissar, und ein Mann erscheint, der sich als Hugo Rasch vorstellt. Kellers erster Eindruck: schmales Gesicht, große Augen, durchdringender Blick, das Haar streng gescheitelt. Er schätzt den Besucher auf Ende fünfzig, Anfang sechzig. Wie er da steht in seinem blauen Anzug, dem weißen Hemd und der grauen Krawatte, könnte Rasch auch Handelswarenvertreter, Buchhalter oder Bankangestellter sein.

»Mein lieber Herr Professor!«, ruft der Kommissar, während er sich von seinem Stuhl erhebt. »Ich danke Ihnen, dass Sie unserer Einladung Folge leisten.«

Rasch will etwas erwidern, doch Keller fährt fort: »Darf ich Ihnen meinen Assistenten Schneider vorstellen? Uns steht heute leider keine Schreibkraft zur Verfügung, daher muss er das Protokoll erstellen. Doch bitte nehmen Sie zunächst Platz.« Keller und Hugo Rasch setzen sich – der Kommissar auf seinen Stuhl am Schreibtisch, der Gast gegenüber auf einen Stuhl aus dunklem Holz. Schneider bleibt etwas abseits an einem zweiten Pult. Vor ihm liegt ein Vordruck, auf dem er nun das Gespräch notiert.

»Kommen wir kurz zu den Formalitäten«, beginnt Keller. »Bitte nennen Sie Ihren vollständigen Namen und Ihr Geburtsdatum.«

»Ich heiße Hugo Heinrich Caspar Rasch und wurde am 7. Mai 1873 in München geboren. Ich bin also neunundfünfzig Jahre alt.«

»Danke. Sind Sie verheiratet?«

»Ja, das bin ich. Meine Frau Marie wurde am 7. Dezember 1877 geboren.«

»Gut. Und zu guter Letzt: Welchen Beruf üben Sie aus?«

»Ich bin Komponist und Gesangslehrer und betreibe in der Zähringer Straße 13 ein privates Musikinstitut.«

»Haben Sie das?«, ruft Keller seinem Assistenten zu. Der junge Mann stottert: »Jawohl, Herr Kommissar. Ich habe alles notiert.«

»Gut. Fahren wir fort.« Keller wendet sich wieder Hugo Rasch zu. »Sie wissen ja, was passiert ist und warum wir Sie zu uns gebeten haben. Dr. Mühe wird vermisst. Seine Frau nennt Sie einen Freund der Familie. Sie kennen die Eheleute also recht gut?«

»Ja, gewiss«, antwortet Rasch. »Doch gestatten Sie mir bitte, dass ich Sie zunächst korrigiere: Ich bin kein Professor. Darauf wollte ich Sie schon soeben bei der Begrüßung hinweisen.«

Ernst Keller lacht. »Ach, zum Leidwesen meiner Frau verstehe ich nichts von den schönen Künsten. Für mich sind alle Künstler Professoren. Hat sich noch niemand beschwert.« Keller freut sich über seine Antwort, die er für besonders geistreich hält. Sein Lachen geht nun in ein Glucksen über, wobei der gesamte Körper in Bewegung gerät.

Hugo Rasch ist nicht zum Lachen zumute. Mit versteinertem Ausdruck erwidert er: »Bedaure, Herr Kommissar, so jemand wie ich wird nicht Professor. Nicht in diesem System. Begabung, Können und Gesinnung sind heute doch nichts mehr wert. Was zählt, ist Klamauk. Klamauk gepaart mit Perversion. So jemand wie die Berber wird gefeiert.«

Ernst Keller hat diesen Namen noch nie gehört.

»Sie wissen nicht, wen ich meine?« Noch bevor Keller antworten kann, platzt es aus Rasch heraus. Im Stakkato schleudert er dem Kommissar die Sätze entgegen: »Anita Berber ... eine Tänzerin? Pah! Eine Hure war das. Hat sich vor vier Jahren zu Tode getrunken. Die hat sogar eine Zeit lang bei mir im Haus gewohnt. So jemanden hat man als Deutscher zur Nachbarin! Ihre Mutter lebt immer noch bei uns in der Straße. Die ist kein Deut besser. Ja, solche Leute werden hofiert, während unsereins mehr schlecht als recht über die Runden kommt. Die Berber wurde sogar gemalt. Wussten Sie das? Ihr Bild hängt in irgendeinem Museum. Ich glaube, in Nürnberg. Das ist doch ein Skandal! Um heute als Künstler Erfolg zu haben, muss man Perverser, Jude oder Bolschewist sein. Am besten alles drei zugleich.« Mit einem sardonischen Lächeln fügt er hinzu: »Doch das wird sich hoffentlich bald ändern. Ende Juli sind ja Reichstagswahlen. Dann wird Hitler endlich Reichskanzler.«

Während Keller noch unter dem Eindruck dieser Suada steht, greift Rasch, als ob nichts gewesen wäre, die ursprüngliche Frage des Kommissars auf.

»Ich kenne das Ehepaar Mühe seit etwa zwei Jahren. Es war wohl im Frühjahr 1930, dass sich Frau Mühe bei mir vorstellte und um Gesangsstunden bat. Seither gebe ich ihr in der Regel einmal wöchentlich Unterricht. Dazu kommt sie meistens zu mir in die Zähringer Straße, denn wir wollen ihren Mann nicht stören. Sie wissen ja sicher, dass die Arztpraxis der Mühes in einem Teil der Wohnung untergebracht ist?«

Keller nickt. »Doch am vergangenen Montag fand der Unterricht offenbar in Kreuzberg statt. Haben Sie Herrn Mühe bei dieser Gelegenheit gesehen?«

»Nein. Als ich kam, hatte er noch Sprechstunde. Und als ich ging, war er fort, machte wohl Hausbesuche. Frau Mühe und ich haben übrigens ein reizendes Lied von Johannes Brahms einstudiert.«

»Hat die Dame denn Talent?«, will Keller wissen.

»Frau Mühe nimmt den Unterricht sehr ernst, obschon ihr durchaus bewusst sein dürfte, dass sie keine Aussicht hat, als

Sängerin öffentlich aufzutreten. Ihr geht es mehr um die Hausmusik, für die sie eine sehr schöne Stimme besitzt. Wir haben auch bereits Werke von Schubert und Schumann erarbeitet –«

»Und wie gut kennen Sie Dr. Mühe?«, unterbricht Keller ihn.

»Frau Mühe hat mir ihren Mann recht bald nach den ersten Musikstunden vorgestellt. Meine Frau, die Marie, und ich haben uns sogar etwas mit den beiden angefreundet. Gelegentlich fahren wir zum Schwimmen an einen der Seen. Am Sacrower See waren wir auch schon. Doch so nett diese Ausflüge auch immer sind – Dr. Mühe ist ein seltsamer Mensch. Für Kunst und Musik und überhaupt für all die Dinge, die seiner Frau wichtig sind, interessiert er sich nicht die Bohne. Ich habe nie gehört, dass er sich mal nach den Gesangsstudien seiner Frau erkundigt hätte. Das alles scheint ihm gleichgültig zu sein. Stattdessen lebt er nur für seine Praxis. In der letzten Zeit machte er einen überarbeiteten und müden Eindruck auf mich. Er war oft gereizt und fuhr dann seine Frau wegen Nichtigkeiten an. Ja, nach außen ist die Ehe der Mühes wohl intakt, glücklich sind die beiden aber vermutlich nicht. Doch das geht mich nichts an.«

»Als Polizisten müssen wir natürlich in alle Richtungen ermitteln«, erklärt Keller. »Daher möchte ich Ihnen eine delikate Frage stellen.«

»Nur zu!«

Keller lehnt sich ein Stück über den Schreibtisch. »Halten Sie es angesichts der Erschöpfung des Arztes für denkbar«, sagt er mit gedämpfter Stimme, »dass er ein außereheliches Verhältnis hat?« Lächelnd fügt Keller hinzu: »So was kann ja anstrengend sein.«

Hugo Rasch rührt mit einem Löffel in einer Tasse Kaffee, die Keller ihm zuvor angeboten hatte. Er zieht die Augenbrauen hoch. »Das habe ich mich auch schon gefragt«, orakelt Rasch, während er den Löffel beiseitelegt. »Doch selbst dazu war er vermutlich zu beschäftigt.«

»Wieso ›war‹ …?«, wirft Keller ein.

Rasch gerät für einen kurzen Moment aus der Fassung. »Nun …«, stammelt er, »ich denke, er ist ertrunken?!«

»Das wissen wir nicht. Eine Leiche wurde bislang nicht gefunden, und unsere Untersuchungen haben gerade erst begonnen. Doch damit sind wir ja beim Thema. Was wissen Sie über sein Verschwinden? Wie haben Sie davon erfahren?«

»Frau Mühe rief mich vorgestern Morgen so gegen halb neun Uhr an und sagte mir, dass ihr Mann nicht nach Hause gekommen sei. Ich fand das zunächst reichlich merkwürdig, bin dann aber sofort zu ihr in die Oranienstraße gefahren. Dort berichtete sie mir, dass ihr Mann am Montag gegen Mitternacht nach Hause gekommen sei. Wo er zuvor war, hat sie mir nicht gesagt, ich habe danach auch nicht gefragt. Die beiden Eheleute hätten sich ausgezogen und zu Bett gelegt, woraufhin es zu einem Streit gekommen sei. Herr Mühe sei dann wieder aufgestanden und mit dem Wagen fortgefahren. Weitere Angaben kann ich dazu nicht machen. Leider.«

Keller schaut skeptisch. »Das hat Ihnen Frau Mühe erzählt? Sind Sie sich ganz sicher?«

»Natürlich, sonst hätte ich es nicht ausgesagt. Oder wollen Sie behaupten, dass ich …«

»Nein, ganz bestimmt nicht«, beschwichtigt der Kommissar ihn. »Sie haben mir sehr geholfen.«

»Dann kann ich jetzt gehen?«

»Ja, das dürfen Sie.«

Rasch nimmt seinen Hut, es ist ihm anzusehen, dass er sich wichtig fühlt, aber auch den Ort schnell verlassen möchte.

»Was halten Sie von dem Professor?«, fragt Keller seinen Assistenten, nachdem Rasch die Tür hinter sich geschlossen hat.

»Der macht mir Angst, Chef. Haben Sie beobachtet, wie sich sein Gesicht veränderte, als er über diese Frau aus seinem Haus sprach? Diese Tänzerin? Die Verachtung quoll ihm beinahe aus den Augen. Wie kann man nur so hasserfüllt sein?«

»Ja, das fiel mir auch auf«, erwidert Keller. »Mit dem Herrn ist wohl nicht gut Kirschen essen, aus welchem Grund auch immer. Ziemlich merkwürdig ist jedoch, dass Frau Mühe ihm die Ereignisse am Abend des Verschwindens ganz anders geschildert hat als uns gegenüber. Die beiden sind doch allem Anschein nach gut befreundet. Warum sollte sie ihn belügen?«

»Oder uns«, überlegt Schneider laut.

»Ja, oder uns. Da stimmt was nicht. Als Nächstes sollten wir uns mal mit der Untermieterin der Mühes unterhalten. Vielleicht hat sie ja was mitbekommen. Manche Wand ist dünn.«

ILSE KAUFMANN,
UNTERMIETERIN DER EHELEUTE MÜHE
FREITAG, 17. JUNI 1932

Es ist Freitag, zehn vor neun: Ilse Kaufmann besteigt an der Station Oranienstraße eine Straßenbahn der Linie 44. Sie ist spät dran, sie muss zum Alexanderplatz. Hier zeigt sich das ohnehin schon geschäftige Berlin von seiner hektischen Seite. Wer empfindsame Nerven hat, meidet den Alex besser. Zehntausende besuchen jeden Tag die großen Warenhäuser, die den Platz umranden. Man kauft bei Hermann Tietz, bei Wertheim oder im Konfektionshaus Hahn. Auf den Trottoirs herrscht Chaos: Menschen bleiben stehen, weichen sich aus oder rempeln sich an. Die vielen Baustellen sind eine Plage. Es vergeht kein Jahr, in dem am Alex nicht in großem Umfang Neues errichtet wird. Erst vor wenigen Monaten wurden das Berolina- und das Alexanderhaus des bekannten Architekten Peter Behrens eröffnet.

»Rumm rumm wuchtet vor Aschinger auf dem Alex die Dampframme. Sie ist ein Stock hoch, und die Schienen haut sie wie nichts in den Boden.« Alfred Döblin hat über den Alexanderplatz sogar ein Buch geschrieben, doch davon hat Ilse Kaufmann nichts mitbekommen. Sie denkt mit Schrecken an das Getümmel, das sie auf dem Alex erwartet. Zu allem Unglück ist die Straßenbahn so voll, dass sie keinen Sitzplatz mehr findet und nun stehen muss. Quietschend setzt sich der Zug in Bewegung.

Nächster Halt: Prinzenstraße. Danach kommen die Stationen Neanderstraße, Brückenstraße, Märkisches Ufer und so weiter. Insgesamt hält die Straßenbahn auf ihrem Weg zum Alexanderplatz neunmal. Eigentlich müsste sie bereits um neun Uhr dort sein, doch das ist nicht mehr zu schaffen. Bei jeder Station schaut sie ungeduldig auf ihre Armbanduhr: Können sich die Leute beim Ein- und Aussteigen nicht beeilen? Warum dauert das nur so lange? Es hilft alles nichts. Als die Bahn den Alexanderplatz erreicht, ist Ilse Kaufmann bereits sechs Minuten zu spät.

An der Südseite des Platzes liegt die »Rote Burg«, die ihren Namen nicht zu Unrecht trägt, erinnert der rostfarbene Klinkerbau doch an eine riesige Zitadelle mit Türmen und mächtigen Portalen. Doch hier residiert kein altes Rittergeschlecht derer von und zu, sondern der Berliner Polizeipräsident Albert Grzesinski. Der Spitzenbeamte war zuvor preußischer Innenminister, trat aber Anfang 1930 zurück, als er wegen seiner Liaison mit der amerikanischen Schauspielerin Daisy Torrens von rechten Kreisen heftig attackiert wurde. Ein Opfer von perfiden Diffamierungskampagnen ist auch Grzesinskis Vize Bernhard Weiß. Joseph Goebbels, Chef der Berliner NSDAP, verunglimpft Weiß regelmäßig wegen seiner jüdischen Abstammung. Doch der Polizeivizepräsident wehrt sich und zerrte Goebbels bislang mehr als fünfzig Mal vor Gericht – meistens mit Erfolg.

Kommissar Keller sitzt in seinem Dienstzimmer, Kriminalassistent Schneider ist ebenfalls anwesend. Es riecht nach Linoleum, das kürzlich überall in der Roten Burg neu verlegt wurde. Auf der Fensterbank steht eine einzelne Topfpflanze. Kellers Frau Hertha hat das Gewächs vor einiger Zeit vorbeigebracht, als Ernst mal wieder bis zum späten Abend an seinem Schreibtisch saß. Wenn er dort schon so viel Zeit verbringe, erklärte sie, solle er es angenehm haben. Es ist Viertel nach neun, als es an der Tür klopft.

»Frollein!«, ruft Keller der eintretenden Besucherin zu. »Sie sind zu spät. Sie waren für Punkt neun bestellt.«

»Ich weiß, Herr Kommissar, bitte entschuldigen Sie vielmals die Verspätung«, erklärt Ilse Kaufmann. »Ich bin am Lustgarten in eine Kundgebung geraten, die Straßen sind alle verstopft, es ist kein Durchkommen.« Das ist eine Lüge, doch das weiß der Kommissar ja nicht.

»Ja, ja«, knurrt Keller. »Setzen Sie sich. Und kommen wir gleich zur Sache. Nennen Sie bitte für das Protokoll Ihren vollständigen Namen und Ihre korrekte Anschrift.«

»Ich heiße Ella Sophie Ilse Kaufmann, wurde am 6. August 1902 in Zoppot geboren und wohne in der Oranienstraße 185 bei Mühe.«

»Danke. Ich vermute, dass Ilse Ihr Rufname ist?« Sie nickt. »Gut. Ich beginne mit der Befragung. Sie sind mit der Frau Mühe befreundet?«

»Ja, das ist richtig. Doch dazu muss ich etwas weiter ausholen. Ich hatte keine leichte Jugend. Mein Vater war Alkoholiker. Solange ich denken kann, erlebte ich meinen Vater nur betrunken. Er besaß in Eisleben eine gut gehende Apotheke. Die gibt es heute noch, die Löwen-Apotheke. Als Apotheker hat man eine große Verantwortung, denn man darf sich beim Herstellen der Medikamente, die der Arzt verordnet, ja nicht vertun. Irgendwann häuften sich die Beschwerden. Zu dieser Zeit trank mein Vater sogar den medizinischen Alkohol. Er sollte von Amts wegen entmündigt werden. Am Tag vor der Gerichtsverhandlung hat er sich und seine Frau, meine Mutter, mit Zyankali vergiftet. Da war ich neunzehn. Seitdem besteht unsere Familie nur noch aus mir und meinem Bruder. Charlotte ist daher wie eine Schwester für mich. Nur damit Sie unsere Bekanntschaft verstehen.«

»Seit wann wohnen Sie bei den Mühes?«

»Als Charlottes Mann, der Herr Doktor, 1928 die Praxis im

Haus Oranienstraße 185 von seinem Vorgänger Dr. Goldschmidt übernahm, bot Charlotte mir an, als Untermieterin zu ihnen zu ziehen, damit ich mich nicht so verloren fühlte. Die Wohnung ist ja sehr groß, wie Sie sicher wissen. Ich wohne in einem Raum, den ich mir mit eigenen Möbeln gemütlich eingerichtet habe. Anfänglich hatte ich die Absicht gehabt, in der Sprechstunde zu helfen, da ich von der Apotheke her viel Medizinisches wusste. Doch ich merkte schnell, dass das nichts für mich ist. Ich kann einfach kein Blut sehen. Daraufhin habe ich eine Anstellung bei der Kaufkredit AG übernommen. Mein Chef hat mir übrigens zwei Stunden freigegeben, um Sie hier im Polizeipräsidium zu besuchen.«

»Das ist aber sehr freundlich. Bitte richten Sie Ihrem Chef unseren verbindlichsten Dank aus. Welche Art von Geschäften treibt das Unternehmen, für das Sie tätig sind?«

»Wir arbeiten eng mit dem Warenhaus Hermann Tietz zusammen«, erläutert Ilse Kaufmann. »Kunden, die ein bestimmtes Produkt nicht vollständig zahlen können, vereinbaren bei uns eine Ratenzahlung, einen Kaufkredit.«

»Da fließt hoffentlich kein Blut.« Ernst Keller lacht.

»Gewiss nicht, Herr Kommissar, doch manche Träne. Sie glauben nicht, wie viele Menschen über ihre Verhältnisse leben. Aber das tut ja hier nichts zur Sache.«

»Bitte schildern Sie uns den Abend vor dem Verschwinden von Dr. Mühe. Wann kamen Sie nach Hause?«

»Ich habe noch mit einer Bekannten in einem Lokal zu Abend gegessen und war erst gegen zehn Uhr daheim. In der Wohnung setzte ich mich zu meiner Freundin Charlotte in die Küche, da sie allein war. Wenn ich mich nicht irre, kam Dr. Mühe bald nach mir nach Hause. Er hatte wohl einen Krankenbesuch gemacht, wie das öfter vorkam. Charlotte zog sich später in das Schlafzimmer zurück, ich blieb noch eine Weile in der Küche sitzen.«

»Und der Herr Mühe?«, unterbricht Ernst Keller sie. »Wo war der?«

»Der Doktor ging dann noch einmal fort. Das muss gegen Mitternacht gewesen sein. Wohin, kann ich nicht sagen. Doch eine halbe oder Dreiviertelstunde später war er plötzlich wieder da, trat zu mir in die Küche und trank ein Glas Wasser. Er wünschte mir schließlich eine gute Nacht und ging zu seiner Frau in das Schlafzimmer. Ich las weiter in meiner Illustrierten, als ich auf einmal Schritte auf dem Korridor hörte. Es kam mir vor, als ob jemand absichtlich sehr leise ging, ohne Schuhe, nur auf Strümpfen. Doch das Parkett knarrt und quietscht, sodass es eindeutig zu vernehmen war. Ich fand das zwar seltsam, wollte aber auch nicht vorwitzig erscheinen und schaute daher nicht nach, wer da unterwegs war.«

Keller lächelt: »Ich zweifle keine Sekunde daran, dass Sie nicht neugierig sind. Haben Sie trotzdem eine Idee, wer das auf dem Korridor gewesen sein könnte?«

»Was denken Sie von mir, Herr Kommissar?«

»Nur das Beste. Aber Sie werden bestimmt eine Vermutung angestellt haben.«

»Ja, eine Vermutung. Es könnte der Doktor gewesen sein.«

»Warum?«

»Als ich am nächsten Abend nach Hause kam, fragte mich Charlotte, ob ihr Mann mir gegenüber noch irgendwelche Äußerungen getan hätte. Sie wirkte in dem Moment wirklich ratlos.«

»Kam es denn häufiger vor«, will Keller wissen, »dass Dr. Mühe über Nacht wegblieb?«

»Nie! Ich kann mich nicht an ein einziges Mal erinnern.«

»Und haben Sie dafür eine Erklärung, dass der Doktor in besagter Nacht noch einmal das Haus verließ?«

»Nein … das ist es ja, was ich nicht begreifen kann. Was wollte er nur so spät so weit draußen?« Ilse Kaufmann unterbricht plötzlich ihre Rede. Nach kurzem Innehalten sagt sie, als ob sie ihre eigenen Worte revidieren wollte: »Wissen Sie, Herr Kommissar, wenn ich es recht überlege, muss ich mir eingestehen, dass ich von Erich eigentlich gar nicht viel weiß …«

»Sie wohnen immerhin unter einem Dach«, wendet Keller ein.

»Ja, gewiss. Doch der Doktor ist ein sehr in sich gekehrter Mensch. Er redet nicht viel, insbesondere nicht über private Dinge. Vielleicht gibt es ein Geheimnis, von dem wir alle nichts wissen.« Sie schaut auf ihre Armbanduhr und erschrickt. »Ich muss in die Firma, mein Chef wird sonst böse.«

Ernst Keller begleitet seine Besucherin zur Tür. »Passen Sie auf, dass Sie am Lustgarten nicht wieder in eine Kundgebung geraten«, sagt er zum Abschied.

BERTHA KORNRUMPF,
INHABERIN EINES BANDAGEN- UND
TRIKOTAGENGESCHÄFTS
FREITAG, 17. JUNI 1932

Als Keller die schwere Holztür öffnet und den Raum betritt, ertönt eine Klingel. Das Geräusch ist schrill und erinnert ihn an das Pausenzeichen auf einem Schulhof. Er lässt die Tür hinter sich ins Schloss fallen, und augenblicklich tritt Ruhe ein. Die Oranienstraße mit ihrem Verkehr, den vielen Menschen und Geräuschen, der Rastlosigkeit und dem großstädtischen Tempo, ist auf einmal ganz weit weg.

Im Ladenlokal von Bertha Kornrumpf scheint die Zeit stehen geblieben zu sein. Die Einrichtung hat nichts von der leichten Eleganz aus Messing, Chrom und Glas, die bei Wertheim am Moritzplatz oder am Leipziger Platz vorherrscht. Hier sieht man dunkle Eichenschränke, die bis unter die Decke ragen. An den Türen kleben ausgebleichte Zettel, auf denen mit blassblauer Tinte Hinweise wie Korsett, Trikot oder Feinstrick sowie allerlei Konfektionsgrößen notiert sind. In der Raummitte steht ein massiver Tisch, dessen Oberfläche mit einem weichen Stoff bespannt ist. Darauf präsentiert Frau Kornrumpf ihren Kundinnen vermutlich die Ware. Es riecht nach Mottenkugeln.

Ob heute schon jemand im Laden war, fragt sich Keller. Oder gestern? Oder vorgestern? Ob sich in dieser Woche überhaupt eine Kundin hierher verirrt hat? Er hört Schritte, dann tritt die Inhaberin aus einem Hinterzimmer heraus.

»Guten Tag«, sagt Keller, »ich bin von der Polizei. Mein Assistent Schneider hat mein Kommen ja angekündigt.« Er spricht demonstrativ langsam und laut.

»Ja, hat er«, antwortet Frau Kornrumpf. »Sie müssen aber nicht schreien. Ich bin zwar kein junger Hüpfer mehr, doch taub bin ich nicht. Wie kann ich Ihnen helfen?«

»Es geht um Dr. Mühe. Sie gehören zu seinen Patientinnen und sollen ihn am Tag vor seinem Verschwinden in seiner Praxis aufgesucht haben? Also am Montag. Ist das richtig?«

»Ja.«

»Und wie lange sind Sie schon bei ihm in Behandlung?«

»Seit er vor etwa vier Jahren die Nachfolge von Dr. Goldschmidt antrat. Um genau zu sein, haben die beiden getauscht. Dr. Mühe übernahm die Praxis in der Oranienstraße und Dr. Goldschmidt die von Dr. Mühe in der Eisenacher Straße. Das hing wohl damit zusammen, dass Dr. Goldschmidt beruflich etwas kürzertreten wollte. Er ist ja nicht mehr der Jüngste. Und Dr. Mühe wollte wiederum weg von seinen Schwiegereltern. Das Haus in der Eisenacher Straße, wo er seine Praxis hatte, gehört dem Vater der Frau Mühe. Wir alle waren mit Dr. Goldschmidt sehr zufrieden. Als es mit meinem Paul – Gott hab ihn selig! – zu Ende ging, hat er sich rührend um ihn gekümmert.«

»Wie ist Ihr Kontakt zu Dr. Mühe?«

»Der Doktor ist mir bereits nach kurzer Zeit ans Herz gewachsen«, gesteht Bertha Kornrumpf. »Er ist sehr beliebt, und ich kann über ihn wirklich nur Gutes berichten. Umso größer ist hier in der Nachbarschaft die Bestürzung, dass er verschwunden sein soll. So etwas spricht sich ja schnell herum. Wie Sie schon sagten, noch am Montag war ich bei ihm in der Sprechstunde.«

»Deshalb bin ich bei Ihnen«, erklärt Ernst Keller. »Sie sind eine wichtige Zeugin. Ist Ihnen etwas aufgefallen? Verhielt er sich anders als sonst?«

»Er war zwar freundlich und hatte sogar ein paar aufmunternde Worte für mich, doch irgendetwas schien ihn zu bedrücken. Er wirkte fahrig und nicht richtig bei der Sache. Auf dem Flur bekam ich zufällig mit, wie der Doktor das Fräulein Gertrud wegen einer Kleinigkeit ausschimpfte. Das war eigentlich nicht seine Art. Gegen Mittag kam er an meinem Geschäft vorbei und klopfte kurz an die Scheibe. Miteinander gesprochen haben wir aber nicht. Ich habe ihn dann in der Nacht noch einmal gesehen.«

»In der Nacht? Bitte versuchen Sie, sich genau zu erinnern. Wo und um wie viel Uhr haben Sie Herrn Mühe gesehen? Das ist sehr wichtig für uns.«

»Ich konnte wegen meiner Halsschmerzen nicht schlafen«, erwidert die alte Dame. »Das war auch der Grund gewesen, warum ich in der Praxis war. Es mag gegen Mitternacht gewesen sein, als ich aus dem Fenster schaute und zufällig sah, wie der Doktor auf der anderen Straßenseite in sein Auto stieg.«

»Haben Sie eine Ahnung, wohin er in der Nacht gefahren sein könnte?«

»Bedaure, Herr Kommissar, das weiß ich nicht. Ich habe nur gesehen, dass er in Richtung Heinrichplatz fuhr.«

»Haben Sie schon öfter wahrgenommen, dass er nachts in seinem Wagen wegfuhr?«

»Nein, was denken Sie von mir? Ich verbringe meine Nächte doch nicht an der Fensterscheibe.«

»Kennen Sie Frau Mühe?«

»Kennen ist wohl übertrieben«, sagt Bertha Kornrumpf und faltet ein Trikot zusammen, das auf dem Tresen gelegen hat. »Wir haben uns ab und zu in der Praxis oder auf der Straße gesehen. Doch eigentlich möchte ich darüber nicht sprechen.«

»Warum nicht?«

»Weil ich keine Scherereien bekommen möchte«, flüstert die Witwe. Dabei legt sie ihren Zeigefinger auf den Mund.

»Sie bekommen keine Scherereien, wenn Sie mit der Polizei sprechen.«

»Meinen Sie?«

»Sie haben mein Wort, das verspreche ich Ihnen.«

»Gut, wenn Sie das sagen … Also, die meisten Nachbarn mögen Frau Mühe nicht. Sie hält sich für etwas Besseres, stolziert wie die Garbo umher und kann sich nie entscheiden, ob sie unsereinen auf der Straße grüßen soll.« Für einen Augenblick stockt die Ladeninhaberin, doch dann fährt sie fort: »Ich will ja nichts gesagt haben, aber es heißt, dass sie ein Verhältnis mit einem Musiker hat und der Doktor davon weiß. Das gehört sich doch nicht! Es wurde auch schon erzählt, dass sie abartig veranlagt sein soll.«

»Abartig?«, fragt Keller erstaunt. »Was meinen Sie damit?«

»Ich mag mir das gar nicht vorstellen«, seufzt Frau Kornrumpf und hat dabei einen Gesichtsausdruck, der ihren Ekel verrät. »Mein Mann Paul – Gott hab ihn selig! – und ich waren über dreißig Jahre verheiratet. Glücklich verheiratet! Die Oranienstraße ist doch eine anständige Gegend!«

»Gute Frau, das bezweifelt niemand.« Keller droht die Geduld zu verlieren. »Aber reden Sie bitte nicht um den heißen Brei herum. Warum soll Frau Mühe Ihrer Meinung nach abartige Neigungen haben?«

Bertha Kornrumpf ist dieses Thema äußerst peinlich. »Nun, wie soll man es sagen, ohne sich selbst zu beschmutzen? Jedenfalls, man erzählt sich, dass sie mit ihrer Untermieterin poussiere. Verstehen Sie? Mit dem Fräulein Kaufmann. Pfui Teufel!«

Der Kommissar will etwas einwenden, doch die alte Dame redet sich nun in Rage. »Ich sage Ihnen was: Daran sind unsere verkommenen Zeiten schuld. Kürzlich war ich seit Langem ein-

mal wieder in der Nähe der Kaiser-Wilhelm-Gedächtniskirche …
das ist ja eine beliebte Amüsiermeile. Doch diese wahnsinnigen
Lichterorgien, diese widerlichen Anpreisungen und Anlockun-
gen, diese tobende Unruhe – ich hatte das Gefühl, auf dem Jahr-
markt des Satans zu sein. Und das rund um ein Gotteshaus, das
unserem verehrten Kaiser gewidmet ist. Die Menschen sind
schamlos geworden und tanzen am Rand eines Abgrunds.«

Ernst Keller hat genug gehört. Die Vernehmung ist an dem
Punkt angelangt, an dem Realität und Einbildung ineinander-
fließen. Zeuginnen wie Frau Kornrumpf nennt er intern »abge-
schöpft«. Eine weitere Befragung macht keinen Sinn.

Sie möge sich schonen und ihren entzündeten Hals kurieren,
gibt er ihr noch mit auf den Weg. Dann verabschiedet er sich und
öffnet die Ladentür. Abermals ertönt die Klingel, die ihm nun
wie ein Ruf aus längst vergangenen Zeiten erscheint.

Während der Kommissar das Bandagengeschäft verlässt, denkt
er über das Gehörte nach. Die Frau Mühe und das Fräulein
Kaufmann sollen ein Liebespaar sein? Wie passt das zu der Geschichte mit dem Gesangslehrer? Haben vielleicht auch Rasch
und Charlotte Mühe ein Verhältnis?

Bertha Kornrumpf ist nun wieder alleine in ihrer Welt. »Um
Gottes willen!«, flüstert sie. »Der arme Doktor. Diese Schmach!«

KARL BUGOW,
LEITER DER STAATLICHEN LEHR- UND VERSUCHS-
WIRTSCHAFT FÜR FISCHEREI AM SACROWER SEE
MONTAG, 20. JUNI 1932

»Schneider, haben Sie so etwas schon mal gehört?« Als ob Keller das Satzungetüm in seine Bestandteile zerlegen wollte, wiederholt er die einzelnen Silben: »Staat-li-che Lehr- und Ver-suchs-wirt-schaft für Fi-sche-rei. Pah. Was es für Sachen gibt! Das ist sicher die wichtigste Behörde unter Preußens Sonne. Schneider, warum sagen Sie denn nichts?«

»Wir sind gleich da«, antwortet der Kriminalassistent, der den Dienstwagen fährt. »Dort drüben sollte es sein.« Schneider nimmt die rechte Hand vom Steuer und zeigt auf ein vor ihnen liegendes Gebäude. Die Dienststelle der Staatlichen Lehr- und Versuchswirtschaft für Fischerei ist am nordwestlichen Ufer des Sacrower Sees im sogenannten Jägerhof untergebracht, einem Landhaus aus der Jahrhundertwende. Früher gehörte das Anwesen einem Schwager von Kaiser Wilhelm II., der dort Hunde züchtete, heute ist es im Besitz des Staates. Amtsvorsteher Karl Bugow hatte sich angeboten, bei der Suche zu helfen. Er erwartet die Herrn Polizisten bereits. Vor einer Woche ist Dr. Erich Mühe verschwunden. Nach wie vor fehlt von ihm jede Spur.

»Das muss er sein«, flüstert Keller seinem Assistenten zu, während sie auf einen Unbekannten zugehen. Karl Bugow darf man getrost eine beeindruckende Erscheinung nennen. Nicht, dass er etwa außergewöhnlich groß wäre, nein, das Auffällige an Bugow ist sein imposanter Bart. In den 1870er- oder 1880er-Jahren sah fast jeder Volksschullehrer so aus, heute sind diese Rauschebärte aus der Mode gekommen. Mann trägt jetzt Schnauzbart, und wer es besonders modisch mag, zwirbelt sich ein Menjou-Bärtchen. Das ist der letzte Schrei. Karl Bugow wirkt dagegen wie aus der Zeit gefallen.

»Ich habe in über dreißig Dienstjahren ja schon manches erlebt«, versichert Bugow nach der Begrüßung, »doch diese Geschichte ist wirklich mysteriös.« Bugows Stimme verrät keine Aufregung. Kein nervöser Unterton schwingt mit, kein wichtigtuerisches Gebaren unterstreicht das Gesagte. »Es vergeht wohl kein Tag, an dem ich nicht mit meinem Boot rausrudere«, fährt der Amtsvorsteher fort, »daher kenne ich den See wie meine Westentasche. Viele Leute machen den Fehler und haben keinen Respekt vor der Natur. Ja, man muss dem See mit Achtung begegnen, sonst kann es schnell gefährlich werden. Das Wasser ist hier im nördlichen Teil bis zu vierzig Meter tief, und es gibt viele kalte Strömungen. Ich bin jetzt vierundsechzig und kann mich bald zur Ruhe setzen. Zum Glück ist mir nie etwas passiert.«

»Geschieht es denn oft, dass Badegäste in Not geraten?«

»Ja, gelegentlich, doch die meisten Zwischenfälle gehen glimpflich aus. Gott sei Dank! Einmal mussten wir ein junges Paar, dessen Ruderboot beim Liebesspiel gekentert war, aus dem Wasser fischen. Das war den beiden verständlicherweise sehr peinlich. Uns natürlich auch.« Karl Bugow lacht breit. »Dabei ist das ja gar nicht unsere Aufgabe. Wir sind ja nicht die Wasserschutzpolizei! Doch wenn da jemand im Wasser zappelt, kann man ja nicht warten, bis die Polizei aus Potsdam oder Spandau eingetroffen ist.«

»Gewiss nicht«, stimmt Keller zu. »Und wir sind Ihnen sehr

dankbar, dass Sie uns bei der Suche nach dem verschwundenen Arzt helfen.«

»Leider habe ich keine guten Nachrichten«, erwidert Bugow. »Meine Leute sind in meinem Auftrag mehrfach den See abgefahren. Nichts! Zudem habe ich im gesamten nördlichen Abschnitt den Schilfgürtel und die Buchten mittels einer zweihundert Meter langen Suchleine durchkämmen lassen. Keine Spur. Das habe ich auch schon dem Professor mitgeteilt.«

»Welchem Professor?«

»Ehrlich gesagt weiß ich gar nicht, ob der Mann wirklich Professor ist. Er kam mir so vor, als ob er in seinem Leben bislang kein anderes Werkzeug als einen Bleistift in der Hand hatte. Wie ein Professor, nicht wahr? Der kam hier mit Manschetten und Gamaschen an und wollte sich an der Suche beteiligen. Er sei ein Freund der Familie, meinte er. Ich habe ihm dann freundlich zu verstehen gegeben, dass er besser am Ufer warten soll, sonst müssten wir ihn nachher noch aus dem Wasser ziehen.«

Karl Bugow lacht wieder breit, vermutlich stellt er sich gerade vor, wie der vermeintliche Professor, in seinem Ornat auf einem Boot stehend, das Gleichgewicht verliert und in den See plumpst. Ernst Keller ist nicht zum Lachen zumute. Er weiß, dass von Hugo Rasch die Rede ist. Doch warum ist der so forsch? Was hat der Gesangslehrer von Charlotte Mühe mit dem Verschwinden ihres Mannes zu tun? Warum hatte sie ihn gleich morgens als Ersten informiert?

Wie schon vor ein paar Tagen steht Keller am Ufer des Sacrower Sees und starrt wie hypnotisiert auf die Wasseroberfläche. Für einige Sekunden scheint er wie entrückt. Dann räuspert sich Herr Bugow.

»Ganz in der Nähe gibt es einen Zeltplatz. Dort sind im Sommer immer ein paar Leutchen. Vielleicht haben die ja etwas mitbekommen?«

»Ich höre mich mal um«, schlägt Schneider eifrig vor. »Wie finde ich das Zeltlager, Herr Bugow?«

Der Mann mit dem Rauschebart weist mit seinem rechten Arm in eine bestimmte Richtung. »Diesen Weg entlang, nach etwa fünfhundert Metern rechts halten, dann können Sie ihn schon sehen.«

Schneider marschiert los, während Keller sich erneut Karl Bugow zuwendet. »Halten Sie es für möglich«, fragt der Kommissar, »dass der Körper des Vermissten auf den Boden des Sees gesunken ist und dort verbleibt?«

»Ach, i wo!« Bugow schüttelt den Kopf. »Glaub ich nicht. In der Lunge und in den Eingeweiden eines Ertrinkenden ist noch so viel Luft, dass der Leichnam irgendwann an die Wasseroberfläche steigt. Das Ganze ist ja nun auch ein paar Tage her. Wir hätten den Toten schon längst bemerken müssen.«

»Haben Sie hier schon eine Wasserleiche gehabt?«

»Ja, einmal. Ist aber bereits ein paar Jahre her. Ein Mann hatte beim Schwimmen einen Herzschlag erlitten und ist dann ertrunken. Der Herr war alleinstehend, wie später rauskam, und wurde offensichtlich nicht vermisst, sodass die Leiche einige Zeit im Wasser trieb. Als wir ihn dann fanden, war der gesamte Körper von den Fäulnisgasen aufgedunsen und die Haut ganz wächsern. Wenn ich daran denke, wird mir ganz schummrig. Das war kein schöner Anblick.«

»Und wenn man den Vermissten absichtlich getötet und mit Steinen beschwert hat, damit er nicht an die Wasseroberfläche steigt?«

Karl Bugow kratzt sich am Kopf. »An der tiefsten Stelle des Sees hätte man sicher ein Problem, eine Leiche zu finden. Das gebe ich ehrlich zu.«

Die beiden Männer reden noch länger darüber, wie man eine Leiche unbemerkt in einem See verschwinden lassen könnte, bis Kriminalassistent Schneider vom Zeltplatz zurückkehrt. Er geht mit schnellen Schritten auf Keller und den Amtsvorsteher zu.

»Was haben Sie erfahren?«, fragt der Kommissar, als sein Assistent keuchend vor ihm stehen bleibt.

»Es waren so einige Zeltbewohner dort … Ich habe ihnen den Fall geschildert und wollte von ihnen wissen, ob sie etwas Ungewöhnliches bemerkt hätten. Einhellig erklärten sie, in den Morgenstunden würde man jeden Schritt und jedes Wort weithin hören. Jeder von ihnen hätte bestimmt mitbekommen, hätte jemand um Hilfe gerufen. Doch alle versicherten, es sei ganz still gewesen. Und ein fremder, im Badeanzug herumlaufender Mann sei ihnen nicht aufgefallen. Leider Fehlanzeige, Chef.«

»Zu dumm«, schimpft Keller. »Ich hatte gehofft, dass wir hier draußen weiterkommen.«

»Wenn Sie mich fragen«, mischt sich Karl Bugow in das Gespräch, »werden Sie den Verschwundenen hier nicht finden.«

»Warum nicht?«

»Ganz einfach: weil er nicht im Sacrower See ertrunken ist! Außer er wurde woanders ermordet. Aber hätte man sich seiner hier entledigt, die Zeltbewohner hätten das bestimmt bemerkt. Es muss anders abgelaufen sein. Das herauszufinden ist ja Ihre Aufgabe, Herr Kommissar.«

Keller nickt. »Es ist selten einfach, das ist wahr. Wir müssen wohl anderen Möglichkeiten nachgehen. Haben Sie aber vielen Dank.«

Die Herren verabschieden sich. Danach steuert Schneider den Wagen über die Potsdamer Chaussee, die Wilhelm- und die Heerstraße zurück nach Berlin.

Keller starrt aus dem Fenster und sagt kein Wort.

»Chef, was ist mit Ihnen?«, fragt Schneider nach einer Weile.

Keine Antwort.

»Muss ich mir Sorgen machen?«, hakt Schneider ein paar Minuten später nach.

»Alles in Ordnung. Mir geht das Gespräch mit diesem Bugow nur nicht aus dem Sinn«, sagt Keller schließlich. »Der scheint sich ja ganz sicher zu sein, dass der Arzt nicht im See ertrunken ist. Das lässt mir keine Ruhe.«

»Wenn er nicht ertrunken ist, muss er ja noch am Leben sein.«

»Ja, das ist denkbar. Vielleicht hat er aber auch woanders das Zeitliche gesegnet, und irgendjemand will uns glauben machen, dass Mühe einen Badeunfall hatte. Wieso war der Professor dort? Er ging von einem solchen Unfall aus? Warum? Brennt ihm etwas unter den Nägeln? Will er verhindern, dass etwas ans Tageslicht kommt? Oder geht es bei diesem Fall um etwas, das wir noch gar nicht bedacht haben? Um etwas Politisches? Der Wirt vom Waldfrieden hatte so etwas vermutet. Auch einen Zusammenhang mit dem Selbstmord im Forst. Zwei Ärzte. Das ist aber auch vertrackt. Hinzu kommt, dass wir weiterhin nicht wissen, was mit dem Auto geschehen ist. Verdammt noch mal, das kann sich doch nicht in Luft aufgelöst haben!« Keller schlägt mit der Hand auf das Armaturenbrett. »Schneider, je länger ich darüber nachdenke, desto mehr bin ich davon überzeugt, dass hier etwas nicht stimmt. Das Ganze stinkt zum Himmel.«

OTTO KOMANOWSKI,
KELLNER IM KRUG ZUM GRÜNEN KRANZE
DIENSTAG, 12. JULI 1932

Vier Wochen sind seit Erich Mühes Verschwinden vergangen.
Ernst Keller sitzt an seinem Schreibtisch, ihm gegenüber Otto
Komanowski, genannt der schöne Otto. Über Geschmack lässt
sich ja bekanntlich streiten, doch es gibt Zeitgenossen, die Komanowski für einen gut aussehenden Mann halten. Er arbeitet als
Kellner im Krug zum grünen Kranze, einem Etablissement direkt am Alexanderplatz. Der pittoreske Name steht in einem gewissen Gegensatz zum Charakter der Einrichtung. Wer ein be-
schauliches Weinrestaurant erwartet, wird vermutlich enttäuscht.
Der Krug ist das, was man landläufig eine Kaschemme nennt. Der
gewölbeartige Gastraum liegt etwas unterhalb des Trottoirs, wobei
nur wenig Tageslicht durch die kleinen Fenster fällt. Doch das
stört nicht, denn in den Krug geht man ohnehin, wenn die Nacht
den Tag schon längst verdrängt hat.

Unter den Gästen sind auffallend viele alleinstehende Damen,
die erkennbar Anschluss suchen. Ein paar Studenten sind darunter, die die günstigen Bierpreise schätzen, sonst sitzt an den ein-
fachen Holztischen die für die Gegend rund um den Alexanderplatz übliche Mischung aus Arbeitern, Gestalten der Halb- und
Unterwelt, Trinkern und Taugenichtsen. Seitdem das Lokal im
vergangenen Jahr in einem Stadtführer durch das lasterhafte Ber-

lin auftauchte, verirren sich ab und an auch eine Handvoll Touristen in den Keller. Der Kommissar weiß das, weil er hin und wieder auf ein Bier vorbeischaut, wenn er länger arbeiten muss und eine kleine Pause zum Nachdenken braucht. Zudem schadet es nicht, glaubt Keller, dann und wann aus eigener Anschauung zu sehen, was die Kundschaft der Polizei so treibt.

Der schöne Otto hatte sich gestern telefonisch im Präsidium gemeldet. Er habe in den Zeitungen vom Verschwinden des Arztes gelesen, sagte er, und vermute, dass der Gesuchte vor Kurzem im Krug zu Gast gewesen sei. Er wolle eine Aussage machen, so Komanowski, woraufhin Keller ihn vorgeladen hat.

»Ich frage mich ernsthaft, was ein feiner Mann wie der Dr. Mühe ausgerechnet in eurem Laden gesucht hat«, beginnt Keller das Gespräch.

»Das dürfen Sie so aber nicht sagen, Herr Kommissar«, empört sich Komanowski und schlägt die Beine übereinander. »Wir sind ein ehrenwerter Betrieb. Sie schauen doch auch ab und zu vorbei. Zu uns kommen viele hochgestellte Herren. Aber darüber darf ich nicht sprechen. Das ist Betriebsgeheimnis.«

»Nun mach dich mal nicht so wichtig«, weist Keller ihn zurecht. »Erzähle uns lieber, was du beobachtet haben willst.«

»Also, es muss nach Mitternacht gewesen sein«, vermutet der Kellner. »Ich hatte gerade mit einem Gast zu tun, der seine Zeche nicht bezahlen wollte, als auf einmal so ein schnieker Adler angeflogen kam. Der Mann, den Ihr Herr Schneider mir eben auf dem Foto gezeigt hat, stieg aus, betrat das Lokal und setzte sich an einen freien Tisch. Kurze Zeit später tauchte ein zweiter Mann auf...«

»Wer war das?«

»Bedaure, den hatte ich vorher noch nie gesehen. So wie auch den anderen nicht, den Dr. Mühe.«

»Wie alt war der zweite Mann?«

»Schwer zu sagen. Vielleicht Anfang fünfzig? Ich bin im Schätzen nicht gut, Herr Kommissar. Mir fiel nur auf, dass er sehr vornehm gekleidet war. Ein richtiger Herr mit goldener Taschenuhr und so weiter. Jedenfalls wurde dieser Mann von Ihrem Doktor erwartet. Die beiden schienen sich zu kennen und wirkten vertraut. Dann bestellte jeder von ihnen eine Molle. Sie unterhielten sich eine Weile.«

»Worüber?«

»Aber, Herr Kommissar! Was denken Sie von mir. Ich belausche doch unsere Gäste nicht. Ich habe keine Ahnung, worüber die gesprochen haben.«

»Wie ging es weiter?«

»Dann erschien ein dritter Mann …«

»Ein dritter Mann?!« Keller schlägt mit der Faust auf den Tisch. »Lass dir nicht alles aus der Nase ziehen! Wer war das? Name? Personenbeschreibung?! Raus mit der Sprache!«

»Sie lassen mich ja nicht ausreden, regen sich nur unnütz uff. Der Dritte im Bunde war Schlachthof-Fritze.« Mit sichtbarem Vergnügen fügt er hinzu: »Der dürfte Ihnen ja bekannt sein.«

Ernst Keller lässt den Stift fallen. Der Mann, den Komanowski Schlachthof-Fritze nennt, heißt eigentlich Fritz Krüger. Er hat eine Zeit lang auf dem Schlachthof in Friedrichshain gearbeitet, dort hat er aber nicht nur Schweine- und Rinderhälften zerlegt, sondern auch allerlei krumme Geschäfte gemacht. Hehlerei, Unterschlagung, Erpressung, Zuhälterei, Diebstahl, Körperverletzung – es gibt fast keine kriminelle Disziplin, in der Schlachthof-Fritze sich nicht erfolgreich betätigt hätte. Keller überlegt: Krüger saß doch noch vor Kurzem im Gefängnis – ist der schon wieder draußen?

Als ob Otto Komanowski Kellers Gedanken lesen könnte, fragt er: »Damit haben Sie nicht gerechnet, Herr Kommissar, nicht wahr?«

Keller schüttelt den Kopf. »Das ist eine Überraschung, allerdings keine schöne. Und das ist wirklich kein schlechter Scherz?«

»Mit Schlachthof-Fritze macht man keine Witze. Nach etwa zwanzig Minuten, es kann auch eine halbe Stunde gewesen sein, zahlte Ihr Doktor, und die drei verließen unser Haus und fuhren in dem Adler davon.«

»Der Unbekannte und Schlachthof-Fritze stiegen ebenfalls in den Wagen?«, hakt Keller nach. »Bist du dir da ganz sicher?«

»Klar. Die drei stiegen zusammen in das Auto.«

»Seltsam, seltsam.«

»Kann ich jetzt gehen?«

»Hab momentan keine weiteren Fragen.«

»Sie wissen ja, wo Sie mich finden können. Angenehmen Tag noch.«

Als der schöne Otto den Raum verlassen hat, sagt Keller zu seinem Assistenten: »Schneider, bringen Sie doch mal in Erfahrung, wo der Krüger derzeit gemeldet ist. Und dann laden Sie ihn bitte vor.«

DR. MED. LUDWIG WONDRA,
PRAKTISCHER ARZT IN MICHENDORF
DONNERSTAG, 14. JULI 1932

Schneider ist seit gut einem Jahr in Ernst Kellers Abteilung tätig. Er hätte auch zur Sitte oder zum Diebstahl gehen können, doch er wollte ausdrücklich zu Keller. Der Kommissar sei mit allen Wassern gewaschen, hat es unter den Kollegen geheißen, bei dem könne er viel lernen. Schneider gehört zu den Menschen, die man leicht zu unterschätzen neigt, was zweifellos an seinem unscheinbaren Äußeren liegt. Das Gesicht ist schmal und blass. Auf der spitz zulaufenden Nase sitzt eine schlichte Brille, die im Verhältnis zu der Kopfform etwas zu groß erscheint. Von schmächtiger Statur, wirkt Schneider immer so, als müsste er in seine Kleidung noch hineinwachsen. Keller wäre nicht ein gewiefter Ermittler, wenn er sich nicht vorab über seinen neuen Assistenten erkundigt hätte. Ja, unauffällig sei der Schneider, hat man ihm damals gesagt, doch der junge Mann sei nicht auf den Kopf gefallen und außerordentlich fleißig. Aus dem könne noch etwas werden.

Als Schneider gerade bei ihm anfing, hat er ihn einmal zu sich nach Hause eingeladen. »Muttchen«, sagte Keller zu seiner Frau, als Schneider mit einem ansehnlichen Blumenstrauß in der Hand die Wohnung betrat, »das ist der Neue. Dem wollen wir heute mal auf den Zahn fühlen.« Hertha Keller schüttelte den Kopf:

»Du sollst mich nicht immer Muttchen nennen.« Schneider war diese Begrüßung unangenehm, da er mit dem recht speziellen Humor seines Chefs noch nicht vertraut war. Dann begann das Abendessen.

Keller liebt Hausmannskost: Bulette, Kotelett, Aal grün mit Gurkensalat, saure Nieren, Kalbsleber, Sülze und allerlei kalte Platten. Doch damals, als Schneider seinen Antrittsbesuch machte, gab es Berliner Eisbein mit Erbspüree.

»So, junger Mann«, sagte Hertha Keller, als sie das Essen auftischte, »nun lassen Sie es sich mal schmecken.«

Schneider, der aus Hamburg stammt, hatte das, was man Berliner Eisbein nennt, bis zu diesem Tag noch nie gesehen: eine gekochte Haxe mit weißem Fleisch, das wiederum von einer dicken blass-bläulichen Fettschicht umgeben ist. Wenn das einmal Teil eines Tiers war, dachte Schneider, muss das Viech nur ungesunde Sachen gefressen haben. Mit einigem Aufwand entfernte er das Fett und probierte ein paar Bissen von dem Fleisch.

»Mein Muttchen ist eine wunderbare Köchin«, schmatzte Ernst Keller vergnügt. »Finden Sie nicht auch, Schneider?«

»Selbstverständlich«, bekräftigte der Neue eilig. »Es schmeckt köstlich, gnädige Frau.«

»So gut sie auch kocht«, stellte Keller an jenem Abend fest, »an die Berliner Krebssuppe, die es früher in der alten Weinstube von der Witwe Schütze an der Nikolaikirche gab, reicht nichts heran.«

»Nun lass man gut sein mit deinen alten Geschichten«, fuhr Hertha Keller dazwischen. »Woher soll Herr Schneider die olle Schütze kennen? Die ist schon seit einer halben Ewigkeit unter der Erde.«

Doch Keller ließ sich nicht beirren. »Die Suppe musste einen Tag und eine Nacht kochen«, erklärte er wie ein Schulmeister, »während dieser Zeit durften die Köchinnen nicht vom Herd weichen. Um nicht vor Müdigkeit umzufallen, tranken sie Unmengen Kaffee. Ja, das waren noch Zeiten.«

Als Keller wahre Berge Fleisch, Fett und Erbspüree in sich hineingeschaufelt hatte, traten plötzlich kleine Schweißtropfen auf seine Stirn. Das war das Zeichen, die Waffen zu strecken. Befriedigt wie von einer großen Tat, legte er das Besteck beiseite.

»Jetzt trinken wir einen Schnaps«, sagte er daraufhin zu Schneider, »das ist gut für die Nieren.«

Schneider, der sich sonst nichts aus Hochprozentigem macht, stimmte nach dem weißen Fleisch und dem blass-bläulichen Fett gerne zu.

»Wissen Sie, was mein alter Herr immer gesagt hat?«, fragte Keller.

Schneider wusste es nicht.

»Mein alter Herr hat immer gesagt: ›Schnaps is wie Medizin. Er hitzt, kühlt, führt ab, stoppt ooch, nimmt 'n Schwindel, stärkt's Jedächtnis un jibt 'n verlorenen Verstand wieder.‹«

Und so kam es, wie es kommen musste. Ernst Keller und sein Assistent Schneider tranken zum Wohl der Nieren, gegen den Schwindel und zur Stärkung des Gedächtnisses den einen oder anderen Schnaps. Am nächsten Morgen um zwei Uhr ging Schneider nach Hause.

Das war sein Antrittsbesuch.

Dass Ernst Keller den Vornamen seines Assistenten ein Jahr später immer noch nicht zu kennen scheint und ihn nur beim Nachnamen nennt, stört ihn nicht weiter, er hat sich mittlerweile daran gewöhnt. Schneider weiß, dass der Chef das nicht böse meint.

Natürlich ist er nicht als Kriminalassistent auf die Welt gekommen. Bevor er Kriminalassistent wurde, war er Kriminalassistentenanwärter. Sollte er sich in seinem Amt bewähren, stehen ihm viele Türen offen. Die nächsten Karriereschritte sind Kriminalsekretär, Kommissaranwärter, Kommissar und schließlich Polizeirat. Danach kommt der Polizeidirektor, und ganz am Ende steht der Polizeipräsident. Doch davon wagt Schneider nicht zu träumen. Oder doch?

Es ist noch nicht lange her, da stellte er sich in einer ruhigen Minute vor, wie es wohl wäre, wenn er den Fall Mühe lösen könnte. Ganz alleine. Nur er. Dann würde er zu Keller gehen und ihm die Fakten auf den Tisch legen, ihm erklären, wie alles war. Was aus dem Arzt wurde, was Hugo Rasch mit der Sache zu tun hat und wo das Auto geblieben ist. Das gesamte Polizeipräsidium würde von dieser Meisterleistung erfahren. Und dann würde der Polizeipräsident ihn auf eine Tasse Tee zu sich bitten und ihn stante pede zum Kommissar befördern. Dann wäre er nicht mehr »Schneider«, dann würde man ihn mit »Herr Kommissar« ansprechen. Doch bedauerlicherweise kann er den Fall nicht allein lösen und muss einstweilen das machen, was Ernst Keller ihm sagt.

Kriminalassistent Schneider geht deshalb zu Fuß vom Alexanderplatz zum Scheunenviertel. Diese Gegend lag früher einmal außerhalb der Stadtgrenzen und bestand einzig aus Scheunen, die innerhalb der Stadt verboten waren. Das ist lange her, doch der Name hat sich gehalten. Schneider mag das Scheunenviertel nicht. Zu viel Kriminalität, zu viel Prostitution. Zwar haben ihm ältere Kollegen versichert, dass sich die Zustände in den Straßen zwischen dem Hackeschen Markt und dem Bülowplatz gebessert hätten. Die Straffälligkeit sei längst nicht mehr so schlimm wie noch vor ein paar Jahren. Mag sein, doch davon will Schneider nichts wissen. Für ihn bleibt das Scheunenviertel mit der engen Bebauung und den schmalen Straßen eine Lasterhöhle. Und die Steinstraße ist mittendrin.

Die meisten Gebäude haben schon bessere Zeiten gesehen. An den Fassaden bröckelt der Putz. Schneider sucht das Haus mit der Nummer 12. Hier war Fritz Krüger zuletzt gemeldet. Im Treppenhaus herrscht rege Betriebsamkeit. Eine Frau schreit einem Mann etwas Unflätiges hinterher. Ein anderer Mann betritt den Flur und verschwindet schnell in einer Wohnung im ersten Stock. Eine Wohnungstür steht sperrangelweit offen. Allem Anschein nach wird hier jemand erwartet. Von Fritz Krüger vorerst keine Spur.

Schneider betritt den Innenhof. Auf der linken Seite ragt eine graue Brandmauer in die Höhe. Rechts befindet sich der Seitenflügel, auf der Stirnseite liegt das Gartenhaus. Die Enge ist beklemmend. Es stinkt. In einer Ecke steht ein Zwinger, in dem ein Hund eingesperrt ist. Das Tier bellt unentwegt. Eine bucklige Frau mit zerzausten Haaren kommt aus dem Seitenflügel und wirft aus einem Metalleimer Knochen und Essensreste in den Käfig. Der Hund macht sich lechzend über das Fressen her, während die Bucklige wieder im Haus verschwindet.

»Wat kieken Se denn?«, fragt ein etwa zwölfjähriger Junge in kurzen Hosen, der plötzlich neben Schneider steht. »Wollnse französisch? Oder wollnse von hinten? Dit macht nur die Lotte im Dritten.«

»Wie bitte?«, platzt es aus Schneider heraus. »Weißt du eigentlich, was du da redest?«

»Na klar, weeß ick dit! Wenn Se aber die perversen Sachen wollen, müssen Se ein Haus weiterjehen. Da wohnt unterm Dach die dicke Polly. Die is für allet zu haben.«

Schneider hat genug gehört. Er macht einen Schritt nach vorne und will dem Jungen eine Backpfeife versetzen, doch der Bengel schnellt zur Seite.

»Watt is denn? Sind Se etwa vonner Kirche?«, johlt er.

»So etwas ist mir ja noch nie begegnet«, schimpft Schneider. »Du Frechdachs! Ich wusste schon, warum ich nicht hier herwollte.«

Der Junge hüpft von einem Bein auf das andere, springt in die Luft, läuft um Schneider herum und lacht ihn aus. »Kriegen Se mir doch, wenn Se können. Kriegen Se mir doch.«

»Ich bin von der Polizei«, erklärt Schneider mit ernstem Ton, »ich habe keine Lust, mit dir Fangen zu spielen. Sag mir lieber, wo ich Fritz Krüger finde.«

»Der is verschwunden, den hab ick schon seit Wochen nüscht mehr jesehen. Der Krüjer hat bei der ollen Webersinke zur Untermiete jewohnt. Die is aber jar nüscht juut uff ihn zu sprechen, weil der Krüjer ihr beklaut hat. Und jetzt isser wech, der Krüjer, und die olle Webersinke muss sich ooch noch um den Rex, dit is der Hund vom Krüjer, kümmern. Dit Viech hat tagelang jebällt, weil et Hunger hatte. Seitdem wirfte se dem Köter immer en paar Reste rein. Die Webersinke sagt, wenn der Krüjer nüscht bald zurückkommt, schlägt se den Rex mit 'nem Knüppel kaputt.«

In dem Moment betritt wieder die bucklige Frau den Hof. »Da is die Olle!«, ruft der Junge. »Fragen Se die doch nach 'm Krüjer.«

Schneider geht auf die besagte Person zu und zeigt ihr seine Polizeimarke. »Gute Frau, ich bin von der Polizei und suche Fritz Krüger. Das ist doch Ihr Untermieter, nicht wahr?«

»Beklaut hat er mich, der Ganove«, jammert Frau Webersinke, der man ansieht, dass das Leben es nicht gut mit ihr gemeint hat. Das zerfurchte Gesicht ist von grauer Farbe, die Hände sind von harter körperlicher Arbeit geschwollen, und das Gebiss ist nahezu zahnlos. So, wie sie vor ihm steht, fühlt sich Schneider an eine der Hexen aus den Büchern seiner Kindheit erinnert. Doch Frau Webersinke ist keine Märchengestalt, sondern die Vermieterin von Schlachthof-Fritze. »Zehn Mark hat er mir aus der Kaffeedose genommen«, fährt sie fort. »Und nun habe ich auch noch den Rex am Hals. Habe doch selber nicht genug. Das ist der Dank für meine Gutmütigkeit. Mit dem Knüppel schlage ich ihn tot. Den Rex … und den Krüger am besten auch.«

»Seit wann ist der Krüger denn fort?«, will Schneider wissen.

»Seit Juni habe ich ihn nicht mehr gesehen. Mir nichts, dir nichts war er weg. Seinen Plunder hat er mir aber dagelassen. Und den Rex. Mit dem Knüppel schlage ich ihn tot, mit dem Knüppel.«

Während Frau Webersinke wortreich ihr Unglück beklagt, verlässt sie den Hof und tritt auf die Straße. Sie würdigt Schneider keines Blickes.

»Ick hab's Ihnen doch jesagt«, feixt der Junge. »Weg is der Krüjer. Wat wollnse sonst noch wissen?«

Schneider schüttelt den Kopf. Die Begegnung mit dem Knirps scheint alle Vorbehalte, die er gegen das Scheunenviertel und seine Bewohner hat, zu bestätigen. Schnellstmöglich verschwindet er von hier.

Keller lacht schallend, als er ihm nach seiner Rückkehr im Polizeipräsidium von seinem Besuch in der Steinstraße erzählt. »Auch das ist Berlin, lieber Schneider. Die Stadt besteht nicht nur aus dem Ku'damm oder dem Grunewald. Und als guter Polizist sind Sie nicht nur für die Menschen da, die ohnehin schon auf der Sonnenseite leben. Das dürfen Sie nie vergessen.«

Schneider nickt.

»Doch heute ist Ihr Glückstag«, fährt Keller fort. »Als Nächstes geht es in den Süden von Potsdam. Dort gefällt es Ihnen bestimmt besser. In Ihrer Abwesenheit hat sich ein Arzt aus Michendorf gemeldet, der irgendetwas gefunden hat, etwas weiß oder zu wissen glaubt. So genau habe ich das nicht verstanden. Doch das sollten wir überprüfen. Schnappen Sie sich das Dienstauto und statten Sie diesem Herrn mal einen Besuch ab. Ich habe Sie angekündigt. Hier ist die Adresse.« Keller reicht seinem Assistenten einen Zettel, darauf steht: »Dr. Ludwig Wondra, Potsdamer Straße 64, Michendorf«.

Die Fahrt geht durch Kreuzberg, Tempelhof und Lichterfelde nach Kleinmachnow und von dort weiter nach Michendorf. Für die rund vierzig Kilometer benötigt Schneider ungefähr eine Stunde.

Dr. Wondra, Ende fünfzig, Stirnglatze und wohlgenährt, wohnt in einem zweigeschossigen Gebäude aus der zweiten Hälfte des vorigen Jahrhunderts. An der Hausfassade ist eine Messingplatte angebracht, auf der die Sprechzeiten des Arztes vermerkt sind. Als Schneider in Michendorf eintrifft, ist die Praxis bereits geschlossen. Er klingelt. Der Arzt, der den Besucher aus Berlin erwartet, begrüßt ihn und führt ihn in das Behandlungszimmer. Ob Herr Schneider eine Erfrischung wünsche? Der Kriminalassistent bejaht.

»Kennen Sie Ihren Kollegen Mühe aus Kreuzberg?«, fragt Schneider, während der Doktor Kaffee serviert.

Dr. Wondra schüttelt verständnislos den Kopf. »Ach was, hatte ich vorher noch nie gehört. Haben Sie eine Ahnung, wie viele Ärzte es in Berlin und Umgebung gibt? Ich bin zu dieser Plakette wie die berühmte Jungfrau zu ihrem Kind gekommen.«

»Welche Plakette?«

»Vor ein paar Tagen, es kann auch schon eine Woche her sein, kam ein Patient von mir, Richard Müller, zu mir in die Sprechstunde. Ich kenne Müller schon seit über zwanzig Jahren. Ein anständiger Kerl. Er arbeitet als Rieselwärter in Sputendorf – das ist direkt neben Großbeeren. Müller kam also und brachte mir die besagte Metallplakette mit.« Wondra geht zum Schreibtisch, der vor dem Fenster steht, öffnet eine Schublade und entnimmt ihr das Abzeichen, das er nun wie eine Reliquie in Händen hält.

»Wo hatte Müller diesen Gegenstand denn her?«, fragt Schneider, der sich geflissentlich alles notiert. Sein Chef erwartet am nächsten Tag einen schriftlichen Bericht über die Dienstreise nach Michendorf.

»Das wollte ich Ihnen ja gerade erzählen.« Wondra nähert sich wieder dem Kriminalassistenten. »Müller sagte, er habe das gute Stück auf einem Feld des Bauern Wunderlich in Sputendorf gefunden, ein paar Meter von der Chaussee entfernt. Ganz zufällig sei er mit dem Fuß dagegengetreten.«

»Und dann?«

»Ich wusste zunächst gar nicht, was es damit auf sich hat und was ausgerechnet ich damit soll. Doch als wir – Müller und ich – uns die Plakette genauer anschauten, erkannte ich das Äskulap-Emblem der K.V.D.A. Sehen Sie? Das hier meine ich.« Ludwig Wondra deutet mit seinem rechten Zeigefinger auf den Schriftzug.

»Wofür steht die Abkürzung?«

»Das ist die Kraftfahrer-Vereinigung Deutscher Ärzte. Oha, sagte ich zu Müller, die Plakette gehört bestimmt zu dem Wagen eines Arztes. Ich habe dann bei der K.V.D.A. in Dresden angerufen, wo man mir sagte, dass besagter Wagen einem gewissen Kollegen Mühe gehöre und als gestohlen gelte. Daraufhin habe ich mich heute im Polizeipräsidium gemeldet und mit einem gewissen Keller gesprochen.«

»Das ist mein Chef.«

»Ich weiß. Er kündigte an, mir seinen besten Mann schicken zu wollen. Das sind dann wohl Sie.« Ludwig Wondra grinst. »Da fällt mir noch etwas ein: Müller ist sich ganz sicher, dass die Plakette nicht vom Straßenrand zur Fundstelle geworfen, sondern dort eilig vergraben wurde, denn das Metall sei mit Erde bedeckt gewesen. Er habe den Eindruck gehabt, dass die Diebe die Plakette auf Nimmerwiedersehen vergraben wollten und dabei vielleicht gestört wurden.«

Schneider nickt verstehend. »Haben Sie gehört, dass der Wagen am Sacrower See entwendet wurde?«

»Ja, das hat Ihr Herr Keller mir am Telefon gesagt.« Ludwig

Wondra hält Schneider die Plakette hin. »Merkwürdige Geschichte. Das sind grob geschätzt vierzig Kilometer vom See bis zu uns hier unten. Was wollten die Diebe nur in dieser Gegend?«

»Das ist eine gute Frage«, erwidert Schneider zustimmend, während er die Plakette in die Hand nimmt und von beiden Seiten betrachtet. Das Metall gleitet dabei durch seine Finger. Er betastet und befühlt es, als wollte er buchstäblich begreifen, was geschehen ist. Und dann erinnert er sich wieder an seinen Traum: dass er, der kleine Kriminalassistent, den Fall lösen kann, der Polizeipräsident ihn zum Tee bittet und die Männer den Hut vor ihm ziehen. Als Ludwig Wondra sich kurz räuspert, wird Schneider aus seinen Träumen gerissen. Im Moment ist er von seiner Beförderung zum Kommissar noch weit entfernt.

GERTRUD ZILLICH,
HAUSMÄDCHEN DER MÜHES
MITTWOCH, 20. JULI 1932

Am nächsten Tag machen sich Ernst Keller und Schneider auf den Weg in die Oranienstraße, um Gertrud Zillich, das Hausmädchen der Mühes, zu vernehmen. Schneider steuert abermals den Dienstwagen, Keller hat es sich auf dem Beifahrersitz bequem gemacht.

Beide Herren tragen Mäntel, denn es ist schon seit Tagen viel zu kühl für diese Jahreszeit. Als Keller in der Früh auf das Außenthermometer an seinem Küchenfenster schaute, zeigte die Quecksilbersäule zehn Grad an. Dem Wetterbericht der *Vossischen Zeitung* zufolge werden an diesem Mittwoch nicht mehr als achtzehn Grad erwartet.

»Heute passiert etwas«, sagt Keller, während Schneider den Wagen über den Moritzplatz lenkt.

»Was meinen Sie damit, Chef? Kommt der Sommer endlich zurück?«

»Unsinn! Ich rede doch nicht vom Wetter. Es ist ein Gefühl, das mir sagt: Heute kracht es! Heute geschieht etwas, woran wir uns noch in Monaten erinnern werden.«

Schneider dreht den Kopf für einen kurzen Moment zur Seite und schaut seinen Vorgesetzten fragend an. »Wie kommen Sie bloß darauf? Heute ist doch ein Tag wie jeder andere …«

»Sie lesen wohl keine Zeitung, Schneider«, ätzt Keller. »Sonst wüssten Sie, was am vergangenen Sonntag in Altona geschehen ist.«

»Klar habe ich das mitbekommen«, versichert Schneider flugs. »Hat ja schließlich mit meiner Heimatstadt zu tun!« Wie ein Pennäler, der von seinem Lehrer befragt wird, referiert Schneider, was er weiß: »Es heißt, dass bei brutalen Ausschreitungen zwischen Roten, Nazis und der Polizei achtzehn Menschen ihr Leben verloren und 285 teils schwer verletzt wurden –«

»Ich sag Ihnen mal was«, unterbricht Keller ihn und holt dabei tief Luft, »Papen wird die Vorgänge in Altona zum Vorwand nehmen, die Zügel anzuziehen und sein Anbiedern an die Nazis fortzusetzen. Das Verbot der SA und der SS hat der feine Herr Reichskanzler ja bereits aufgehoben.« Keller zögert für ein paar Sekunden, dann fährt er schließlich mit leiser Stimme fort, als fürchtete er das Mithören: »Irgendetwas ist im Schwange, Schneider. Das spüre ich! Irgendetwas heckt die Papen-Clique aus.«

Die beiden Polizisten sind mittlerweile in der Oranienstraße eingetroffen, und Schneider stellt den Wagen etwa zwanzig Meter vom Wohnhaus der Familie Mühe entfernt ab. Sie gehen auf das Gebäude zu, und als sich zufällig die Tür öffnet und jemand das Haus verlässt, schieben sie sich in den Flur. Im Aufgang ist unterhalb der dritten Treppenstufe ein Emailleschild mit dem Schriftzug »Bitte Füße reinigen!« angebracht. Es riecht intensiv nach Bohnerwachs. Wie schon vor ein paar Wochen, als Keller und sein Assistent Charlotte Mühe aufsuchten, klopfen sie im ersten Stockwerk an die Wohnungstür der Mühes. Nach ein paar Augenblicken wird geöffnet.

»Praxis ist geschlossen«, erklärt Gertrud Zillich streng, ohne sich mit allzu vielen Höflichkeiten aufzuhalten. Sie scheint Keller und Schneider nicht zu erkennen.

»Liebes Fräulein«, erwidert der Kommissar, »können Sie sich

noch an uns erinnern? Kommissar Keller und mein Assistent Schneider. Wir kommen von der Polizei.«

»Entschuldigen Sie bitte vielmals«, entgegnet Gertrud Zillich, »ich habe Sie wirklich nicht erkannt. Bitte treten Sie ein!« Sie reicht den beiden Besuchern die Hand und schließt hinter ihnen die Tür. »Doch Sie kommen zu spät. Die Frau Mühe wohnt hier nicht mehr. Die ist ausgezogen.« Gertrud weist mit der Hand in eine leere Zimmerflucht. »Ich bin ganz alleine damit beschäftigt, die Wohnung auf Vordermann zu bringen und an den Vermieter zu übergeben.«

»Ist ja ein Ding! Warum ist Frau Mühe denn ausgezogen? Und wo wohnt sie nun?«

»Nun ja … die Wohnung war ihr wohl zu groß. Frau Mühe und das Fräulein Kaufmann sind nach Wilmersdorf verzogen. Die Adresse kann ich Ihnen gerne geben. Dort brauchen sie wohl kein Zimmermädchen mehr, denn man hat mir zum Monatsende gekündigt. Der Grete übrigens auch. Es ist ein Jammer!«

»Grete?«, wundert sich Ernst Keller. »Wer ist das?«

»Grete Lindner hat für die Frau Mühe die Wäsche gemacht. Die wohnt ganz in der Nähe. Ich schreibe Ihnen ebenfalls die Adresse auf. Dort können Sie Grete erreichen.« Gertrud Zillich reicht Schneider einen Zettel.

»Und die Praxis?«, wirft Schneider ein. »Was ist mit der Praxis?«

»Kurz nach dem Verschwinden von Dr. Mühe kam ein anderer Arzt als Vertreter, doch der wollte die Praxis auf Dauer nicht übernehmen. Frau Mühe hat daraufhin alles verkauft. Sehen Sie«, Gertrud zeigt in den einstigen Behandlungsraum, »alles leer.«

»Genau genommen kommen wir Ihretwegen«, stellt Keller klar. Gut fünf Wochen nach Erich Mühes Verschwinden fehlt nach wie vor eine heiße Spur. Er zieht die Augenbrauen hoch und wirft seine Stirn in Falten. »Wir möchten uns mit Ihnen unterhalten und in Erfahrung bringen, was Sie über das Verschwinden von Dr. Mühe denken. Sie haben ja sicherlich manches mitbekommen.«

»Ja, gewiss«, erklärt Gertrud, »doch nehmen Sie bitte zunächst Platz. Hier vorne stehen noch ein paar Stühle.« Gertrud führt die Gäste in das ehemalige Wohnzimmer.

»Vielleicht erzählen Sie uns zu Beginn, wie Sie zu Ihrer Tätigkeit bei der Familie Mühe kamen.«

»Ich war sehr glücklich, als ich meine Stelle bei Dr. Mühe antreten konnte. Vorher lebte ich bei meiner Familie in Neundorf, doch in Schlesien war einfach keine Anstellung zu finden. Neundorf hat kaum mehr als vierhundert Einwohner – da ist nichts zu machen. Selbst in Bunzlau gelang es mir nicht, Arbeit zu erhalten. Eine Freundin riet mir, in eine größere Stadt zu gehen. Nach Breslau wollte ich nicht, so gelangte ich nach Berlin.«

»Sie haben bei der Familie Mühe gewohnt?«, will Ernst Keller wissen.

»Gewiss, Herr Kommissar. Die Wohnung ist sehr groß und verfügt am Ende des Flurs über ein Mädchenzimmer. Dort hielt ich mich allerdings nur zum Schlafen auf, denn die meiste Zeit war ich mit meinen Tätigkeiten beschäftigt. Ich machte die Wohnung und die Praxis sauber und erledigte alle Besorgungen für den Haushalt. Die Frau Mühe hat sich eigentlich um gar nichts gekümmert.«

»Haben Sie auch für die Eheleute Mühe gekocht?«

»Jawohl! Ein gutes Hausmädchen muss doch anständig kochen können. Wochentags ist der Doktor zwar meistens zu Aschinger gegangen, doch am Wochenende oder zu besonderen Anlässen habe ich mir etwas Gutes einfallen lassen. Ich koche schlesisch, so wie ich es bei meiner Mutter gelernt habe. Zum Beispiel Grützwurst, Breslauer Rotkraut und natürlich Kartoffelklöße. Zu Weihnachten 31 habe ich ein festliches Essen für den Doktor und seine Gäste zubereitet. Karpfen mit italienischem Salat, danach

Hasenbraten mit eingemachten Pflaumen und Mohnklößen, zum Nachtisch Liegnitzer Pfefferkuchen. Das Menü war mir wirklich gut gelungen. Doch am liebsten mochte der Doktor Schlesisches Himmelreich. Haben Sie das schon einmal probiert?«

Ohne die Antwort abzuwarten, beginnt sie, das Rezept zu referieren. »Für das Schlesische Himmelreich nimmt man geräucherten Schweinebauch, Backobst, Zimt …«

»Aber, aber«, unterbricht Keller den Vortrag. »Da läuft mir ja das Wasser im Munde zusammen. Ich glaube sofort, dass Sie eine hervorragende Köchin sind. Doch das ist hier nicht von Belang, lassen Sie uns lieber bei den Mühes bleiben. Können Sie sich noch an den Abend des 13. Juni erinnern?«

»Ja, natürlich. Wie sollte ich das je vergessen, das war das letzte Mal, dass ich den Herrn Doktor sah. Die Sprechstunde war beendet, und ich wollte gerade das Abendbrot zubereiten, als er noch einmal das Haus verließ.«

»Wohin wollte denn Dr. Mühe?«

»Das weiß ich nicht. Ich stelle meiner Herrschaft keine Fragen, das gehört sich nicht. Ich kann mich aber noch gut daran erinnern, dass der Doktor sehr aufgeregt war. Er hatte kurz zuvor telefoniert. Irgendetwas musste ihn so in Rage versetzt haben, dass er Hals über Kopf aufbrach.«

»Und weiter?«

»Frau Mühe hat daraufhin alleine zu Abend gegessen. Als Fräulein Kaufmann nach Hause kam, bin ich zu Bett gegangen. Das muss gegen zehn gewesen sein.«

»Haben Sie in der Nacht irgendetwas wahrgenommen?«, fragt Ernst Keller. »Einen Streit? Türenschlagen oder dergleichen?«

»Nein, ich habe tief und fest geschlafen. Ich hätte auch gar nicht hören können, falls jemand die Wohnung verlassen hätte, da sich mein Zimmer ja am anderen Ende der Etage befindet. Am nächsten Morgen bin ich wie üblich kurz vor sieben aufgestanden und habe an der Schlafzimmertür der Eheleute geklopft. Sie wollten so geweckt werden. Dann habe ich die Praxis geöffnet und das Frühstück bereitet. Zuerst hat Fräulein Kaufmann in der Küche eine Kleinigkeit gegessen und ist dann fortgegangen. Meiner Ansicht nach hat sie zu dieser Zeit ebenso wenig wie ich gewusst, dass der Doktor nicht mehr nach Hause gekommen war.«

»Wie kommen Sie darauf?«

»Man merkt es doch, wenn sich ein Mensch verstellt, nicht wahr? Fräulein Kaufmann verhielt sich jedenfalls wie immer.«

»Da mögen Sie recht haben«, stimmt Keller zu. »Wo war Frau Mühe zu diesem Zeitpunkt?«

»Gegen acht erschien sie aus dem Schlafzimmer. Sie war furchtbar erregt und rannte wie ein aufgescheuchtes Huhn durch die Wohnung. Im Wartezimmer saßen bereits die ersten Patienten. Auf meine Frage, warum der Doktor nicht in die Praxis gehe, erwiderte sie, dass ihr Mann in der Nacht einen Krankenbesuch gemacht habe und noch nicht zurückgekehrt sei.«

»Kam das häufiger vor?«

»Ach was, wo denken Sie hin, Herr Kommissar. Das habe ich nie erlebt. Ja sicher, am frühen Abend ist er manchmal noch zu einem Patienten gefahren, aber doch nicht mitten in der Nacht.«

»Wie ging es dann weiter?«

»Frau Mühe sagte mir, dass ich die Patienten nach Hause schicken und die Praxis schließen solle. Das tat ich dann auch. Es dauerte nicht lange, und Herr Rasch, der Gesangslehrer der Frau Mühe, klingelte an der Wohnungstür. Frau Mühe muss ihn irgendwann angerufen haben, doch das habe ich nicht mitbekommen. Die beiden zogen sich jedenfalls sofort hier in das Wohnzimmer zurück. Selbst durch die verschlossene Tür war die Aufregung zu hören. Ausdrücke wie ›um Gottes willen‹ und dergleichen mehr.«

»Haben Sie noch mehr beobachtet?«

»Herr Rasch mischte sich sofort in alles ein. Gleich am Vormittag fuhr er mit Frau Mühe zum Leichenschauhaus. Ich fand das komisch, denn die beiden konnten doch gar nicht wissen, was dem armen Doktor widerfahren ist. Es hätte ja auch eine ganz harmlose Erklärung für alles geben können, nicht wahr? Aber wenn Sie mich jetzt danach fragen, hatte ich damals das Gefühl, dass die beiden nicht mehr mit der Rückkehr des Doktors rechneten.«

»Merkwürdig«, murmelt Keller, während er sich im nahezu leeren Raum umschaut. An den Wänden kann man schattengleich die Umrisse der Bilderrahmen erkennen, die dort noch vor Kurzem hingen. Warum hat Frau Mühe Hals über Kopf diese schöne Wohnung verlassen? Das kann doch nur bedeuten, dass sie wirklich glaubt, ihr Mann sei tot. Und warum hat sie ihn, den Kommissar, nicht über den Umzug informiert?

»Nun ja«, fährt Keller fort und holt tief Luft. »Schildern Sie uns, Fräulein Zillich, bitte noch, was sich in den ersten Tagen nach dem Verschwinden von Dr. Mühe abspielte.«

»Frau Mühe ließ sich über die Ärztekammer eine Praxisvertretung vermitteln. Dieser Arzt kam gleich am nächsten Tag und hat die Sprechstunden übernommen. Die Patienten mussten ja versorgt werden. Ich habe mich weiterhin um den Haushalt gekümmert.«

»Und die Frau Mühe?«

»Die war kaum noch daheim. Mir gegenüber tat sie so, als ob sie zu ihrem Vater in die Eisenacher Straße gezogen wäre, doch das habe ich ihr nicht abgenommen. Einmal rief der alte Herr an und wollte sie sprechen. Zu diesem Zeitpunkt hätte die Frau Mühe eigentlich bei ihm sein sollen. War sie aber nicht. Meiner Meinung nach war sie die meiste Zeit bei Herrn Rasch in der Zähringer Straße. Aber das ging mich nichts an.«

»Und das Fräulein Kaufmann ...?«

»Die blieb zunächst hier in der Wohnung«, erinnert sich Gertrud. »So lange, bis Frau Mühe und das Fräulein nach Wilmersdorf zogen.«

»Wie würden Sie das Verhältnis von Frau Mühe und Herrn Rasch beschreiben? Ist er nur ihr Gesangslehrer? Oder ist da vielleicht mehr im Spiel? Keine Sorge: Alles, was Sie sagen, behandeln wir natürlich streng vertraulich.« Zu seinem Assistenten gewandt, sagt Keller: »Nicht wahr, Schneider, wir können schweigen.«

»Wie ein Grab!«

Gertrud Zillich scheint auf Kellers Frage nur gewartet zu haben. Sofort sprudelt es aus ihr heraus.

»Meiner festen Überzeugung nach muss Frau Mühe ein Verhältnis mit Herrn Rasch haben. Wenn die beiden sich unbeobachtet glaubten, poussierten sie miteinander ... das konnte ich mehrfach beobachten. Ich begreife nicht, was die Frau Mühe an dem Rasch findet. Der ist ja wesentlich älter als sie und wirklich kein adretter Mann. Ich mochte ihn von Anfang an nicht. Der hat etwas Schmieriges, verstehen Sie?«

»Das müssen Sie mir erklären«, entgegnet Keller. »Was soll das heißen ... schmierig?«

»Nun ja ... ich nenne Ihnen ein Beispiel. Einmal kam er zur Gesangsstunde, doch die Frau Mühe hatte für eine Besorgung kurz das Haus verlassen. Da war ich mit ihm alleine im Raum. Er sagte dann zu mir: ›Wen haben wir denn da?‹, und starrte mich dabei lüstern an. Ekelhaft.«

»Wusste der Doktor von den Gerüchten?«

»Ja sicher! Er muss davon Kenntnis gehabt haben. In der Nachbarschaft wurde jedenfalls schon getratscht, dass die Frau Mühe einen Hausfreund habe. Die Frau Mühe und der Rasch haben dem armen Mann richtiggehend Hörner aufgesetzt. Fragen Sie

Frau Kornrumpf. Bertha Kornrumpf, die Inhaberin des Bandagengeschäfts, sie hat mich mehrfach darauf angesprochen, was denn bei den Mühes los sei.«

»Die Dame kennen wir bereits«, sagt Keller schmunzelnd. »Wir wollen Sie nun aber nicht länger von Ihrer Arbeit abhalten. Doch zuletzt noch eine Frage. Was denken Sie über das Verschwinden des Doktors? Haben Sie dafür eine Erklärung?«

»Hier in der Gegend hält sich hartnäckig das Gerücht, dass Dr. Mühe nicht den Tod gefunden hat, sondern noch am Leben ist. Er dürfte wegen seiner unglücklichen Ehe seine Frau verlassen haben, um im Ausland eine neue Praxis zu gründen.«

Ernst Keller und Kriminalassistent Schneider verabschieden sich von Gertrud Zillich und verlassen die ehemalige Wohnung der Familie Mühe.

»Klingt wie eine Räuberpistole«, sagt Schneider leise zu Keller, während sie durch das Treppenhaus nach unten gehen. »Das Land verlassen und irgendwo als Arzt neu anfangen … geht das denn überhaupt?«

»Gute Frage. Doch eins nach dem andern. Am besten statten wir jetzt der Wäschefrau noch einen Besuch ab. Zeigen Sie mal den Zettel mit der Adresse.«

Schneider reicht seinem Chef das Blatt Papier, auf dem das Hausmädchen alles notiert hat. »Adalbertstraße 16«, liest Keller laut vor. »Das ist ja ganz in der Nähe.«

GRETE LINDNER,
WÄSCHEFRAU DER MÜHES
MITTWOCH, 20. JULI 1932

Einen Katzensprung vom Wohnhaus der Mühes entfernt betreibt Oskar Lindner eine Feinwäscherei und Plätterei. Seine Tochter Grete hilft ihm bei der Arbeit. Grete ist sechsundzwanzig Jahre alt; in genau einer Woche hat sie Geburtstag. Sie sieht älter aus, als sie ist. Ihre Hände sind fleischig und grob. Man merkt, dass sie seit vielen Jahren körperlich hart arbeitet. Oskar Lindner hat seine Tochter nie gefragt, ob sie diesen oder vielleicht einen anderen Beruf ausüben möchte. Für ihn war von Anfang an klar, dass sie in das elterliche Geschäft einsteigen wird.

Grete Lindner steht am Bügelbrett und plättet Tischwäsche, als Keller und sein Assistent den Laden betreten, sich vorstellen und den Grund ihres Kommens nennen. Es ist sehr warm, aus einem großen Kessel zischt und dampft es.

»Wie lange haben Sie für die Mühes gearbeitet?«, fragt Keller, nachdem er sich vergewissert hat, dass er außer Reichweite ist.

»Gut zwei Jahre habe ich für die Familie die Wäsche gemacht«, sagt Grete, während sie eine weiße Tischdecke zusammenfaltet. »Die Frau Mühe ist ja eine feine Dame, die wäscht natürlich nicht selbst. Die Gertrud – Gertrud Zillich, das Hausmädchen der Frau Mühe – hat die schmutzige Wäsche in der Praxis bereitgelegt, wo ich die Bündel zweimal in der Woche abgeholt habe.«

»Was für Wäsche?«

»Sie stellen ja Fragen«, wundert sich das Fräulein. »Bettwäsche, Handtücher, Tischdecken, Servietten, Leibwäsche und auch die Wäsche aus der Praxis. Mitunter waren die Handtücher ganz blutverschmiert. Die Gertrud hat mich meistens vorgewarnt, wenn der Doktor wieder operiert hatte. Einmal habe ich in den Sack gelangt und hatte die Finger voller Blut. Das war nicht schön. Blutflecken lassen sich nur mit viel Aufwand wieder entfernen. Man muss das eingetrocknete Blut zunächst mit Wasser aufweichen und dann mit Backpulver bestreuen. Das Backpulver saugt das Blut auf, anschließend kann man die Wäsche wie gewohnt waschen.«

Keller will sich das lieber nicht genau vorstellen. »Haben Sie eine Ahnung, welche Operationen der Doktor in seiner Praxis durchgeführt hat?«

»Nein, davon verstehe ich nichts.«

»Hat man Ihnen denn einen Grund genannt, warum die Wäsche so oft blutverschmiert war?«

»Ach was, wo denken Sie hin? Die Frau Mühe hat immer gut bezahlt – und damit war für mich die Sache erledigt. Einer muss die Arbeit ja machen. Gewundert habe ich mich ehrlich gesagt aber schon, denn der Doktor war doch nur ein normaler Hausarzt und kein Operateur, nicht wahr?«

»Gewiss«, sagt Keller nachdenklich. »Welchen Eindruck hatten Sie von den Eheleuten Mühe?«

»Den Doktor habe ich nur selten gesehen, der war allezeit sehr beschäftigt. Wenn ich ihn denn mal traf, ging er meistens grußlos an mir vorbei. Wahrscheinlich hatte er mich auch gar nicht bemerkt, weil er immer in Gedanken war. Die Frau Mühe mochte ich nicht besonders gerne. Sie trug die Nase sehr hoch und hielt sich für was Besseres. Sie legte großen Wert darauf, dass die Gertrud und ich sie mit Frau Doktor anredeten. Wir taten ihr den

Gefallen, doch hinter ihrem Rücken lachten wir oft und meinten, dass die Frau Mühe ihren Doktor auf dem Standesamt gemacht hat. Doch das ist ja nun vorbei.«

Eine Klingel ertönt, und Grete geht zu dem dampfenden und zischenden Kessel. »Obacht, die Herren«, warnt sie Keller und Schneider, »jetzt wird es heiß. Am besten, Sie treten einen Schritt zurück.« Sie öffnet ein Ventil, und der gesamte Raum füllt sich mit Wasserdampf. Schneiders Brille beschlägt. Es riecht nach Waschmittel. »Wie Sie sehen«, ruft Grete lachend, »ist die Arbeit in einer Wäscherei nichts für feine Damen wie die Frau Mühe. Die würde sich hier nur die dünnen Fingerchen verbrühen. Kann ich noch etwas anderes für Sie tun? Andernfalls darf ich mich entschuldigen … die feuchte Wäsche muss nun in die Schleuder.«

»Gleich, nur noch eine Frage«, verspricht Keller. »Bitte schildern Sie uns kurz, was Sie über das Verschwinden des Herrn Mühe wissen.«

»Am Donnerstag ging ich wie immer in die Oranienstraße, um die schmutzigen Sachen zu holen«, erläutert Grete, während sie die Wäsche aus dem Kessel in eine bereitstehende Wanne befördert. »Das Wartezimmer war voll, sodass ich mir zunächst nichts dachte. Doch unter den Patienten herrschte große Aufregung. Und als sich zufällig die Tür zum Behandlungszimmer öffnete, sah ich, dass dort ein anderer Arzt saß. Bei dieser Gelegenheit hörte ich zum ersten Mal von der furchtbaren Geschichte und dass vom Doktor jede Spur fehle.«

»War Frau Mühe an jenem Donnerstag ebenfalls anwesend?«, will Schneider wissen.

»Ja, sie und ihr Gesangslehrer liefen nervös umher«, erinnert sich Grete. »Rasch hatte das Zepter übernommen. Ich musste nämlich eine Viertelstunde warten, da Gertrud in dem Tohuwabohu die Bündel noch nicht bereitgelegt hatte. Frau Mühe und der Rasch schienen mich nicht zu bemerken. Und während ich im Flur saß und wartete, bekam ich mit, wie die beiden bestimmte ärztliche Bestecke beiseiteschafften.«

»Um was für Instrumente handelte es sich dabei?«, fragt Schneider.

»Das weiß ich nicht.« Grete Lindner schüttelt den Kopf. »Damit kenne ich mich nicht aus. Frau Mühe und der Rasch taten jedenfalls sehr geheimnisvoll. Der Arzt, der die Vertretung machte, sollte davon wohl nichts mitbekommen. Der Dr. Mühe war gerade erst weg, und die beiden haben nichts Besseres zu tun gehabt. Das fand ich sehr merkwürdig. Frau Mühe rechnete wohl nicht mehr mit der Rückkehr ihres Mannes.«

Auf der Rückfahrt zum Polizeipräsidium passieren Keller und Schneider mehrfach Reichswehrsoldaten, die in Formationen durch die Straßen ziehen.

»Sehen Sie die vielen Soldaten?«, fragt Keller seinen Assistenten. »Eigenartig. Da stimmt doch etwas nicht.«

Als sie den Alexanderplatz erreichen, herrscht großes Chaos. Zahllose Menschen drängen sich auf den Trottoirs. Vor der Roten Burg treffen Keller und Schneider auf einen Beamten von der »Inspektion D« (Betrug, Schwindel und Falschmünzerei).

»Was ist denn los?«, fragt Keller seinen Kollegen. »Ist was passiert?«

»Mensch, Keller«, erwidert der andere Polizist, »wo waren Sie in den letzten Stunden? Haben Sie denn nichts mitbekommen? Papen hat die preußische Regierung absetzen lassen. Wegen Altona und innere Sicherheit.«

»Papen hat was?«, ruft Ernst Keller. »Sie halten mich wohl zum Narren!«

»Nee!«, ruft der Kollege und hastet weiter.

In diesem Moment entdeckt Keller vor dem Berolina-Haus einen Lieferwagen des Ullstein Verlags, von dessen Ladefläche ein Mann die Abendausgabe der *Vossischen Zeitung* verkauft. »Gehen Sie schon mal hoch ins Büro«, sagt Keller zu Schneider. »Ich hole uns nur kurz eine Zeitung.«

Ein paar Minuten später hält Keller das Blatt in Händen. Er hat das Gefühl, dass die Ausgabe gerade erst aus der Druckpresse gekommen und das Papier noch warm ist. Es riecht nach Druckerschwärze. Noch im Gehen beginnt er, die Schlagzeilen der Titelseite zu überfliegen: »Reichsgewalt gegen Preußen. Ministerpräsident Braun und Innenminister Severing für abgesetzt erklärt. Widerstand der Staatsregierung. Militärischer Ausnahmezustand für Berlin und Brandenburg. Übernahme der Polizeigewalt. Erregung im Reich.«

Als Keller den Hof der Roten Burg betritt, sieht er, wie Polizeipräsident Albert Grzesinski, sein Stellvertreter Bernhard Weiß sowie Magnus Heimannsberg, der Kommandeur der Berliner Schutzpolizei, abgeführt werden. Dann hört man Fensterklappern, und plötzlich erschallen die Rufe »Freiheit!« und »Hoch die Republik!«. Keller blickt nach oben und erkennt seine Kollegen dicht gedrängt an den offenen Fenstern stehen. Als jemand »Hoch unsere Chefs!« skandiert, winkt Grzesinski in die Richtung, aus der der Ruf kam. Dann steigen die drei Verhafteten in bereitstehende Limousinen und fahren davon. Keller nimmt seine goldene Taschenuhr aus der Anzugsweste und drückt auf einen kleinen Knopf, wodurch der Deckel aufspringt. Er schaut auf das Zifferblatt. Es ist 17:30 Uhr.

»Was ist denn nur passiert?«, ruft Schneider, als der Kommissar das Büro betritt. »Nun sagen Sie doch schon, Chef.«

Keller wirft seinem Assistenten die Zeitung auf den Schreibtisch. »Hier … lesen Sie!«, sagt er fühlbar bewegt. »Obwohl«, für ein paar Sekunden hält er inne, »die Nachrichten sind schon veraltet. Gerade wurde ich Zeuge, wie Grzesinski, Weiß und Heimannsberg abgeführt wurden.«

Keller lässt sich auf seinen Schreibtischstuhl fallen. Er wirkt erschöpft. »Der heutige Tag geht in die Geschichtsbücher ein«, erklärt er mit regungsloser Miene. »Das war ein Staatsstreich. Ein eiskalter Staatsstreich. Papen hat die preußische Regierung unter einem Vorwand beseitigt, weil sie ihm im Weg war. Das ist die Wahrheit!«

Dann wendet er sich zu Schneider, dem er tief in die Augen schaut. »Habe ich Ihnen nicht gesagt, dass heute etwas passieren wird?«

CHARLOTTE MÜHE, GEBORENE DARMER, EHEFRAU VON DR. ERICH MÜHE
DIENSTAG, 20. SEPTEMBER 1932

Charlotte Mühe blättert in einem Buch. Sie liest ein paar Zeilen, doch was ihre Augen erfassen, versteht sie nicht. Es ist, als stünden die Worte zusammenhanglos nebeneinander, als ergäben sie keinen Sinn. Sie kann sich nicht konzentrieren, klappt das Buch zu und legt es auf einen kleinen Glastisch. Dann geht sie durch den Flur in die Küche, wo sie ein Glas Wasser trinkt. Zurück im Wohnzimmer, nimmt sie in einem Sessel Platz. Sie starrt auf die gegenüberliegende weiße Wand. Dort fehlen noch ein paar Bilder, denkt sie.

Nach kurzer Zeit packt sie erneut die Unruhe. Sie steht auf, zieht die Gardinen beiseite, um am offenen Fenster eine Zigarette zu rauchen. Bis vor Kurzem schaute sie dabei auf das Treiben in der Oranienstraße – auf die vielen Menschen, Autos und Busse, die sich während einer Zigarettenlänge durch die enge Straße gequält haben. Jetzt blickt sie ins Nichts. Eine ältere Dame mit Hund passiert den Bürgersteig. Das ist alles. Kein Auto. Kein Bus. Kein Leben. Vielleicht war es ein Fehler, in die Zähringer Straße zu ziehen, überlegt sie. Charlotte Mühe drückt die Zigarette in einem bereitstehenden Aschenbecher aus. Dann schließt sie das Fenster.

Charlotte Mühe ist voller Unruhe. Seit dem Verschwinden

ihres Mannes ist ihr Leben aus dem Lot geraten. Nachts findet sie oft keinen Schlaf, liegt lange wach und macht sich Sorgen. Die Lebensversicherungen wollen nicht zahlen. Hinzu kommen gesundheitliche Beschwerden. Sie fühlt sich nicht wohl. Schmerzen im Unterleib machen ihr zu schaffen. Sie hat Gewicht verloren. Und zu allem Unglück, so empfindet sie es jedenfalls, hat Kommissar Keller für heute seinen Besuch angekündigt. Was will er nur? Es klingelt.

Kurze Zeit später sitzen sich Ernst Keller und Charlotte Mühe im Wohnzimmer gegenüber. Er sei gekommen, sagt der Kommissar, um sie über die Ermittlungsergebnisse zu informieren. In allen Einzelheiten berichtet er von der Suche am See. Dass man sogar eigens die Staatliche Lehr- und Versuchswirtschaft für Fischerei eingeschaltet habe, doch vom Herrn Gemahl fehle weiterhin jede Spur. Dann erwähnt Keller die Plakette, die in Sputendorf gefunden worden sei, worauf man sich aber keinen Reim machen könne, und dass jemand den Doktor in der Nacht seines Verschwindens in einer Kneipe am Alexanderplatz gesehen haben wolle.

Charlotte Mühe schweigt. Keller gibt sich alle Mühe, die Ereignisse in jener Juninacht detailliert zu rekonstruieren, doch Frau Mühe sagt kein Wort. Sie starrt ins Leere.

Keller räuspert sich. »Verstehen Sie, liebe gnädige Frau, was ich damit sagen will?«

»Es fehlen noch ein paar Bilder an der Wand«, entgegnet Charlotte Mühe geistesabwesend.

»Wie meinen …?«

»Diese Wand hier ist noch ganz weiß.« Sie deutet mit ihrer Hand in besagte Richtung. »Ich sollte wohl noch ein paar Bilder aufhängen. Das sieht sonst so nackt aus, nicht wahr?«

Keller wirft einen flüchtigen Blick auf die weiße Wand. »Mit Verlaub, ich bin nicht hier, um mich mit Ihnen über die Einrichtung Ihrer Wohnung zu unterhalten. Doch wo wir gerade dabei sind: Warum sind Sie umgezogen? Die Wohnung in der Oranienstraße war doch wunderbar ... Und warum haben Sie mir das nicht gemeldet?«

»Das kann ich Ihnen sagen«, antwortet Charlotte Mühe, die offenbar aus ihrer Lethargie erwacht ist. »Ich bin nicht davon ausgegangen, dass ich dazu verpflichtet sei. Und ich bin umgezogen, weil ich mir die alte Wohnung nicht mehr leisten konnte. Diese neue Wohnung hier in der Zähringer Straße ist günstiger.«

»Das müssen Sie mir erklären.« Der Kommissar schaut sie eindringlich an. »Dass mit dem Verschwinden Ihres Mannes die regelmäßigen Einnahmen ausgeblieben sind, leuchtet mir ja ein. Sie und Ihr Mann werden sicher Ersparnisse haben ... Nach allem, was ich gehört habe, lief die Praxis sehr gut. Bestimmt konnten Sie in der Vergangenheit die eine oder andere Mark zurücklegen.«

»Das dachte ich auch, doch als ich zur Bank ging, teilte man mir mit, das Konto sei leer, mein Mann habe alles abgehoben.« Sie schüttelt den Kopf und wirkt verzweifelt. »Was hat er vor seinem Tod mit dem Geld nur gewollt? Ich bin wirklich ratlos ...«

»Ich muss Sie unterbrechen«, wendet Keller ein. »Dass Ihr Mann verschwunden ist, heißt nicht zwangsläufig, dass er tot ist. Wir haben bislang nur Hinweise, keine Beweise. Das ist ein Unterschied ...«

»Das mag in Ihrer Welt so sein«, fährt Charlotte Mühe unwirsch dazwischen. »Ich sage Ihnen etwas: Mein Mann ist tot. Eine Frau spürt das. Was soll auch sonst geschehen sein? Er ist im See ertrunken.«

In diesem Moment läutet das Telefon. Frau Mühe steht auf und geht in den Flur, wo der Apparat steht. Beim Verlassen des Wohnzimmers lehnt sie die Tür nur an, sodass Ernst Keller das

Gespräch – zumindest das, was Charlotte Mühe spricht – mithören kann.

»Gut, dass du anrufst«, sagt sie mit leiser Stimme in den Hörer. »Stell dir vor, die Polizei ist da ... ja, dieser Kommissar Keller ... Der fragte mich, warum ich umgezogen bin ... Nein, Hugo ... gewiss nicht ... Mach dir keine Sorgen ... Ja, ich bin vorsichtig ... Bis später.«

Dann legt sie den Hörer auf die Gabel und kehrt ins Wohnzimmer zurück. »Eine Freundin«, sagt sie lächelnd.

»Und diese Freundin heißt Hugo?«

»Was erlauben Sie sich! Haben Sie etwa gelauscht?«

»Nein, gnädige Frau, Sie selbst haben beim Rausgehen die Zimmertür nicht geschlossen. Ob ich wollte oder nicht, ich bekam alles mit.« Keller deutet auf den Sessel. »Bitte, nehmen Sie doch wieder Platz. Ich muss Sie ohnehin darauf ansprechen.«

»Worauf?«

»Auf Ihre Beziehung zu Herrn Rasch. Um ehrlich zu sein: Es gibt Zeugen, die behaupten, dass Sie ein Verhältnis mit Herrn Rasch haben.«

»Pah! Wer sagt denn so etwas? Das kann doch nur die Kornrumpf gewesen sein. Diese alte Hexe! Darauf gebe ich nichts. Hugo ist mein Gesangslehrer und zudem ein wahrer Freund und Vertrauter. Er war mir in den vergangenen Monaten eine große Stütze. Ohne ihn hätte ich diese schwierige Zeit nie überstanden.«

»Und nun sind Sie fast zu ihm gezogen«, unterbricht Keller sie. »Herr Rasch wohnt ja nur ein paar Häuser weiter.«

»Und was ist dabei? Er hatte davon erfahren, dass hier eine Wohnung frei wird. Das war doch sehr nett von ihm, mich darauf aufmerksam zu machen. Anstatt mir indiskrete Fragen zu stellen, sollten Sie lieber den Fall schließen, damit ich zu meinem Geld komme.«

»Was meinen Sie damit?«

»Mein Mann hatte zwei Lebensversicherungen abgeschlossen. Er wollte, dass ich gut versorgt bin, wenn ihm mal etwas passieren sollte.«

»Versicherungsangestellte haben sich bei uns gemeldet«, ergänzt der Kommissar.

»Sehen Sie!«, ruft Charlotte Mühe. »Das ist genau das Problem. Solange die Behörden den Tod meines Mannes nicht zweifelsfrei feststellten, so hat man mir zu verstehen gegeben, würden die Versicherungen keinen Pfennig auszahlen.« Ihre Stimme bebt vor Erregung: »Das ist doch eine Schmutzigkeit! So eine Gemeinheit. Wovon soll ich denn leben? Erich wollte immer, dass es mir gut geht. Und jetzt?«

»Beruhigen Sie sich bitte …«, sagt Keller.

Doch Frau Mühe lässt ihn nicht weiter zu Wort kommen. »Ich bitte Sie zu gehen«, sagt sie mit zitternder Stimme. Ihre Sätze klingen abgehackt. »Mich bewegt das alles sehr stark. Meine Gesundheit ist angegriffen. Ich muss demnächst zum Arzt. Früher hat Erich mich ja versorgt. Er fehlt mir auch in dieser Hinsicht. Bitte gehen Sie. Ich muss mich hinlegen und ausruhen.«

»Das tut mir sehr leid.« Keller erhebt sich und reicht der Ehefrau des Arztes die Hand.

Er weiß nicht, was er von seinem Besuch bei Frau Mühe halten soll. Entweder war das eine bühnenreife Aufführung, überlegt er, oder die Dame ist mit den Nerven wirklich am Ende. Dann verlässt er das Gebäude und tritt auf die Straße.

Nachdenklich geht er die Zähringer Straße entlang. Nach ein paar Metern bemerkt er, wie ihm auf der anderen Straßenseite Hugo Rasch entgegenkommt. Der Mann scheint es eilig zu haben. Er nimmt von Keller keine Notiz.

An der Ecke Württembergische Straße steht eine Litfaßsäule, auf der ein Arbeiter soeben ein Plakat geklebt hat. Mit einer

Bürste streicht er das Papier glatt. Dann legt er seine Werkzeuge in den kleinen Anhänger seines Fahrrads und fährt pfeifend davon. Keller stellt sich vor die Litfaßsäule und tut so, als läse er den Aushang, doch in Wirklichkeit beobachtet er Hugo Rasch, der nach etwa fünfzig Metern die Straßenseite wechselt und auf das Haus mit der Nummer 40 zugeht.

Als Rasch im Hauseingang verschwunden ist, setzt Keller seinen Weg fort. Doch nach ein paar Sekunden bleibt er plötzlich stehen, dreht sich um und kehrt zur Litfaßsäule zurück. Erst jetzt nimmt er wahr, was er zu lesen vorgab. Das Plakat ist schwarz gerahmt und erinnert an eine Todesanzeige, wie sie in Zeitungen erscheinen. »Verordnung des Reichspräsidenten«, steht hier in großen Lettern. Und etwas kleiner: »Die Hauptwahlen zum Reichstag finden am 6. November 1932 statt.«

PROF. DR. VICTOR MÜLLER-HESS,
LEITER DES INSTITUTS FÜR GERICHTLICHE MEDIZIN
UND KRIMINALISTIK
FREITAG, 28. OKTOBER 1932

Gut vier Monate sind seit dem Verschwinden von Erich Mühe vergangen. Vier Monate, in denen Ernst Keller und sein Assistent Schneider alle Hebel in Bewegung gesetzt haben, um den Fall zu lösen. Sie lassen landesweit nach Erich Mühe und Fritz Krüger fahnden, versuchen, das abhandengekommene Auto zu finden und befragen weitere Zeugen.

Keller ließ eigens eine Meldung im *Deutschen Kriminalblatt* veröffentlichen. Fehlanzeige. Zum eigenen Verdruss muss er sich eingestehen, dass sich die Ermittlungen in einer Sackgasse befinden. Dabei könnte er es sich leicht machen und die Angelegenheit als ungeklärten Badeunfall zu den Akten legen. Von der Ehefrau des Verschwundenen hätte der Kommissar keinen Widerspruch zu fürchten. Charlotte Mühe scheint ohnehin davon überzeugt zu sein, dass ihr Mann beim nächtlichen Baden ertrunken ist. Auf den ersten Blick spricht auch manches dafür, doch Keller ist sich sicher, dass es sich so nicht zugetragen haben kann. Die unglückliche Ehe der Mühes, die offensichtliche Affäre von Frau Mühe mit Hugo Rasch, Erich Mühes dubioses Treffen mit Fritz Krüger im Krug, der nächtliche Besuch am See, das Entfernen des Autos ohne Zündschlüssel, die blutverschmierte Praxiswäsche –

Kellers Riecher sagt ihm, dass hier etwas nicht in Ordnung ist. Doch der Instinkt eines noch so erfahrenen Ermittlers stellt keine gerichtsverwertbare Größe dar. Was immer sich Mitte Juni am Sacrower See ereignet hat, die Zeit drängt. Keller weiß: Je länger ein Vorfall zurückliegt, desto schwieriger wird es, verlässliche Erkenntnisse zu gewinnen. Wenn Keller nicht bald eine heiße Spur hat, könnte er wirklich gezwungen sein, die Ermittlungen einzustellen und den Vorgang zu den Akten zu legen.

Das Wunder geschieht etwa hundertdreißig Kilometer nordwestlich von Berlin. Inmitten einer idyllischen Seenlandschaft, die aus dem Plauer See, dem Fleesensee, dem Kölpinsee und der Müritz besteht, liegt das Dorf Leizen. Kaum mehr als hundert Einwohner, dreht sich hier alles um die Landwirtschaft der Familie von Gundlach. Die Gundlachs, denen in Leizen und Umgebung nahezu alles gehört, bewohnen standesgemäß ein gründerzeitliches Herrenhaus aus dem Jahr 1898. Sehenswert ist die Feldsteinkirche aus dem 13. Jahrhundert. Auf dem angrenzenden Friedhof befindet sich ein Denkmal, das an die Toten des Weltkriegs erinnert. Das ist alles. Berlin und die Republik sind weit weg. An ein Verbrechen in dieser Gegend können sich selbst die ganz alten Einwohner nicht erinnern.

Ende Oktober entdeckt einer der Bauern in einem abgelegenen Waldstück eine Limousine. Er hätte das Gefährt beinahe gar nicht bemerkt, so gut ist es mit Ästen und Laub drapiert. Als er das Grünzeug entfernt und sich seinen Fund aus der Nähe anschaut, stellt er fest, dass der Wagen völlig ausgeschlachtet, ja regelrecht zerstört ist. Die Fenster sind eingeschlagen und die Armaturen herausgerissen. Am Kühlergrill erkennt man noch den Schriftzug »Adlerwerke«. Der Kofferraum steht halb offen, auf der Rückbank nisten Tiere. Etwa zwei Meter neben dem Wrack liegt im Unterholz eine stark verweste Leiche, deren linke Hand eine Pistole umklammert. Der Bauer zieht an seiner Pfeife, geht ins Dorf zurück und meldet seinen Fund im Gutshaus. Dort alarmiert man die Polizei.

Keller und sein Assistent betreten soeben das Institut für gerichtliche Medizin und Kriminalistik der Berliner Universität in der Hannoverschen Straße 6. Das markante Backsteingebäude besitzt auf einem u-förmigen Grundriss einen Ost- und einen Westflügel sowie einen nach hinten versetzten Mittelbau. Hausherr ist seit 1930 der Mediziner Victor Müller-Heß.

»Der Professor ist von der schnellen Sorte«, flüstert Keller Schneider zu, während sie einen langen Flur entlanggehen, dessen Wände weiß gekachelt sind.

»Was heißt das, Chef?«

»Das werden Sie schon merken!« Keller kichert. Ein stechender Geruch von Formalin liegt in der Luft. »So riecht der Tod«, sagt er zu Schneider, der zum ersten Mal im Institut ist.

»Mein lieber Herr Kommissar«, ruft Müller-Heß aus, »wie schön, dass Sie mich mal wieder besuchen! Wann waren Sie das letzte Mal hier …? Das muss schon etwas länger her sein, nicht wahr?« Noch bevor Keller antworten kann, fährt der Professor fort: »Und wen haben Sie da mitgebracht?« Er reicht Schneider zur Begrüßung die Hand. »Junger Mann … schon mal eine Leiche gesehen?«

Schneider schüttelt den Kopf.

»Na, dann wird es Zeit.«

Müller-Heß trägt einen weißen Kittel samt Gummischürze und steht am Sektionstisch, vor ihm liegt der Leichnam aus dem Wald bei Leizen. »Hier ist Ihr Toter. Wir müssen uns kurzfassen, denn ich bin leider in Eile. Wir führen im Jahr rund fünfhundert amtlich angeordnete Obduktionen durch. Hinzu kommen die Sektionen, die seitens der Universität aus wissenschaftlichen Gründen erfolgen. Allein das dürften heuer gut tausend sein. Das geht nur mit einem strengen Zeitregiment. Also −«

»Was ich Sie schon bei meinem letzten Besuch fragen wollte«, unterbricht ihn Ernst Keller, »Sie stammen aus Ungarn?«

Diese Frage scheint Müller-Heß zu überraschen. »Ja, das stimmt. Aus Bežanja, um genau zu sein. Damals gab es noch Österreich-Ungarn … k. u. k. Doch wie kommen Sie darauf?«

»Berufskrankheit«, antwortet Ernst Keller verschmitzt. »Ich bin es gewohnt, Menschen zu beobachten. Sie, verehrter Professor, sprechen mit einem leichten Akzent. Und dann benutzten Sie das Wort *heuer*. Das war verräterisch. Doch lassen wir das. Mein Assistent und ich wollen Ihre Zeit nicht über die Maßen beanspruchen. Was können Sie uns über den Toten aus dem Wald sagen?«

»Wir Ärzte begutachten die Körper zunächst äußerlich, danach folgt die innere Besichtigung, in deren Verlauf die Schädel-, Brustsowie die Bauchhöhle geöffnet werden. Das war als Folge der starken Verwesung natürlich nicht ganz einfach. Ein interessanter Fall. Hat man auch nicht alle Tage. So sehr Sie es sich vielleicht erhofft hatten, aber ich muss Sie enttäuschen: Ich kann mit absoluter Sicherheit bestätigen, dass der Tote nicht Ihr gesuchter Arzt ist.«

»Ist er nicht?« Keller ist irritiert.

»Der Zahnstand der Leiche unterscheidet sich grundlegend von dem Befund, den ich anhand der Röntgenbilder des Kollegen Mühe erheben konnte. Nein, nein, das sind zwei verschiedene Personen. Auch konnten wir auf Hautresten Farbrückstände nachweisen. Der Tote war tätowiert. Glaube kaum, dass der Kollege Mühe dieser Leidenschaft anhing.«

»Schade«, erwidert der Kommissar, »ich muss gestehen, dass ich klammheimlich gehofft hatte, dass mit der Leiche unser vermisster Doktor aufgetaucht wäre. Denn der Wagen, der neben der Leiche gefunden wurde, ist sein seit Monaten verschwundenes Auto. Das konnten wir zwischenzeitlich anhand der Fahrgestellnummer nachweisen.« Zu seinem Assistenten Schneider sagt er:

»Nun haben wir es neben dem Vermisstenfall womöglich auch noch mit einem Selbstmord zu tun. Vermutlich hat sich der Dieb der Limousine selbst gerichtet.«

»Wieso Selbstmord?« Victor Müller-Heß zieht die Augenbrauen zusammen. »Von einem Suizid kann keine Rede sein. Die Zerstörungen am Schädel wären bei einem aufgesetzten Schuss andere als im vorliegenden Fall. Kommen Sie bitte etwas näher, ich zeige es Ihnen.«

Die beiden Polizisten machen einen Schritt nach vorne und treten an den Seziertisch. Schneider erschrickt. Zwar hat er im Frühjahr den Film *Frankenstein* im Kino gesehen. Boris Karloff spielt darin ein aus Leichenteilen zusammengesetztes Monster. Doch was er hier vor sich sieht, empfindet er tausendmal schlimmer: ein grausam entstellter Leichnam, der nur noch wenig Ähnlichkeit mit einem menschlichen Wesen hat.

»Schauen Sie, meine Herren …« Müller-Heß deutet mit einer Pinzette auf den Schädel. »Hier traf die Kugel in das Os frontale und hat einen Teil der Pars orbitalis weggesprengt. Sehen Sie das?«

»Glaube ich Ihnen sofort«, antwortet Keller und tritt vom Seziertisch zurück. »Und diese Verletzung konnte er sich nicht selbst zufügen?«

»Nein, keinesfalls«, führt der Professor aus. »Besagte Person wurde aus etwa zwei Metern Entfernung erschossen. Anschließend hat man die Tatwaffe dem Opfer in die Hand gelegt. Offensichtlich sollte der Eindruck einer Selbsttötung erweckt werden. Man könnte das Szenario auch eine Hinrichtung nennen. Doch für diese Bewertungen sind Sie zuständig.«

»Das ist ja ein Ding«, entfährt es dem Kommissar. »Aber wer ist der Tote?«

»Ihr Herr Schneider hat uns ja dankenswerterweise noch ein zweites Röntgenbild zur Verfügung gestellt.« Der Professor nimmt die Aufnahme in die rechte Hand und hält sie gegen das Licht. »Diese hier wurde, wie ich erkennen kann, vor drei Jahren im Haftkrankenhaus Moabit erstellt. Um es kurz zu machen: Bei dem Toten handelt es sich um einen gewissen Fritz Krüger. Der Zahnstand und die Schädelanatomie lassen keinen Zweifel zu. Das erläutere ich alles in meinem schriftlichen Befund, den Sie demnächst erhalten werden. Meine Herren … habe die Ehre.«

»Sie haben den richtigen Riecher bewiesen.« Keller klopft seinem Assistenten auf die Schulter, während sie das Institutsgebäude verlassen. »Wie sind Sie an das Röntgenbild von Krüger gekommen?«

»Reine Glückssache, Chef. Ich wusste aus der Akte, dass Krüger vor drei Jahren wegen Hehlerei einsaß. Im Gefängnis bekam er eine eitrige Kieferentzündung, die geröntgt wurde. Und diese Aufnahme fand dann ihren Weg in seine Krankenakte, die ich dem Professor zugeschickt habe.«

»Gut gemacht, Schneider. Sie wollen mich wohl als Kommissar beerben«, sagt Keller mit einem Schmunzeln.

Schneider antwortet nicht.

MARGARETE HERTEL, GEBORENE MÜHE, SCHWESTER VON DR. ERICH MÜHE

MONTAG, 7. NOVEMBER 1932

Am Nachmittag, etwas früher als sonst, erscheint an diesem 7. November die Abendausgabe der *Vossischen Zeitung*. Das alles beherrschende Thema ist der Ausgang der Reichstagswahl vom Vortag. Die Abstimmung war nötig geworden, weil Reichspräsident Paul von Hindenburg das Parlament im September aufgelöst hatte. Vorausgegangen war eine schwere parlamentarische Niederlage der Regierung unter Reichskanzler Franz von Papen. Endete die vorhergehende Wahl im Juli noch mit einem erdrutschartigen Sieg der NSDAP, ist das Bild im Herbst ein anderes. Die Hitler-Partei erhält zwei Millionen Stimmen weniger und büßt vierunddreißig Mandate ein.

»Was sagen Sie dazu, Chef?« Schneider deutet mit der Hand auf die Titelseite der *Vossischen*. Dort heißt es in riesigen Lettern: »Hitler verliert«, und etwas kleiner: »NSDAP-Abstieg beginnt«.

»Der braune Spuk dürfte sich bald erledigt haben«, fügt Schneider hinzu. »Hier steht es doch: ›Gestern haben die Nationalsozialisten in allen dreiunddreißig Wahlkreisen ausnahmslos verloren.‹ Das ist der Anfang von Hitlers Ende.«

»Ihr Wort in Gottes Ohr!«, antwortet Keller und blättert in dem schriftlichen Obduktionsbericht von Victor Müller-Heß, der mit der heutigen Post im Präsidium eingetroffen ist. »Ich glaub aber nicht dran, lieber Schneider«, fährt er fort und knipst die Schreibtischlampe an. Draußen dämmert es.

»Warum nicht?«

»Ganz einfach, weil die Braunen zwar verloren, doch mit 33 Prozent immer noch stärkste Fraktion sind. Und weil sich hinter diesen 33 Prozent knapp zwölf Millionen Wählerstimmen verstecken. Zwölf Millionen, Schneider! Das ist dreimal die Bevölkerung von Berlin!« Keller atmet tief durch und zieht die Augenbrauen hoch. »Nein … nein, ich glaub nicht dran. Ich befürchte, dass uns Hitler und Konsorten erhalten bleiben.«

Der Kommissar hält plötzlich die Kladde mit dem Obduktionsbericht in die Höhe. »Lassen Sie uns von etwas Angenehmerem sprechen«, sagt er und wedelt mit dem Papier. »Was halten Sie davon?«

»Die Angelegenheit wird immer seltsamer.«

»Wohl wahr. Fassen wir zusammen, was wir wissen.«

Keller erhebt sich aus seinem Stuhl und geht im Raum auf und ab. Wie ein Lehrer, der eine Prüfung abnimmt, zählt er mit den Fingern seiner rechten Hand die einzelnen Ergebnisse und noch offenen Fragen auf. »Erstens: Dr. Mühe trifft sich am Vorabend seines Verschwindens aus Gründen, die wir noch nicht kennen, mit Krüger und einer weiteren Person. Zweitens: Der Arzt verschwindet, das Auto ebenso. Drittens: Krüger wird erschossen, wobei es aber nach einem Selbstmord aussehen soll. Da wollte jemand Spuren verwischen. Viertens: Wer hat Krüger erschossen? Vielleicht der Doktor? Die dritte Person, die mit in den Adler gestiegen ist? Oder jemand völlig anderes? Fünftens: Warum fährt man zunächst von Sacrow südwärts nach Sputendorf, entsorgt die Plakette auf einem Feld, um sich dann gut hundertsechzig Kilometer in Richtung Norden zu bewegen? Das macht doch keinen Sinn. Das ist alles ziemlich verwirrend.«

Plötzlich klopft es an der Zimmertür. »So spät?«, fragt Keller

Schneider. »Haben Sie noch jemanden zu uns bestellt?« Sein Assistent schüttelt den Kopf.

»Herein!«, ruft Keller.

Eine Frau Mitte dreißig, blauer Mantel, Hut mit kurzer, aufwärts gebogener Krempe, stilisierten Stoffblumen und drapiertem Seidenkrepp betritt den Raum.

»Sie wünschen?«, fragt Ernst Keller.

»Guten Tag, Herr Kommissar. An der Pforte hat man mir gesagt, dass ich Sie hier finde. Mein Name ist Margarete Hertel. Ich bin Erich Mühes Schwester.«

Keller schaut sie entgeistert an und wirft seinem Assistenten einen Blick zu, der so viel sagt wie: »Warum wissen wir nichts von der Existenz einer Schwester? Wie konnte das passieren?«

»Ja, ich bin Erichs Schwester«, wiederholt sie, als könnte sie es selbst nicht glauben. Noch bevor Keller ihr einen Platz anbieten kann, ergreift sie das Wort. »Ich habe eine Bitte: dass Sie mich, sollte mein Bruder gefunden werden oder sich das Rätsel seines Verschwindens auf die eine oder andere Weise lösen, dann benachrichtigen. Versprechen Sie mir das?« Ernst Keller würde gerne antworten, doch Margarete Hertel fährt mit zittriger Stimme fort: »Aus unserer Familie bin ich die einzige Überlebende. Die Eltern sind tot, unser Bruder ist im Krieg gefallen. Und nun wird auch noch der Erich vermisst. Es ist furchtbar. Ich werde innerlich nicht eher Ruhe finden, bis ich weiß, was mit Erich passiert ist.« Margarete Hertel umklammert sichtlich bewegt Kellers rechte Hand: »Bitte, Herr Kommissar, Sie müssen mir versprechen, den Erich zu finden. Ich bitte Sie inständig!«

Keller weiß nicht recht, was er sagen soll. Zwar begibt er sich nicht selten bei seiner Arbeit in Gefahr, muss komplizierte Ermittlungen durchführen, lange Verhöre leiten, Tatorte besichtigen und gelegentlich auch Leichen in Augenschein nehmen. Das ist sein Beruf – und das macht ihm nicht viel aus. Doch eine Frau, die mit den Tränen ringt und um das Schicksal ihres Bruders bangt – das kann den sonst so ruhigen Kommissar aus der Fassung bringen.

»Schneider, holen Sie mal einen Kaffee und ein Glas Wasser. Für Frau Hertel. Und bringen Sie mir einen Kaffee mit.« Er sagt es eher aus Verlegenheit, aber etwas Besseres ist ihm so schnell nicht eingefallen. Dann führt er Margarete Hertel zu einem Stuhl vor seinem Schreibtisch.

»Bitte nehmen Sie Platz, Frau Hertel«, sagt er betont leise, als wollte er die unerwartete Besucherin nicht noch weiter aufregen. »Ich muss gestehen, dass mich Ihr Besuch überrascht. Um ehrlich zu sein: Wir wussten gar nicht, dass Dr. Mühe eine Schwester hat.«

»Das wundert mich nicht«, erwidert Margarete Hertel. »Ich lebe seit vielen Jahren in Bad Gandersheim. Waren Sie dort schon einmal?«

»Ehrlich gesagt nein. Ich weiß nicht einmal, wo der Ort liegt.«

»Zwischen Hildesheim und Göttingen. Das ist ein wunderbares Fleckchen Erde am westlichen Ende des Harzes. Nach Berlin bin ich aus beruflichen Gründen gekommen – und wegen meines Bruders.«

»Und was wären diese beruflichen Gründe?«

»Ich habe in eine alte Verlegerfamilie eingeheiratet«, erläutert sie. »Mein Mann Robert und ich führen das Verlagshaus C. F. Hertel und geben das *Gandersheimer Kreisblatt* heraus. Davon haben Sie hier in Berlin bestimmt noch nichts gehört. Doch unsere Zeitung blickt auf eine lange Geschichte zurück. Im nächsten Jahr feiern wir den hundertsten Geburtstag. Am 3. Juli 1833 erschien sie erstmals, zunächst als Wochenjournal. Als mein Mann 1919 die Verlagsleitung von seinem Vater übernahm, ließ er die Zeitung künftig an sechs Tagen pro Woche erscheinen. Daran hat sich bis heute nichts geändert.«

»Wie oft sind Sie in Berlin?«, fragt der Kommissar.

»Nun, etwa drei- oder viermal im Jahr, wenn bestimmte Dinge mit dem Reichsverband der Deutschen Presse zu besprechen sind. Mein Mann schickt meistens mich zu diesen Terminen. Er kann Berlin nämlich nicht ausstehen und ist heilfroh, wenn er um die Stadt einen Bogen machen kann. Sind Sie Berliner?«

»Gewissermaßen.«

»Na, dann sage ich Ihnen besser nicht, wie mein Mann Berlin nennt. Ihm ist es hier zu hektisch, zu laut, zu dreckig. Ich bin eigentlich ganz gerne hier, zumal ich meine Aufenthalte immer mit einem Besuch bei meinem Bruder verbinden konnte.«

»Ich wundere mich«, sagt Keller, »dass Ihre Schwägerin Sie nie erwähnt hat. Wir hätten uns sonst viel früher bei Ihnen gemeldet.«

»Das überrascht mich überhaupt nicht«, erwidert Margarete Hertel mit leisem Spott. »Die Charlotte und ich sind uns … wie soll ich es sagen? Nicht gerade in Zuneigung verbunden.«

Schneider tritt ein und stellt Kaffee und Wasser auf den Schreibtisch, dann lässt er sich wieder auf seinen Stuhl nieder. Frau Hertel nimmt den Löffel von der Untertasse und rührt langsam im Kaffee herum, ohne dass sie Milch oder Zucker hineingetan hat.

»Können Sie mir das genauer erklären?«, fragt Keller.

»Im Grunde tut sie mir leid.«

»Auch das bedarf der Erklärung.«

Margarete Hertel holt tief Luft. Sie scheint auf die Frage nur gewartet zu haben. »Charlotte gehört zu den bedauernswerten Menschen, die mit sich nicht im Reinen sind. Sie hält sich für etwas Besseres, daher ist ihr nie etwas gut genug. Das war aber nicht immer so. Als Erich und Charlotte sich kennenlernten, war sie ein normales Berliner Mädel. Irgendetwas muss mein Bruder ja an ihr gefunden haben. Doch im Lauf der Zeit kamen die

Flausen. Zuerst nahm sie sich ein Hausmädchen, kurze Zeit später eine Wäschefrau. Dabei arbeitet sie nicht und ist den ganzen Tag zu Hause. In der Praxis hat sie nur selten ausgeholfen. Das war natürlich unter ihrer Würde.«

Die Schwester des Vermissten macht eine kurze Pause, bevor sie fortfährt. »Dann kam dieses junge Mädchen als Untermieterin ins Haus. Das habe ich nie verstanden, denn aus finanziellen Gründen hätte der Erich das Zimmer gewiss nicht vermieten müssen. Doch irgendetwas hat Charlotte mit diesem Fräulein verbunden. Dann musste es ein teurer Pelzmantel sein, dann eine neue Wohnzimmergarnitur. Haben Sie von ihrer neuesten Verrücktheit gehört? Charlotte nimmt seit einiger Zeit Gesangsstunden. Sie hält sich wohl für eine zweite Lilli Lehmann. Dass ich nicht lache. Mein Bruder ist an alledem sicher nicht unschuldig. Mehrfach habe ich ihn gefragt, warum er dem Treiben nicht Einhalt gebietet.«

»Und was hat Ihr Bruder geantwortet?«

»Erich hat nur mit den Schultern gezuckt. Ich hatte den Eindruck, dass er eine Auseinandersetzung mit seiner Frau scheute. Vielleicht war es ihm peinlich, dass sie ihm auf der Nase herumtanzte. Noch zuletzt habe ich ihn gefragt, warum er sich nicht scheiden lasse. Charlotte sei doch nicht die Richtige für ihn. Aber Erich wiegelte ab und sagte nur, dass das nicht nötig sei. Er wollte darüber wohl nicht reden. Und vielleicht wollte er nur seine Ruhe haben.«

»Wann haben Sie Ihren Bruder das letzte Mal gesehen?«

»Das muss Ende Mai gewesen sein, ein paar Wochen vor seinem Verschwinden. Leider hatte ich nicht viel Zeit, doch für ein gemeinsames Mittagessen bei Aschinger hat es gereicht. Auch wenn wir uns nicht oft sehen, sind wir uns doch sehr nahe.«

Keller nimmt einen Schluck Kaffee. »Und wie haben Sie vom Verschwinden Ihres Bruders erfahren?«

»Charlotte rief uns an. Sie gab mir unumwunden zu verstehen, dass Erich beim nächtlichen Schwimmen verunglückt und ertrunken sei. Diese Nachricht traf mich wie ein Schlag. Auf meine Frage, wann die Beerdigung stattfinde und ob ich Erich vorher noch einmal sehen könne, reagierte sie ausweichend. Sie meinte, dass die Leiche noch nicht gefunden sei und dergleichen mehr. Ich fand das ungeheuerlich, denn solange ein Verschwinden noch nicht endgültig aufgeklärt ist, gibt es doch Hoffnung, nicht wahr? Man muss doch Hoffnung haben!«

»Natürlich. Wie Sie sehen, haben auch wir den Fall nicht zu den Akten gelegt. Wir sind weiterhin davon überzeugt, dass wir Ihren Bruder finden werden. Aber die Sache gestaltet sich schwierig, es gibt so wenig konkrete Hinweise. Was ich gern wissen möchte: Hat sich Ihre Schwägerin seither wieder bei Ihnen gemeldet?«

Margarete Hertel macht eine unwirsche Kopfbewegung. »Ich habe gelegentlich angerufen, aber meistens ging das Hausmädchen oder dieses Fräulein Kaufmann an den Apparat. Zwischenzeitlich ist sie ja auch umgezogen. Das alles wurde mir dann zu bunt. Deshalb bin ich ja gekommen, um mich persönlich bei der Polizei zu erkundigen. Doch um Ihre Frage zu beantworten: Vor Kurzem meldete sich Charlotte bei uns. Sie brauchte Geld für einen bevorstehenden Kuraufenthalt irgendwo im Harz. Es soll ihr gesundheitlich nicht gut gehen. Mein Mann und ich sind ja keine Unmenschen, und so haben wir ihr den gewünschten Betrag angewiesen. Ich war ziemlich perplex, denn von finanziellen Problemen war bislang nie die Rede gewesen. Ich hielt meinen Bruder immer für wohlhabend. Charlotte sagte mir jedoch, dass Erich vor seinem Verschwinden das Konto geleert habe und die Lebensversicherungen nicht zahlen würden. Sie machte einen sehr verzweifelten Eindruck auf mich. Und da tat sie mir auf einmal wieder leid.«

»Das leere Konto hat sie uns gegenüber auch erwähnt. Haben Sie dafür eine Erklärung? Passt dieses Verhalten zu Ihrem Bruder?«

»Nein, ganz und gar nicht!« Frau Hertel sagt bestimmt: »Mein Bruder ist in diesen Dingen sehr penibel und alles andere als leichtsinnig. Was wollte er nur mit dem Geld?«

»Das ist eine gute Frage«, bemerkt Keller. »Wüssten wir das, würden wir vielleicht nicht hier zusammensitzen.«

Margarete Hertel nimmt Ernst Keller zuletzt das Versprechen ab, sie sofort anzurufen, sobald man ihren Bruder gefunden habe. Beim Abschied drückt sie ihm lange und fest die Hand.

»Man muss doch Hoffnung haben«, sagt sie nochmals.

Was die Wahrnehmung zeigt, das glaubt der Geist.
Lucius Annaeus Seneca

PROF. DR. ADAM MARIA BROGSITTER, CHEFARZT AM ST. HEDWIG-KRANKENHAUS

DONNERSTAG, 14. FEBRUAR 1935

In der Großen Hamburger Straße im Berliner Bezirk Mitte steht das 1846 gegründete St. Hedwig-Krankenhaus, das zu den ältesten Hospitälern der Reichshauptstadt gehört. Die weitläufige Anlage umfasst mehrere Bauten, die einen pittoresken Park säumen. Zur Straße hin schließt sich ein kleiner Vorgarten an, der von einem eindrucksvollen schmiedeeisernen Gitter begrenzt wird. Die Gebäude selbst haben eine rötliche Klinkerfassade im neogotischen Stil. Chefarzt der Inneren Abteilung ist Adam Maria Brogsitter, der den Kommissar in seinem Büro erwartet. Es klopft, Ernst Keller tritt ein.

»Eigentlich darf ich mich gar nicht mit Ihnen treffen«, beginnt Professor Brogsitter das Gespräch, »geschweige denn mit Ihnen reden. Die ärztliche Schweigepflicht gilt nämlich immer, da kann auch die Polizei nichts daran ändern. Doch jetzt, wo alle Beteiligten offensichtlich tot sind, wollen wir mal nicht so sein.«

Keller lächelt gezwungen, in Wahrheit ist ihm Brogsitters gönnerhafte Attitüde zuwider. Er hält ohnehin nicht viel von den Ärzten. Wenn der Kommissar sich mal den Magen verdorben hat, trinkt er einen Schnaps. Der hilft auch bei einer beginnenden Erkältung. Bei Zahnschmerzen spült er die entzündete Stelle mit einem Schnaps. Natürlich gibt es Leiden, die man mit einem

Schnaps nicht gut behandeln kann. Etwa Herzasthma. Oder Krebs. Doch alles in allem ist Keller davon überzeugt, den meisten Unpässlichkeiten selbst Herr werden zu können.

Wochenlang hat er auf diesen Moment gewartet. Der Chef sei sehr beschäftigt, bekam er oft zu hören, wenn er um einen Termin im St. Hedwig-Krankenhaus bat. Das werde er bestimmt verstehen, musste Keller sich dann anhören. Wichtigtuerei, dachte er nicht nur einmal. Doch jetzt, so kurz vor dem Ziel, hält er besser den Mund. Kein falsches Wort. Nicht auszudenken, wenn der Mann im weißen Kittel es sich noch anders überlegen sollte.

»Meine Sekretärin sagte mir, Sie seien wegen der Patientin Mühe hier, nicht wahr?« Adam Maria Brogsitter blättert durch die Papiere auf seinem Schreibtisch, offensichtlich sucht er etwas.

»Das ist richtig, doch genau genommen geht es um den verschwundenen Ehemann der Frau Mühe.«

»Merkwürdige Geschichte«, sagt der Chefarzt, ohne Keller anzuschauen. »Davon habe ich gehört.«

»Um es kurz zu machen: Wir kamen in besagter Angelegenheit nicht weiter und mussten sie Ende 1932 vorerst auf Eis legen. Doch durch den Tod der Frau Mühe ist nun wieder Bewegung in die Sache geraten. Leider hat uns das Nachlassgericht erst Monate später über deren Ableben informiert, sonst hätten wir uns schon früher bei Ihnen gemeldet.«

»Also … da ist sie ja. Ich habe mir die Krankenakte von Frau Mühe eigens aus der Registratur kommen lassen.« Professor Brogsitter liest in der Kladde. »Jetzt erinnere ich mich auch wieder. Ein interessanter Fall. Die Frau Mühe kam erstmals 1931 in unser Krankenhaus. Sie litt damals an einer beginnenden Nephrose. Verstehen Sie?«

Ernst Keller versteht nicht.

»Eine Nephrose ist eine schwere Schädigung der Nieren«, erläutert der Arzt. »Kann ganz verschiedene Ursachen haben.

Unbehandelt führt diese Erkrankung zum Tod. Ich weiß noch, dass ich den Kollegen Mühe über den Befund persönlich informiert habe.«

»Sie kannten sich?«

»Beiläufig. Kollege Mühe überwies gelegentlich Patienten in unser Krankenhaus. Er war ein stiller, verschlossener Mensch. Aber ein guter Arzt.«

»Und wie hat Dr. Mühe auf Ihre Diagnose reagiert?«

»Jetzt, wo Sie danach fragen, fällt mir ein, dass ich sein Verhalten damals merkwürdig fand. Er wirkte auf mich völlig teilnahmslos, fast schon kalt. Wir sprachen ja schließlich über seine Frau. Als Kollege wusste er zweifellos, was Nephrose bedeutet. Andererseits: Man schaut den Menschen nicht in den Kopf. Vielleicht war er betroffen, konnte es aber nicht zeigen.«

»Was geschah dann nach der Diagnose?«

»Kollege Mühe bat mich, seiner Frau nichts zu sagen. Die Behandlung wollte er selbst übernehmen. Ich hatte keinen Grund, an seiner Aufrichtigkeit zu zweifeln. Wir haben die Patientin daraufhin nach Hause entlassen. Umso erstaunter war ich, als sich Frau Mühe im April 1934 wieder im Krankenhaus vorstellte. Sie hatte zu diesem Zeitpunkt keine Ahnung von ihrer schweren Erkrankung. Ich musste sogar davon ausgehen, dass Mühe seine Frau unbehandelt gelassen hatte. Als ich sie dann untersuchte, ging es ihr bereits sehr schlecht. Da war nichts mehr zu machen. Hier in der Akte steht: Exitus am 27. Mai 1934. Sie starb an einer Urämie, einer Vergiftung des Bluts durch Harnstoffe. Typischer Krankheitsverlauf. Schlimme Geschichte. Die Patientin war ja nicht alt, keine vierunddreißig.«

»Wer hat sich, als es zu Ende ging, um Frau Mühe gekümmert? Ihr Ehemann war zu diesem Zeitpunkt schon seit knapp zwei Jahren verschwunden.«

»Sie bekam nicht viel Besuch«, antwortet der Professor. »Die meiste Zeit hat sie in irgendwelchen Journalen geblättert. Auf ihrem Tisch lag ein Buch mit Rilke-Gedichten. Ich weiß das so genau, weil mir der sehr schöne Einband aufgefallen ist. Ob sie auch darin gelesen hat, kann ich nicht sagen.«

»Doch wer besuchte sie?«

»Ich erinnere mich an eine junge Frau, die mir als Untermieterin vorgestellt wurde. Und dann war da noch ein Musiker. Älterer Herr. Sehr aufdringlich, ein unangenehmer Mensch. Eines Tages erschien der mit einem Notar im Krankenhaus. Es ging wohl um ein Testament oder dergleichen.«

»Ist Ihnen der Name dieses Herrn erinnerlich?«

»Bedaure. Nein. Kann ich Ihnen sonst noch helfen, Herr Kommissar? Andernfalls empfehle ich mich. Eine Gelbsucht wartet.«

Keller hat keine weiteren Fragen. Während er die Innere Abteilung verlässt, muss er an den Verdacht des Professors denken. Dass ein Arzt eine Patientin absichtlich unbehandelt lässt, ist ein schwerer Verstoß gegen den ärztlichen Kodex. Wenn die Kranke jedoch seine eigene Ehefrau ist, tut sich ein menschlicher Abgrund auf. »Ungeheuerlich!«, sagt Ernst Keller plötzlich laut. Eine Krankenschwester, die ein paar Meter vor ihm geht, dreht sich um und legt ihren rechten Zeigefinger auf den Mund. Keller schaut auf seine goldene Taschenuhr. Mittagsruhe.

HUGO RASCH,
EHEMALIGER GESANGSLEHRER VON CHARLOTTE MÜHE
UND PRÄSIDIALRAT DER REICHSMUSIKKAMMER
MONTAG, 23. SEPTEMBER 1935

Hugo Rasch hat Karriere gemacht. Seit Kurzem leitet er als Präsidialrat der Reichsmusikkammer den Berufsstand der deutschen Komponisten. Darüber hinaus ist er Musikreferent der SA, der paramilitärischen Kampforganisation der NSDAP. Rasch verfügt über beste Kontakte in die Politik. Mit Joseph Goebbels steht er auf gutem Fuß, der Reichspropagandaminister hat ihn sogar zum Verwalter einer Spendenorganisation ernannt, die systemkonformen Künstlern finanziell unter die Arme greifen soll. Hatte Ernst Keller ihn nach Erich Mühes Verschwinden noch offiziell auf das Polizeipräsidium vorgeladen, ist es nun Hugo Rasch, der den Kommissar zu sich zitiert. Der Herr Präsidialrat habe bedauerlicherweise nur wenig Zeit, hieß es aus seinem Vorzimmer, als Keller um ein weiteres Gespräch nachfragte. Ob die Herrn Polizisten nicht in die Geschäftsstelle der Reichsmusikkammer kommen könnten? So ändern sich die Zeiten.

Raschs Büro befindet sich in einer spätklassizistischen Stadtvilla am vornehmen Lützowplatz. Von seinem Fenster hat er einen schönen Blick auf den fünfzehn Meter hohen Herkulesbrunnen, der die gesamte Nordseite des Platzes dominiert. Im

Nachbarhaus ist die Gesandtschaft des Freistaats Braunschweig ansässig, wo Adolf Hitler im Februar 1932 als Regierungsrat beim dortigen Landeskultur- und Vermessungsamt vereidigt wurde. Doch Hitler hat sein Büro nie bezogen, und seinen Dienstpflichten ist er nie nachkommen. Das Ganze war ein abgekartetes Spiel einflussreicher rechter Kreise, um dem NSDAP-Parteiführer die deutsche Staatsangehörigkeit zu verschaffen.

Ernst Keller und sein Assistent Schneider gehen über den Lützowplatz auf die Villa zu. Am Fuße des Brunnens spielen ein paar Kinder. Das Wasser plätschert. Im Haus werden die Polizisten bereits erwartet. Trug Rasch bei der ersten Befragung noch Zivilkleidung, tritt er den beiden Beamten heute in seiner SA-Uniform gegenüber. Darüber hinaus hat er sich jene schnoddrige Arroganz angewöhnt, die Keller schon häufiger bei Repräsentanten des »Dritten Reichs« aufgefallen ist. Mit Höflichkeitsbekundungen hält man sich nicht lange auf. Nach einer kurzen Begrüßung kommt Rasch umgehend zur Sache.

»Das Verschwinden von Dr. Mühe liegt nun über drei Jahre zurück. Ich weiß wirklich nicht, was ich zur Aufklärung dieses Falls noch beitragen könnte. Sie werden verstehen, Herr Kommissar, dass ich mich als Bevollmächtigter der Reichsmusikkammer in einer Position befinde, in der ich nicht gerne mit dieser peinlichen Angelegenheit in Verbindung gebracht werde. Ich wünsche die Tatsache, dass ich die Eheleute Mühe kannte, nicht beleuchtet. Und ich erwarte von Ihnen absolute Diskretion. Andernfalls muss ich höheren Ortes vorstellig werden.«

Rasch bietet seinen Besuchern Plätze vor seinem Schreibtisch an, er selbst setzt sich dahinter. An der Wand über ihm hängt eine gerahmte Fotografie Adolf Hitlers. Keller hat das Gefühl, Hitler blicke ihm direkt in die Augen.

Keller ist nervös. Er weiß, dass Rasch in der Lage ist, die Ermittlungen zu behindern. Er muss sein Vertrauen gewinnen. »Sie können sich auf mich verlassen. Niemand wird von unserem Gespräch erfahren. Doch nun haben Sie mich neugierig gemacht. Was sind die Aufgaben der Reichsmusikkammer?« Ein jeder Funktionär, glaubt Keller, egal von welcher Partei, will doch zeigen, wie wichtig er ist. Der Kommissar hofft, Rasch so für sich einnehmen zu können.

»Das kann ich Ihnen sagen«, beginnt Rasch seinen Vortrag. »Unser Präsident, der große Richard Strauss, hat bei der ersten Arbeitstagung der Reichsmusikkammer im vergangenen Jahr eindrucksvolle Worte gefunden. Warten Sie … ich kann es wörtlich zitieren: ›Wir werden dem gesunden Schaffen die Bahn frei machen und dadurch das Kranke und Schädliche zurückdrängen und zum Verschwinden bringen.‹ Die Reichsmusikkammer ist also die Standesvertretung der deutschen Musiker. Und ich bin als Führer des Berufsstands der deutschen Komponisten innerhalb der Reichsmusikkammer der engste Mitarbeiter von Meister Strauss. Gemeinsam arbeiten wir daran, der deutschen Musik zum Durchbruch zu verhelfen.«

»Hat die deutsche Musik das denn nötig?«, fragt Ernst Keller, von der Hitler-Fotografie argwöhnisch beäugt.

Schaute Schneider bislang stoisch auf den behördlichen Vordruck, auf dem er die Vernehmung protokolliert, wirft er seinem Chef nun einen Blick zu, der so viel sagen soll wie: Sind Sie verrückt geworden? Doch bevor Rasch auf Kellers Provokation reagieren kann, setzt dieser das Gespräch fort. »Lassen wir das. Ihre Zeit ist gewiss knapp. Ich will ganz ehrlich zu Ihnen sein: Wir kommen in dem Fall Mühe leider nicht recht weiter und wollten ihn schon zu den Akten legen. Doch durch das Ableben von Frau Mühe haben sich erbrechtliche Fragen aufgetan, die uns veranlassten, die Untersuchungen wieder aufzunehmen. Ich erspare Ihnen die Details …«

»Und wie kann ich Ihnen dabei helfen?«

»Ich würde Ihnen gerne die Aussage, die Sie kurz nach dem Verschwinden des Herrn Mühe gemacht haben, vorlesen. Vielleicht fällt Ihnen ja noch etwas ein, das uns weiterhelfen könnte.«

Keller öffnet seine Aktentasche und holt eine Mappe hervor, deren Inhalt er zunächst sortiert. »Hier ist das Vernehmungsprotokoll vom Juni 1932. Sind Sie bereit?« Hugo Rasch nickt, und Ernst Keller liest ihm das Dokument vor.

»Ja, das ist nach wie vor zutreffend«, kommentiert Rasch das Gehörte. »Ich habe nichts zu korrigieren.«

»Gut. Ihre Aussage unterscheidet sich allerdings in einem wichtigen Punkt von den Angaben der Frau Mühe. Während sie Ihnen gegenüber von einem Streit sprach, der dem Verschwinden vorausgegangen sein soll, erwähnte sie diesen bei uns aber nicht. Sie berichtete vielmehr von einem harmonischen Abend, den die Eheleute verbracht hätten. Wie erklären Sie sich diesen Widerspruch?«

»Nun ja. Man soll über Tote ja nicht schlecht sprechen.« Rasch lächelt süffisant. »Doch wenn Sie mich so direkt fragen, muss ich Ihnen sagen, dass Charlotte Mühe leider sehr verlogen war. Diese Erfahrung mussten meine Frau und ich häufiger machen. Einmal erzählte sie uns, dass ihr Vater bereits vor einigen Jahren verstorben sei, dabei erfreute sich der alte Herr damals bester Gesundheit. Verstehen Sie, was ich damit sagen will? Es gab gar keinen ersichtlichen Grund, warum Frau Mühe in vielen Punkten die Unwahrheit sagte. Sie tat es einfach, weil es vermutlich Teil ihres Charakters war.«

»Mit anderen Worten: Entweder hat Frau Mühe Sie belogen – oder die Polizei.«

»Oder uns beide, Herr Kommissar. Es gibt ja auch die Möglichkeit, dass sich die Ereignisse ganz anders darstellten.« Rasch entnimmt einer vor ihm stehenden silbernen Dose eine Zigarette der Marke Juno und zündet diese mit einem Streichholz an. »Ich bin der festen Überzeugung«, erklärt er fast feierlich, »dass Frau Mühe mit dem Verschwinden ihres Mannes irgendetwas zu tun hatte.«

»Das ist ein schwerwiegender Verdacht«, bemerkt Keller, »zumal Charlotte Mühe sich nicht mehr verteidigen kann. Welche Anhaltspunkte haben Sie dafür?«

»Ich denke etwa an die Sache mit der Schatulle …«

»Was für eine Schatulle?«

»Einen Tag vor ihrem Tod übergab Frau Mühe – sie lag da schon einige Zeit im Krankenhaus – einer Krankenschwester eine Schatulle aus Metall – so ein Kasten, in dem man wichtige Dokumente aufbewahrt – und bat sie, den Inhalt ungelesen zu verbrennen. Die Krankenschwester dachte sich nichts dabei und erfüllte ihr den Wunsch, wie ich kurze Zeit später zufällig erfuhr. Merkwürdig, nicht wahr?«

»Ja, in der Tat«, sagt Keller.

»Charlotte wollte nicht, dass meine Frau und ich die Papiere in der Kassette zu Gesicht bekamen, obschon wir uns sonst um alles kümmerten. Anders kann ich mir das nicht erklären. Außerdem –«

»Dabei haben Sie der Frau Mühe doch bei der Abfassung ihres Testaments geholfen«, unterbricht ihn der Kommissar.

»Wie kommen Sie denn darauf?« Rasch scheint sich über den Zwischenruf zu ärgern.

»Einer der Ärzte in dem besagten Krankenhaus glaubt sich daran zu erinnern, dass Sie in Begleitung eines Notars dort auftauchten.«

»Das muss ein Irrtum sein!« Rasch steht von seinem Stuhl auf und baut sich vor den Polizisten auf. »Ich habe Ihnen doch gesagt, dass ich in diese Angelegenheit nicht hineingezogen werden möchte. Haben Sie das verstanden?«

»Gewiss«, entgegnet Keller und macht eine beschwichtigende

Geste. »Ich habe gleich vermutet, dass der Arzt sich irren muss. Kommen wir zu der Schatulle und deren Inhalt zurück.«

»Ich habe die Krankenschwester daraufhin gefragt«, sagt Rasch, der sich wieder auf seinen Stuhl setzt, »was sie da verbrannt habe. Es seien ein paar Postkarten und Briefe gewesen, meinte diese. Sie habe nicht genau darauf geachtet, doch glaubte sie, dass diese aus Spanien stammten.«

»Spanien?«

»Ja, das fand ich auch sehr seltsam. Nie zuvor hatten Frau Mühe und ich über Spanien gesprochen. Bis zu diesem Zeitpunkt hatte ich wirklich geglaubt, dass ihr Mann im Sacrower See ertrunken ist. Doch seitdem bin ich mir da nicht mehr sicher. Vielleicht hat er den Badeunfall nur vorgetäuscht? Vielleicht hat er sich ins Ausland abgesetzt und mit seiner Frau heimlich korrespondiert?«

»Das klingt, mit Verlaub, sehr gewagt. Warum hätte Dr. Mühe das tun sollen? Welches Motiv hätte er gehabt?«

»Das kann ich Ihnen sagen«, erklärt Rasch mit ernstem Ton. »Meine Frau und ich hegten schon seit geraumer Zeit den Verdacht, dass er seine eigenen Wege ging, wenn Sie wissen, was ich meine.«

»Nein, weiß ich nicht.«

»Nun, wie soll ich es formulieren …? Wir glauben, dass er ein Doppelleben führte.«

»Wie kommen Sie denn darauf?«

»Es gab da eine Situation. Es muss 1931 gewesen sein, dass Charlotte einmal ganz aufgeregt zur Gesangsstunde erschien. Sie war wirklich furchtbar beunruhigt und sprach davon, dass sie befürchte, ihr Mann sei mit dem Gesetz in Konflikt geraten. Sie deutete das nur an, doch meine Frau, die Marie, sie war früher mal als Krankenschwester tätig gewesen, konnte sich aus den Erzählungen sofort einen Reim machen. Also, wir vermuteten damals, dass Dr. Mühe ein Engelmacher war.«

»Ein Engelmacher?« Keller wundert sich immer mehr, was ihm nach so vielen Jahren zu Ohren kommt. »Sie meinen, dass er illegale Abtreibungen vorgenommen hat?«

»Ja, genau das meine ich. Meine Frau ist sich sicher, dass sie die Andeutungen nicht falsch verstanden hat. Es gibt heutzutage so viele Mädel, die ungewollt in die Hoffnung kommen – und die fallen dann einem Kerl wie Mühe in die Hände. Wir sind gewiss keine Tugendwächter, doch das ist furchtbar.«

»Haben Sie Frau Mühe auf Ihren Verdacht einmal angesprochen? Sie waren ja eng befreundet.«

»Um Gottes willen, nein. Über so etwas redet man doch nicht. Eine Zeit lang verkehrten meine Frau und ich ja sehr freundschaftlich mit den Mühes, doch wenn ich es so recht bedenke, blieb der Doktor mir immer ein wenig suspekt. In politischer Hinsicht war er absolut unzuverlässig.«

»Was soll das heißen?«, fragt Ernst Keller. »Reicht es nicht, ein hervorragender Arzt zu sein? Von Dr. Mühes Patienten habe ich jedenfalls nur Gutes über ihn gehört.«

»Nein, Herr Kommissar, das reicht schon lange nicht mehr. Ich selbst bin im April 1931 in die NSDAP und in die SA eingetreten und kämpfe seither für den Führer. Mehrfach habe ich Mühe aufgefordert, ebenfalls der Partei oder zumindest dem Nationalsozialistischen Deutschen Ärztebund beizutreten, doch davon wollte er nichts wissen. Er sei unpolitisch, redete er sich heraus. Pah! Dass ich nicht lache. Mühe war im Grunde ein feiger Intellektueller wie aus dem Lehrbuch. Statt für die Wiedergeburt Deutschlands einzustehen, umgab er sich lieber mit Gestalten wie diesem Beckmann. Den sollten Sie sich mal vorknöpfen.«

»Wer ist das?«

»Ernst Beckmann. Nennt sich ebenfalls Arzt und betreibt irgendwo in Schöneberg eine Klinik. Diesen Beckmann habe ich mal in der Oranienstraße kennengelernt. Eine ganz windige Erscheinung, die mit Dr. Mühe offenbar Geschäfte gemacht hat.«

»Welche Art von Geschäften?« Ist der Fall schon immer seltsam gewesen, denkt Keller, er scheint nun noch seltsamer zu werden.

»Das kann ich Ihnen nicht sagen.«

»Gut«, antwortet Keller. »Doch gestatten Sie mir noch eine letzte Frage. Wir haben einen Hinweis erhalten, dass Dr. Mühe mit der Person auf dem Foto, das ich Ihnen gleich zeigen werde, ebenfalls Geschäfte gemacht haben soll.« Keller zieht ein Foto aus seiner Sakkotasche und reicht es Hugo Rasch. »Haben Sie diese Person schon einmal gesehen? Lassen Sie sich ruhig Zeit, schauen Sie sich die Aufnahme genau an.«

Raschs Blicke kreisen unruhig über den Abzug. »Ja, den erkenne ich«, erklärt er nach ein paar Sekunden. »Ich weiß zwar nicht, wie er heißt, doch bin ich mir sicher, ihn mehrfach im Hause Mühe gesehen zu haben. Ich ahnte sofort, dass die beiden unter einer Decke stecken.«

»Ich danke Ihnen, Herr Professor, dass Sie sich so viel Zeit für uns genommen haben. Sie haben uns wirklich sehr geholfen. Mein Assistent Schneider und ich dürfen uns empfehlen.«

Rasch korrigiert den Kommissar dieses Mal nicht, als er ihn mit »Professor« tituliert.

Die beiden Polizisten verlassen das Dienstgebäude der Reichsmusikkammer und treten durch das Portal auf den Lützowplatz. Die Sonne scheint. Schneider zündet sich eine Zigarette an.

»Chef …«

»Psst. Warten Sie, bis wir ein paar Meter weiter sind.«

Doch dann kann Schneider seine Neugierde nicht mehr zügeln. »Chef, Sie haben mir gar nicht erzählt, dass wir einen heißen Tipp bekommen haben.«

»Haben wir auch nicht.«

»Nein? Wer um Gottes willen ist das denn auf dem Foto?«

»Mein Neffe Alexander aus Bremen«, flüstert Keller. »Der war nachweislich noch nie in Berlin.« Er lächelt vergnügt. »Spanien – so ein Unsinn!«

DR. MED. ERNST BECKMANN,
CHEFARZT DER ALBERTUS-KLINIK IN DER
NOLLENDORFSTRASSE
MITTWOCH, 2. OKTOBER 1935

Keller verlässt an der Station Nollendorfplatz die U-Bahn und überquert den gleichnamigen Platz, an dessen südlichen Ende sich das 1906 erbaute Theater am Nollendorfplatz erhebt. Im Lauf der Jahrzehnte wurden in dem pompösen Bau hauptsächlich Boulevardstücke und Operetten gezeigt, bis Erwin Piscator 1927 für kurze Zeit die Leitung übernahm und mit avantgardistischen Inszenierungen für Furore sorgte. Neuerdings ist dort wieder die leichte Muse zu Hause.

Der Mozartsaal, der ursprünglich als Konzertsaal gedacht war und sich im selben Gebäude befindet, wird als Kino genutzt. Keller kann sich noch gut an den Skandal erinnern, den im Dezember 1930 die deutsche Erstaufführung des Antikriegsfilms *Im Westen nichts Neues* hervorrief. Joseph Goebbels, damals Berliner Gauleiter der NSDAP, hatte den Streifen zu einem Angriff auf die Ehre der deutschen Soldaten erklärt und massive Proteste dagegen organisiert. Kinobesucher wurden beim Betreten des Gebäudes von SA-Männern beschimpft, mehrfach kam es zu Handgreiflichkeiten, woraufhin Kellers Kollegen die Aufführungen polizeilich schützen mussten.

Goebbels führte ausgerechnet die von seinen Leuten provozierten Ausschreitungen als Argument gegen den Film ins Feld. *Im Westen nichts Neues* gefährde die öffentliche Ordnung und gehöre verboten. Das war ebenso perfide wie wirkungsvoll. Die NSDAP, die bei der Reichstagswahl zwei Monate zuvor, im September 1930, einen enormen Sieg hatte verbuchen können, war nun einmal mehr in aller Munde. Seitdem die Nationalsozialisten an der Macht sind, darf der Film nicht mehr gezeigt werden.

Direkt neben dem Theater am Nollendorfplatz beginnt die Motzstraße, die einst für ihr freizügiges Nachtleben bekannt war. An der Ecke Kalckreuthstraße befand sich etwa das legendäre Transvestitenlokal Eldorado, das aber bereits in der Regierungszeit von Franz von Papen Ende 1932 geschlossen worden war. Wo früher Männer mit Männern und Frauen mit Frauen tanzten, ist heute eine Ballettschule ansässig.

Nach etwa dreihundert Metern biegt Keller links in die Nollendorfstraße. »Hier muss es sein«, sagt er leise zu sich selbst. Im Parterre des Hauses mit der Nummer 21a haben ein Feinkostgeschäft sowie eine Buchhandlung ihre Ladenlokale, im ersten Stock ist die Albertus-Klinik gemeldet. Er fährt mit dem Aufzug nach oben und klopft an der Etagentür, wo ihm eine Frau im weißen Kittel öffnet. Ihre grauen Haare sind streng nach hinten gekämmt.

»Ja?«, ruft die Frau, offenbar Sekretärin oder Empfangsdame, barsch.

»Mein Name ist Kommissar Keller. Ich habe einen Termin bei Dr. Beckmann«, erklärt er mit demonstrativer Freundlichkeit. Er lächelt dabei, als wollte er seine Mundwinkel bis zu den Ohren weiten.

»Kommen Sie mit«, knurrt die Frau, »der Chef erwartet Sie bereits.« Die beiden gehen einen langen und verwinkelten Flur entlang, an dessen Seiten sich einzelne Zimmer anschließen.

Offensichtlich befindet sich die Albertus-Klinik in einer sehr geräumigen ehemaligen Wohnung. Das ist nicht ungewöhnlich in Berlin, wo Wohnungen mitunter zweihundert bis dreihundert Quadratmeter messen. An den Wänden hängen gerahmte Stiche, am Ende des Flurs erkennt man eine weitere Etagentür, die offensichtlich in ein zweites Treppenhaus führt. Doch dieser Zugang ist mit einem großen Blumenbouquet versperrt. Die Frau mit den grauen Haaren bleibt vor einer der Zimmertüren stehen, klopft kurz und tritt dann ein.

»Herr Doktor, ich bringe Ihren Besucher«, sagt sie und verlässt den Raum. Sie würdigt Keller keines Blickes.

»Mein lieber Herr Kommissar, haben Sie uns gut gefunden?« Ernst Beckmann, der sich als Chefarzt der Albertus-Klinik vorstellt, ist ein stattlicher Mann, etwas untersetzt, dunkelblondes Haar, goldgeränderte Brille, gepflegte Erscheinung. Keller schätzt sein Alter auf Anfang fünfzig.

»Bitte entschuldigen Sie, dass das Treppenhaus nicht ordentlich gefegt ist«, fährt er fort. »Es gibt eine neue Hausverwaltung, und seitdem lässt die Sauberkeit leider zu wünschen übrig. Da können wir als Mieter gar nichts machen. Es ist furchtbar. Meine Frau und ich wohnen in der Brückenallee im Hansaviertel. Kennen Sie das Hansaviertel? Fabelhafte Gegend. Fühle mich dort sehr wohl. Im Hansaviertel ist das Geld zu Hause! Keine Schmarotzer. Nur Leute, die es aus eigener Kraft zu etwas gebracht haben. So wie ich!«

Dr. med. Ernst Beckmann lacht. Er lacht, wie Ernst Keller noch nie einen Menschen lachen hörte. Dabei durchläuft er verschiedene Stadien: Beckmanns Lachen beginnt als Glucksen, steigert sich zum Dröhnen und mündet in einen veritablen Hustenanfall, der ihm die Tränen in die Augen treibt. Sein Kopf läuft rot an, und er schnappt nach Luft. Auf dem Höhepunkt dieser Metamorphose stößt Beckmann das Wort »herrlich« hervor, was so viel heißen soll wie: Was habe ich doch für einen geistreichen Scherz gemacht.

Während Beckmann sich an seiner puren Existenz erfreut, muss Keller an Hans Albers denken. Vor zwei oder drei Jahren haben seine Frau und er im Kino den Film *Der Sieger* gesehen, in dem Albers einen Emporkömmling namens Hans Kühnert spielt. Berühmt wurde der Film durch ein Lied, das Albers alias Kühnert singt. Der Refrain könnte auf Beckmann gemünzt sein:

Hoppla, jetzt komm ich:
Alle Türen auf, alle Fenster auf!
Und die Straße frei für mich!

Ja, so muss es sein, denkt Keller, wenn man es geschafft hat und im Hansaviertel wohnt.

»Ich freue mich, dass Sie Humor haben«, sagt Beckmann, der sich mittlerweile wieder beruhigt hat. »Mein Fräulein Ott haben Sie ja schon kennengelernt, nicht wahr?«

»Danke, ich hatte das Vergnügen. Die Dame ist ja nicht gerade gesprächig.«

»Ohne die Ott könnte ich den Laden schließen«, gesteht Beckmann. »Man merkt es ihr nicht an, doch sie ist eine Seele von Mensch. Hinter der rauen Schale verbirgt sich wahrhaft ein weicher Kern. Doch kommen wir zum Anlass Ihres Besuchs. Sie wollen mit mir ja gewiss nicht über meine Wohngegend oder über mein Fräulein Ott plaudern. Was kann ich für Sie tun?«

»Kannten Sie Ihren Kollegen Dr. Erich Mühe? Er hatte seine Praxis in der Oranienstraße in Kreuzberg.«

»Furchtbare Sache«, erwidert Ernst Beckmann. »Ging ja damals durch alle Zeitungen. Und man hat von ihm nie wieder etwas gehört? Das ist ja wirklich eigenartig. Doch um Ihre Frage zu beantworten: Ja, Kollege Mühe und ich kannten uns flüchtig.«

»Flüchtig? Dabei hat man mir Sie und Mühe als Geschäftspartner beschrieben.«

»Wer sagt denn so was? Das ist Unsinn.« Ernst Beckmann schüttelt den Kopf. »Die Albertus-Klinik ist eine Belegklinik mit wenigen Betten. Wir haben uns auf Frauenheilkunde und Chirurgie spezialisiert. Kollege Mühe hat wie viele andere Ärzte ab und zu unsere Einrichtung genutzt, mehr nicht.«

»Wann hatten Sie zuletzt mit ihm zu tun?«

»Das dürfte schon etwas länger her sein«, rätselt der Doktor. »Es gab da eine unschöne Geschichte …«

»Was meinen Sie damit?«

»Eines Tages lieferte Kollege Mühe persönlich eine schwangere Patientin ein. Die Frau drohte ihr Kind zu verlieren, und es war höchste Eisenbahn. Ich erinnere mich noch, dass sich Mühe der Schwangeren gegenüber sehr privat verhielt, wenn Sie wissen, was ich meine.«

»Nein, weiß ich nicht.«

»Nun ja«, fährt Beckmann fort, »er redete sie mit Kosenamen an. Nannte sie Liebchen oder so ähnlich.«

Keller greift in seine Sakkotasche und holt ein Foto von Charlotte Mühe hervor. »War es diese Dame?«

»Nein, nein, das ist Frau Mühe. Die hätte ich bestimmt erkannt.« Beckmann schüttelt den Kopf. »In einem Moment, als er sich unbeobachtet fühlte, hat er die Unbekannte auch geküsst. Das habe ich selbst gesehen.«

»Wie alt war die Frau?«

»Schwer zu sagen. Sie war jedenfalls jünger als er. Das Fräulein könnte eine Angestellte des Kollegen Mühe gewesen sein.«

»Und kennen Sie den Namen der Frau? Vielleicht können Sie Ihre Sekretärin bitten, in den Patientenbüchern nachzusehen.«

»Bedaure. Kollege Mühe hatte die Anmeldeunterlagen nicht ausgefüllt.«

»Wie bitte? Ist das in Ihrer Klinik üblich?«

»Um Gottes willen, natürlich nicht. Doch im Eifer des Gefechts wurde das wohl versäumt. Lieber Herr Kommissar, mein Fräulein Ott hat auch nur zwei Hände! Vielleicht dachte sie, dass die Formalitäten nicht so wichtig seien, da uns der Kollege Mühe ja bekannt war. Umso mehr habe ich mich dann über sein unfreundliches Verhalten geärgert.«

»Inwiefern unfreundlich?«

»Als mir klar war, in welchem Verhältnis Mühe zu der Patientin steht, zog ich ihn damit auf, dass sich seine Ehefrau aber verändert und ich sie gar nicht wiedererkannt hätte. Das sollte ein harmloser Witz unter Männern sein. Ich bin ja kein Moralapostel und weiß, wie schnell man in eine Liebelei stolpern kann.« Beckmann lacht breit. »Doch Mühe bekam das offenbar in den falschen Hals. Ich solle mich nicht in seine Angelegenheiten einmischen und lieber vor meiner eigenen Tür kehren, fuhr er mich an. Ein Wort ergab das andere, bis er mir sogar drohte. Das muss ich mir in meinen eigenen vier Wänden nun wirklich nicht gefallen lassen.«

»Und dann?«

»Ich habe ihm daraufhin gesagt, er möge sich eine neue Belegklinik suchen. Danach habe ich den Kollegen Mühe nie wieder gesehen. Das Kind konnte, wenn ich mich recht entsinne, übrigens nicht gerettet werden. Abortus ... verstehen Sie?«

Auf dem Rückweg zum Nollendorfplatz kommt der Kommissar an spielenden Kindern vorbei. Die Mädchen haben mit bunter Kreide ein Hickelhäuschen aufs Trottoir gemalt und singen einen Abzählreim: »Ene mene ming-mang, ching-chang, sing-sang. Ene mene pipifax, eia weia weg.« Die Jungen spielen mit Murmeln. Keller bleibt stehen und schaut die Kinder nachdenklich an. Das Gespräch mit Beckmann lässt ihm keine Ruhe.

»Wat issen?«, fragt ihn einer der Jungen. »Wat kieken Se denn so?«

Keller lächelt. »Schön, dass es euch gut geht«, sagt er.

Dann geht er weiter.

DR. MED. HEINRICH BECKMANN,
ABWESENHEITSPFLEGER VON DR. ERICH MÜHE
DONNERSTAG, 10. OKTOBER 1935

»Beckmann?«, überlegt Ernst Keller. Der Kommissar sitzt an seinem Schreibtisch und blättert in einer Akte, die ihm sein Assistent bereitgelegt hat. Schneider befindet sich im Nebenraum, der durch eine Tür mit Kellers Büro verbunden ist. »Schneider, ist das ein Irrtum?«, ruft Keller durch die nur angelehnte Tür. »Heißen denn alle Ärzte in Berlin Beckmann?«

»Nein, ich denke nicht«, antwortet Schneider einsilbig und betritt Kellers Zimmer. »Wieso fragen Sie?«

»Ach herrje! Sie humorloser Kopp. Sie haben einen Arzt zu uns bestellt, der ebenfalls Beckmann heißt. So wie der, den ich letztens in der Klinik am Nollendorfplatz besucht habe. Da darf man sich doch wundern, oder?«

Schneider zuckt mit den Schultern. »Dieser Herr wurde mir vom Nachlassgericht genannt. Daraufhin habe ich ihn zu uns bestellt. Der müsste gleich da sein.«

In dem Moment klopft es.

Keller nimmt den Besucher in Empfang und bietet ihm einen Platz an.

»Bitte stellen Sie sich für das Protokoll kurz vor«, sagt er.

»Mein Name ist Dr. Heinrich Beckmann, und ich wurde vom Nachlassgericht als Abwesenheitspfleger für Dr. Mühe eingesetzt.«

»Was sind die Aufgaben eines Abwesenheitspflegers?«

»›Ein abwesender Volljähriger, dessen Aufenthalt unbekannt ist, erhält für seine Vermögensangelegenheiten, soweit sie der Fürsorge bedürfen, einen Abwesenheitspfleger.‹ So steht es im Bürgerlichen Gesetzbuch ... Paragraf 1911.« Keller macht eine zustimmende Kopfbewegung. »Ich kann mir das merken, weil wir im Jahr 1911 umgezogen sind«, fährt Heinrich Beckmann fort. »Als Nichtjurist braucht man diese kleinen Eselsbrücken. Ich kümmere mich also um Erichs Angelegenheiten. Das ist der letzte Freundschaftsdienst, den ich dem armen Kerl erbringen kann.«

»Sie kannten sich?«

»Sicher, seit unseren Studientagen in München. Wir haben uns dann aus den Augen verloren, bis wir beide in Berlin landeten. Ich habe meine Approbation 1922 erhalten, Erich ein Jahr später. Seitdem hat sich unsere Freundschaft noch vertieft. Ich habe meine Praxis in der Großen Frankfurter Straße im Osten, Erich praktizierte zuletzt in der Oranienstraße in Kreuzberg. Doch was rede ich da – das wissen Sie ja sicherlich alles.«

»Stimmt, das ist uns bekannt«, antwortet Keller. »Doch wo wir gerade ins Plaudern kommen: Was war er für ein Mensch? Bitte beschreiben Sie ihn mir aus Ihrer Sicht.«

»Tja, was soll ich sagen?« Heinrich Beckmann wirft die Stirn in Falten. »Erich war eigentlich ein komischer Vogel. Obschon wir auf gutem Fuß standen, hat er sich kaum je geöffnet. Er war ein verschlossener Zeitgenosse, der alles mit sich alleine ausmachen wollte. Das hing sicherlich auch mit der Familiengeschichte der Mühes zusammen. Erichs einziger Bruder Otto fiel im Weltkrieg, die Mutter Luise starb ein paar Jahre später. Das muss 1923 gewesen sein. Christoph Mühe, der Vater, kam über den Tod seiner Frau nicht hinweg und erhängte sich. Erich hat ihn gefunden. Baumelte an einem Strick. So etwas prägt einen Menschen doch. Entsetzlich.«

»Wie gut kannten Sie die Frau Mühe?«

»Nun ja …« Der Doktor zieht die Augenbrauen hoch. »Über Erich lernte ich sehr bald Charlotte kennen, doch wenn Sie mich fragen, waren die beiden nie wirklich glücklich. Diese Ehe war ein Irrtum, wie man so schön sagt. Charlotte hat immer sehr auf feine Dame gemacht, obwohl sie die Tochter einfacher Kaufleute war. Ihre Mutter starb, als das Mädchen noch ganz klein war. Friedrich Darmer, der Vater, hat dann erneut geheiratet. Die Stiefmutter brachte ein Buttergeschäft mit in die Ehe. Bei Wind und Wetter stand sie auf dem Winterfeldtplatz und hat dort ihre Sachen verkauft. Doch diese Frau ist mittlerweile auch schon tot. Wenn ich mich recht entsinne, ist sie kurz vor Weihnachten 1931 an einem Endometriumkarzinom gestorben. Gebärmutterkrebs. Und als dann noch 1934 die Charlotte starb, war der alte Darmer völlig gebrochen. Was ihn aber nicht davon abhielt, bei mir als Erichs Abwesenheitspfleger Geld einzufordern, das er angeblich seiner Tochter kurz vor ihrem Tod geliehen habe. Nun, die Darmers waren immer gute Geschäftsleute. Erich hat seine Schwiegereltern am liebsten von hinten gesehen.«

»Warum?«

»Das kann ich nicht sagen. Wer weiß, was da vorgefallen ist.«

»Wussten Sie, dass Charlotte Mühe schwer krank war?«

»Ihr Tod ist mir wirklich ein Rätsel. Sie muss schon seit geraumer Zeit krank gewesen sein. So schnell stirbt man nicht. Erich war ein hervorragender Diagnostiker. Ich begreife nicht, dass ihm nichts aufgefallen sein will. Er hätte sie ja sonst behandelt. Sie war seine Frau, nicht wahr?«

»Da mögen Sie recht haben«, stimmt Ernst Keller zu. »Was wissen Sie über die Beziehung der Frau Mühe zu ihrem Gesangslehrer Hugo Rasch?«

»Ich bin mir sicher, dass Charlotte eine Affäre mit diesem Herrn hatte. Erich muss das ebenfalls gewusst haben. Wir alle, die wir die Verhältnisse etwas besser kannten, wussten davon. Einmal habe ich ihn gefragt, warum Charlotte so oft bei dem Lehrer sei. Doch auch in diesem Fall konnte oder wollte sich Erich nicht öffnen. Er zeigte einfach keine Reaktion, und ich habe dann nicht weiter nachgefragt. Man will ja nicht aufdringlich sein.«

»Was halten Sie von Herrn Rasch? Haben Sie ihn näher kennengelernt?«

»Ich habe ihn ein paarmal getroffen, und ich mochte ihn von Anfang an nicht. Ständig lief er in Uniform rum. Auch in der Philharmonie – das habe ich selbst gesehen. Charlotte gegenüber hatte er eine süßliche Art. Alles Berechnung, wenn Sie mich fragen.«

»Haben Sie dafür ein Beispiel?«

»Nach Charlottes Tod meldete er bei mir Ansprüche an. Er habe ihr Geld ausgelegt, das er erstattet haben wollte. Doch von Fräulein Kaufmann erfuhr ich, dass es genau umgekehrt gewesen sei und er Charlotte regelmäßig angepumpt habe. Die Sache ist noch anhängig, zumal der Rasch für seine Version überhaupt keine Belege vorweisen kann. Er hat ja jetzt Karriere gemacht und ist ein hohes Tier in der Kulturverwaltung oder so. Hoffentlich gibt das keinen Ärger. Sie sehen, Herr Kommissar, mit solchen unangenehmen Sachen muss man sich als Abwesenheitspfleger beschäftigen.«

»Kennen Sie eigentlich Ihren Kollegen Dr. Ernst Beckmann?«, fragt Keller.

»Um Gottes willen, wie kommen Sie denn auf den? Dieser Kollege gereicht unserem Berufsstand nicht zur Ehre. Er betreibt in Schöneberg eine Privatklinik, die in den Fachkreisen einen zweifelhaften Ruf genießt.«

»Inwiefern? Was wirft man ihm vor?«

»Zunächst muss ich sagen, dass mir mein Namensvetter seit einigen Jahren bekannt ist. Wir haben beide unsere Approbation

1922 erhalten. Er ist allerdings viel älter als ich. Damals schätzte ich ihn auf bereits Ende dreißig, heute dürfte er also Anfang fünfzig sein. Es ist natürlich kein Verbrechen, wenn man die Zulassung als Arzt so spät erhält, kurios ist es aber schon. Was hat er in all der Zeit nur gemacht? Er wird ja kaum zwanzig Jahre studiert haben.«

Heinrich Beckmann hält für einen Moment inne, auf seinem Gesicht zeigt sich ein spöttischer Ausdruck. »Doch zu Ihrer Frage«, fährt er fort. »Es ist ein offenes Geheimnis, dass er es mit den ärztlichen Sorgfaltspflichten nicht so genau nimmt. Als Arzt ist man verpflichtet, neue Patienten ordentlich anzumelden und die Behandlung detailliert zu dokumentieren. Das scheint in Beckmanns Klinik nicht immer der Fall zu sein.«

»Haben Sie dafür eine Erklärung?«

»Es wird gemunkelt, dass Damen aus besseren Kreisen ihn aufsuchen, die Wert darauf legen, dass ihr dortiger Aufenthalt nicht aktenkundig wird. Und man hört immer wieder, dass es in seinem Haus zu einer auffallenden Häufung von Aborten kommt. Fehlgeburten! Da muss man nur eins und eins zusammenzählen. Wenn Sie mich fragen, ist das eine verkappte Abtreibungsklinik. Beweisen kann ich das aber nicht. Doch warum interessieren Sie sich überhaupt für diesen Herrn?«

»Das ist eigenartig. Hugo Rasch erwähnte ihn in einer Vernehmung, Mühe und Dr. Beckmann seien so etwas wie Geschäftspartner gewesen. Halten Sie das für möglich?«

»Das kann ich mir eigentlich nicht vorstellen«, wendet Heinrich Beckmann ein. »Der Erich war ein leidenschaftlicher Arzt und ein feiner Kerl. Der hätte mit so jemandem wie dem Beckmann sicherlich nicht gemeinsame Sache gemacht. Doch …«

»Ja?«

»Da gibt es einen Punkt, der mich jetzt stutzig macht. Als ich für Erichs Abwesenheitspflegschaft die Praxis inventarisierte, fand ich eine Rechnung über den Kauf bestimmter chirurgischer Instrumente, die man als praktischer Arzt an und für sich nicht benötigt. Dabei handelte es sich um Schaber, Klemmen und so weiter. Das ist wirklich eigentümlich. Was wollte er nur damit? Und soll ich Ihnen was sagen: Diese Werkzeuge waren in der Praxis nicht vorhanden. Irgendjemand muss sie entfernt haben.«

ALFRED SCHMELTER, BÜCHERREVISOR VON DR. ERICH MÜHE

MONTAG, 14. OKTOBER 1935

Alfred Schmelter sitzt hinter seinem Schreibtisch und notiert mit einem Bleistift Zahlenkolonnen in ein Formular, das aus vielen kleinen Linien und Kästchen besteht. Er muss sich konzentrieren, denn wenn er in eine falsche Zeile rutscht, stimmt die Aufstellung nicht mehr, und er muss von vorne anfangen.

»Reine Fleißsache«, sagt er zu Ernst Keller und bittet um ein paar Minuten Geduld.

Keller mustert in der Zwischenzeit Schmelters Büro: ein großer Schreibtisch, ein Stehpult, eine Rechenmaschine, ein Sofa, zwei Sessel, ein Rollschrank. In Holzregalen, die bis unter die Decke reichen, befinden sich zahllose Aktenordner, an einer anderen Stelle stehen mehrere Jahrgänge des *Reichssteuerblatts*.

Als Kellers Blick auf Alfred Schmelter selbst fällt, muss er unwillkürlich lächeln, was dieser glücklicherweise nicht sieht. Schmelter ist sehr klein, dick, hat ein rundes Gesicht samt Froschmaul und trägt eine Brille, deren Gläser so stark sind, dass man das Gefühl hat, sie müssten jederzeit aus der Fassung springen. Schmelters Sakko hängt auf einem stillen Diener, der neben der Zimmertür steht. Seine Hose, die von zwei Hosenträgern gehalten wird, sitzt oberhalb des Bauchnabels, sodass man glauben könnte, ein Teil seines Rumpfes fehle. Um sein Hemd beim Aufstützen der

Unterarme nicht über Gebühr zu strapazieren, trägt Schmelter Ärmelschoner. Wie er da so über seinen Zahlenkolonnen hockt, figur- und konturenlos, sieht er urkomisch aus.

Aus dem Fenster blickt Keller nun in die Woyrschstraße, die bis zum Vorjahr noch Genthiner Straße hieß. Doch in Erinnerung an Remus von Woyrsch, einen alten preußischen Generalfeldmarschall, hat man die Straße umbenannt. Militärs stehen seit 1933 wieder hoch im Kurs.

»Hieß die Straße nicht mal anders?«, unterbricht Keller die Stille.

»Ja ... ja«, antwortet Schmelter und schlägt das Kassenbuch zu. Offensichtlich ist er fertig und hat nun Zeit für seinen Besucher. »Wenn es nach mir gegangen wäre, hätte die Umbenennung nicht stattgefunden. Ich musste eigens neues Briefpapier drucken lassen, obwohl ich noch einige Hundert Blatt mit der alten Adresse besitze. Das ist überaus ärgerlich!« Der Revisor macht eine unwirsche Kopfbewegung. »Und dass sich der neue Name regelmäßig als Zungenbrecher erweist, tut ein Übriges dazu. Woyrschstraße – das kann doch niemand aussprechen! Versuchen Sie mal, dieses Wortungetüm über die Lippen zu bringen.«

Keller spitzt seinen Mund und zerlegt den alten Generalfeldmarschall gedanklich in seine Bestandteile: Woy-r-sch.

»Sie müssen es gar nicht laut aussprechen«, lacht Alfred Schmelter, »klappt sowieso nicht.« Der Revisor bietet seinem Besucher einen Platz an. Die beiden Männer setzen sich – Schmelter auf einen Sessel, Keller auf das Sofa.

»Was kann ich für Sie tun? Sie kommen wegen Dr. Mühe, sagte mir meine Sekretärin.«

»So ist es«, erwidert Keller. »Das für den Fall Mühe zuständige Nachlassgericht hat uns kürzlich mitgeteilt, dass Sie sein Buchhalter waren – oder sind.«

»Ich bin seit 1931 als Buchprüfer für Dr. Mühe tätig. Oder wie

Sie schon sagten: Ich war es. Ein Freund, der seit Langem zu meinen Klienten gehört, hat mich empfohlen. So kam ich zu diesem Mandat. Steuerangelegenheiten sind Vertrauenssache. Der Bücherrevisor und sein Kunde müssen sich vertrauen, sonst macht die Beratung keinen Sinn. Das letzte Mal habe ich Dr. Mühe am 30. April 1932 gesehen. Das konnte ich anhand meines Kalenders feststellen. Es ging um seine Steuererklärung.«

»Wie muss man sich Mühes Einkommensverhältnisse vorstellen?«, fragt Keller. »War er ein wohlhabender Mann?«

»Ich weiß gar nicht, ob ich mit Ihnen darüber überhaupt sprechen darf. Doch nachdem Herr Mühe schon so lange verschwunden ist, gilt das Verschwiegenheitsgebot wohl nicht mehr.« Schmelter öffnet eine Akte, die vor ihm liegt.

»Ja«, fährt er fort, »Herr Mühe war das, was man landläufig vermögend nennt. Im Jahr 1931 hat er, wie ich hier in den Unterlagen lese, ein Jahreseinkommen von 31 000 Reichsmark versteuert. Das geht weit über den Rahmen einer normalen ärztlichen Praxis hinaus. Zu meinen Mandanten gehören einige Mediziner, die alle nicht so viel verdienen. Dr. Mühe war offensichtlich besonders fleißig. Immer wenn ich ihn traf, wirkte er sehr überarbeitet.«

Das hat Keller schon zu Beginn seiner Ermittlungen gehört. Noch immer kann er sich keinen Reim darauf machen, was der Grund für Mühes Überarbeitung war. Was hat er mit all dem Geld nur gewollt? Hat Rasch doch recht, dass er es brauchte, um sich ins Ausland abzusetzen? Der Kommissar besinnt sich, dass er ein Gespräch zu führen hat. »Wie konnten Sie die Einnahmen überprüfen?«, fragt er schnell.

»Die Ärztekammer überwies die Honorare auf ein Postscheckkonto, das von mir eingesehen wurde. Auf Basis dieser Einzahlungen erledigte ich die steuerlichen Obliegenheiten. Darüber hinaus muss der Doktor aber auch nicht unerhebliche Bareinnahmen gehabt haben. Bei einem Besuch in der Oranienstraße beobachtete ich einmal zufällig, wie Mühe seine Schreibtischschublade öffnete. Dort lagen mehrere dicke Geldbündel – das dürften gut und gerne einige Tausend Mark gewesen sein. Woher das Geld stammte, kann ich nicht sagen. Ich habe ihn nicht danach gefragt. Mir fiel ebenso auf, dass er immer einige Hundert Mark in seiner Brieftasche mit sich führte.«

»Mittlerweile haben wir in Erfahrung bringen können«, erläutert der Kommissar, »dass Mühe wenige Tage vor seinem Verschwinden das besagte Postscheckkonto aufgelöst hat und sich die Summe auszahlen ließ. Haben Sie dafür eine Erklärung?«

Schmelter schüttelt den Kopf so heftig, dass der gesamte kleine massige Körper in Bewegung gerät. »Darüber habe ich mir auch schon den Schädel zerbrochen. Ich verstehe das nicht, denn zur Fortführung der Praxis und zur Abrechnung der Honorare mit der Ärztekammer war das Konto zwingend notwendig. Natürlich hätte er bei einem anderen Institut ein Konto eröffnen können, allerdings gab es für einen Wechsel keinen Anlass. Das hätte ich als sein Berater zweifellos gewusst! Ich habe sämtliche Unterlagen an das Nachlassgericht übergeben, und wenn meine Erinnerung nicht trügt, dürfte der Kontostand zuletzt 10 000 bis 15 000 Mark betragen haben. Was er mit so viel Bargeld wollte, ist mir völlig schleierhaft. Von irgendwelchen geplanten Anschaffungen hatte er jedenfalls nicht gesprochen.«

»Wie haben Sie von seinem Verschwinden erfahren?«

»Aus der Zeitung. Ich war völlig baff, und sehr bald darauf habe ich Frau Mühe besucht und ihr meine Unterstützung versichert. Sie sagte mir, dass man an dem ominösen Abend eine Gesellschaft gehabt habe.«

»Das hat Ihnen die Frau Mühe gesagt?«, fragt Keller erstaunt.

»Ja. Als sich die Gäste gegen Mitternacht verabschiedet hätten, habe sich ihr Gatte eine Zigarette angesteckt und zu ihr gesagt, dass er noch einen Krankenbesuch machen müsse. Im Anschluss daran wolle er noch irgendwo ein Glas Bier trinken und dann zum Sacrower See fahren. Sie sehe ihren Mann, so sagte sie damals mit visionärem Ausdruck, wie er mit großen Schritten in den See marschiert sei. Dabei ging sie selbst mit großen Schritten durch den Raum. Ich wollte diese Geschichte nicht recht glauben. Jedenfalls habe ich nie davon gehört, dass der Doktor nach Mitternacht noch zu einem Hausbesuch aufgebrochen sein soll. Gleiches gilt für das nächtliche Baden. Herr Mühe dürfte kaum die Muße gehabt haben, so spät Ausflüge zu unternehmen, wenn bereits morgens um acht das Wartezimmer voll war.«

Ernst Keller denkt: Noch eine Variante, wie der Abend abgelaufen ist. Dieses Mal eine Gesellschaft. Was hat Frau Mühe dazu veranlasst, nicht bei einer Geschichte zu bleiben? Hatte sie vergessen, wem sie was erzählte? Oder war das Absicht? Und wenn ja, was steckt dahinter?

»Was geschah dann, nach Ihrem Besuch bei Frau Mühe?«

»Bald nach dem Verschwinden meldete sich ein gerichtlich bestellter Abwesenheitspfleger, ein gewisser Dr. Beckmann. Er benötigte zahlreiche Auskünfte, die ich ihm selbstverständlich nach bestem Wissen übermittelte. Frau Mühe war indes keine große Hilfe. Sie schien über die Einkünfte ihres Mannes keine genauen Vorstellungen zu haben. Und ganz offensichtlich interessierte es sie auch nicht besonders. Als ich ihr sagte, dass ihr Mann kurz vor seinem Verschwinden ein Konto aufgelöst habe, zeigte sie sich überrascht. Allerdings gewann ich den Eindruck, dass sie eine rasche Todeserklärung des Verschwundenen erwirken wollte.«

»Was hat Sie zu dieser Annahme veranlasst?«

»Mühe hatte zwei hoch dotierte Lebensversicherungen abgeschlossen. Eine über 20 000 Mark, eine andere sogar über 50 000 Mark. Sollte der Tod durch einen Unfall eintreten, verdoppelten sich die Summen. An das Geld wollte sie unbedingt heran. Da die Versicherungsanstalten bei ungeklärten Vermisstenfällen aber nicht zahlen, ging sie leer aus.«

»Wann haben Sie die Frau Mühe das letzte Mal gesehen?«

»Das kann ich Ihnen nicht genau sagen. Da Dr. Beckmann die Verantwortung für die Hinterlassenschaft von Dr. Mühe übernommen hatte, war mein Mandat erloschen. Einmal noch rief sie mich ganz aufgeregt an und wollte wissen, wo die Approbationsurkunde und der Reisepass ihres Mannes sein könnten, die sich beide nicht unter seinen Papieren befänden. Ich hatte keine Ahnung, fand das Fehlen gleichwohl verwunderlich, denn der Doktor wird mit so wichtigen Dokumenten in der Nacht kaum schwimmen gegangen sein.«

»Wohl kaum«, stimmt Keller zu. »Ist Ihnen noch etwas seltsam erschienen?«

»Wenn Sie mich so direkt fragen, muss ich eine Sache nennen. Irgendjemand erzählte mir, dass Frau Mühe 1933 einen Musiker heiraten wollte. Doch auch daraus wurde offenbar nichts, da der Doktor zunächst für tot hätte erklärt werden müssen. Und kein Jahr später war sie selbst nicht mehr unter den Lebenden. Die Ärmste. Gar nicht zu wissen, was dem Ehemann widerfahren ist, das ist nicht leicht.«

Keller bedankt sich für das Gespräch und verlässt Alfred Schmelters Büro. Als er durch das Marmortreppenhaus zwei Etagen nach unten geht, formt er seine Lippen und versucht auszusprechen, was ihm vorhin nicht gelang: Woy-r-sch.

ILSE KAUFMANN,
EHEMALIGE UNTERMIETERIN DER EHELEUTE MÜHE
MONTAG, 21. OKTOBER 1935

»Eisleben? Noch nie gehört. Wo liegt das?«, ruft Keller seinem Assistenten zu. »Und wie in Gottes Namen soll ich da hinkommen? Schneider ... haben Sie mir eine Zugverbindung rausgesucht? Sie wissen doch, dass ich mit diesen Kursbüchern nicht umgehen kann.«

»Ja, Chef. Ich habe es Ihnen aufgeschrieben. Sie fahren morgen um 9:48 Uhr ab Anhalter Bahnhof und müssen nach etwa zwei Stunden in Halle an der Saale umsteigen.«

»Halle?«, ruft Keller. »Hertha und ich haben in Halle einmal das Museum in der Moritzburg besucht, doch das ist eine kleine Ewigkeit her. Seitdem war ich nicht wieder dort. Was mir gerade einfällt: Kennen Sie die Steigerung von Halle?«

»Nein, Chef.«

»Ich sag es Ihnen: Halle, Hallenser, Halunke.« Ernst Keller dröhnt, doch Schneider kann darüber nicht lachen. Da er aber weiß, dass der Kommissar solche Scherze liebt, schmunzelt er verlegen und wechselt dann schnell das Thema. »Aber aufgepasst, Chef, in Halle müssen Sie sich beeilen. Es ist von dort zwar nur noch eine kurze Strecke bis Eisleben, doch wenn Sie den schnellen Zug verpassen, müssen Sie einen nehmen, der alle paar Minuten hält.«

Am nächsten Tag steht Keller verloren auf Bahnsteig 2 des großen Bahnhofsgebäudes in Halle und wartet auf die Einfahrt eines Zuges, der ihn über Schlettau, Zscherben, Eisdorf, Teutschenthal, Wansleben am See, Oberröblingen am See, Erdeborn und Helfta nach Eisleben bringt. Für die knapp vierzig Kilometer benötigt er über eine Stunde. Um sich zu beschäftigen, blättert er in seinem Notizbuch, in das er seine Recherchen zu protokollieren pflegt. In Gedanken diskutiert er die neuesten Ergebnisse:

»Erstens: Die Frau Mühe ist tot, und Hugo Rasch hat nichts Besseres zu tun, als ihr eine Verstrickung in den Fall zu unterstellen. Sie kann sich ja nicht mehr wehren. Zweitens: Eine Spur soll nach Spanien führen? Schwer zu sagen, ob das stimmt. Könnte auch ein Ablenkungsmanöver von Rasch sein. Drittens: Ich lege Rasch ein gezinktes Foto vor, er geht mir auf den Leim. Damit macht er sich verdächtig. Alles in allem eine dubiose Person. Und gefährlich. Obacht! Einflussreicher Nazi. Viertens: Ernst Beckmann ist ein aufgeblasener Fatzke, der mit Dr. Mühe allem Anschein nach eine Zeit lang Geschäfte gemacht hat, was Beckmann allerdings bestreitet. Fünftens: Es scheint zu einem Zerwürfnis zwischen Beckmann und Mühe gekommen zu sein. Warum? Beckmann behauptet wegen einer Frau. Harmlose Liebelei. Kann stimmen – muss aber nicht. Sechstens: Der andere Beckmann erwähnt medizinisches Gerät, das aus Mühes Praxis verschwunden sei. Das hat auch bereits das Hausmädchen früher angeführt. Siebtens: Gut möglich, dass Mühe wirklich ein Engelmacher war. Das würde auch das viele Geld erklären, das ihm zur Verfügung stand. Und die Überarbeitung. Achtens: Mühe hat vor seinem Verschwinden das Konto geleert. Und über allem schwebt neuntens der vage Verdacht, dass Mühe seine Frau auf dem Gewissen haben könnte.« An dieser Stelle notiert Keller in sein Notizbuch: »Aber wie nachweisen?«

Als plötzlich in seinem Abteil Unruhe entsteht, schreckt er aus seiner Gedankentiefe auf. »Eisleben … hier Eisleben«, tönt es aus dem Stationslautsprecher. Schnell packt er seine Sachen zusammen und verlässt den Zug.

Durch den Stadtpark geht er zum Marktplatz. Das Haus mit der Nummer 18 wurde 1625 erbaut und gehört zu den schönsten Gebäuden, die Keller hier weit und breit sieht. Im Parterre befindet sich die Löwen-Apotheke, im Obergeschoss wohnt seit knapp einem Jahr Ilse Kaufmann, die den Kommissar bereits erwartet.

»Fräulein Kaufmann«, sagt Keller zu der jungen Frau, »wer hätte das gedacht, dass wir uns noch einmal wiedersehen. Erinnern Sie sich? Als wir uns das letzte Mal trafen, hatten Sie sich verspätet. Heute bin ich spät dran. Bitte entschuldigen Sie, ich habe in Halle den Schnellzug verpasst.«

Ilse Kaufmann bittet ihren Besucher herein. Keller nimmt im Wohnzimmer auf einem grün bezogenen Sofa Platz, während die Dame des Hauses Kaffee aus der Küche holt. Würde der Kommissar sich für Damenfrisuren interessieren, könnte er feststellen, dass Ilse Kaufmann ihre Haare im Vergleich zur letzten Begegnung länger trägt. Doch dafür hat Keller kein Auge. Ilse Kaufmann ist nun Anfang dreißig und noch immer unverheiratet.

»Es geht, wie wir Ihnen geschrieben haben, weiterhin um das Verschwinden von Dr. Mühe«, setzt Keller an. »Obschon wir gut ein Dutzend Zeugen vernommen haben, konnten wir den Fall leider noch nicht aufklären.«

»Und was kann ich für Sie tun?«, wundert sich Ilse Kaufmann. »Das ist ja alles Ewigkeiten her.«

»Gewiss … doch manchmal kommen mit der Zeit Dinge zutage, von denen man meint, dass sich diese nie zugetragen haben, und doch sind sie wahr.«

»Ja, wenn Sie meinen …« Ilse Kaufmann scheint den Sinn des letzten Satzes nicht ganz verstanden zu haben und schaut den Kommissar fragend an.

Keller rutscht nach vorne und sitzt nun direkt auf der Sofakante. Eindringlich mustert er sein Gegenüber. »Ich will nicht lange um den heißen Brei reden: Unsere Ermittlungen sind nach dem Verschwinden von Dr. Mühe schnell in eine Sackgasse geraten. Doch durch den Tod seiner Frau kam nun wieder Bewegung in den Fall. Am besten fangen wir noch einmal von vorne an.« Er räuspert sich. »Eine Person, die von uns befragt wurde, will von Frau Mühe erfahren haben, dass die Eheleute am Abend des Verschwindens Gäste gehabt hätten. Das steht im Widerspruch zu der von Ihnen gemachten Aussage. Bitte schildern Sie uns nochmals Ihre Sicht. Was geschah am Abend des 13. Juni 1932?«

Ilse Kaufmann schüttelt den Kopf. »Eine Feier hat an dem Abend, an dem Dr. Mühe verschwand, nicht stattgefunden. Das ist Unsinn. Ich verstehe nicht, warum Charlotte das behauptet haben sollte.«

»Was ist stattdessen passiert?«

»An besagtem Abend sah ich den Doktor zuletzt, als er aus der Küche mit einem Wasserglas in sein Schlafzimmer ging. Seine Frau lag zu diesem Zeitpunkt schon im Bett. Etwa fünf bis zehn Minuten später hörte ich Schritte im Korridor und das Klappern der Etagentür. Offensichtlich hatte der Doktor soeben die Wohnung verlassen. Daraufhin kam Frau Mühe aus ihrem Schlafzimmer in die Küche, wo ich noch in der Zeitung las. Sie war vollständig angekleidet und bat um meinen Hausschlüssel.«

»Ihren Hausschlüssel?«

»Genau. Das fand ich merkwürdig, denn sie hatte ja einen eigenen Schlüssel. Auf meine Frage, wo sie so spät noch hinwolle, reagierte sie sehr verlegen. Sie lachte reichlich gekünstelt und murmelte etwas Unverständliches. Daran kann ich mich noch gut erinnern. Ich gab ihr den gewünschten Schlüssel, woraufhin sie die Küche verließ. Nach einigen Minuten gab sie mir den

Schlüssel kommentarlos zurück, wünschte mir eine Gute Nacht und ging in ihr Schlafzimmer. Das muss gegen Mitternacht gewesen sein.«

Keller zieht seine Augenbrauen zusammen. Er ist verärgert. »Diese Begebenheit haben Sie in Ihrer ersten Vernehmung aber nicht erwähnt, Fräulein Kaufmann. Warum?«

»Die Sache mit dem Schlüssel war wirklich rätselhaft«, gibt Ilse Kaufmann kleinlaut zu. »Bis heute habe ich keine Erklärung dafür. Ich wollte Charlotte, bei der ich damals ja noch wohnte, keine Unannehmlichkeiten bereiten.«

»Das ist menschlich verständlich«, redet Keller der Zeugin ins Gewissen, »doch Sie müssen uns immer die ganze Wahrheit sagen. Sie wollen doch auch, dass wir den Fall endlich aufklären.«

»Sicher.«

»Gut. Zurück zu besagtem Abend. Kam es häufiger vor, dass Dr. Mühe noch so spät die Wohnung verließ?«

»Ach was, das habe ich vorher nie erlebt. Am nächsten Morgen traf ich Frau Mühe in der Küche. Wir unterhielten uns kurz über das Wetter, dann ging ich ins Büro. Sie machte keinerlei Andeutungen, dass ihr Mann nicht nach Hause gekommen sei. Erst am Abend, als ich von meiner Arbeit zurück war, herrschte große Aufregung. Herr Rasch war da und stellte mir in scharfem Tonfall alle möglichen Fragen. Ob der Doktor mir etwas anvertraut habe und anderes mehr. Rasch war es auch, der umgehend die Versicherungsgesellschaften telegrafisch darüber informierte, dass Herr Mühe tödlich verunglückt sei. Das fand ich ungeheuerlich, denn dafür gab es ja überhaupt keine Beweise.«

»Wie ging es dann weiter?«

»Ab sofort wich Rasch nicht mehr von Charlottes Seite. Die ersten beiden Nächte nach dem Verschwinden quartierte er sich in der Wohnung der Mühes ein, dann zog Frau Mühe zu ihm in die Zähringer Straße.«

»War denn Frau Rasch damit einverstanden? Das kann ihr doch nicht recht gewesen sein.«

»Ach was!« Ilse Kaufmann wirft den Kopf nach hinten. »Die Frau Rasch ist ein dummes Schaf und hat nichts zu sagen.«

»Und Sie? Was machten Sie?«

»Das Dienstmädchen und ich blieben zunächst in der Oranienstraße zurück. Hin und wieder tauchten Charlotte und Rasch auf, um Silber und andere Wertgegenstände zu holen. In meinen Augen war das taktlos, denn Charlotte hätte doch täglich mit der Rückkehr ihres Mannes rechnen müssen, nicht wahr? Der Doktor hätte jedenfalls dumm aus der Wäsche geschaut, wenn er nach Hause gekommen wäre und erfahren hätte, dass seine Gattin zu Herrn Rasch gezogen war.«

»Wie würden Sie das Verhältnis zwischen Frau Mühe und Herrn Rasch beschreiben?«

»Mir gegenüber bezeichnete sie Herrn Rasch immer nur als ihren Gesangslehrer, doch ich hatte keinen Zweifel daran, dass er ihr Liebhaber war. Charlotte hat ihn wohl aufrichtig verehrt, während er meiner Meinung nach ein unehrliches Spiel mit ihr trieb. Immer wieder hat er sie um Geld angepumpt, das er in der Regel nicht zurückzahlte.«

»Und Frau Mühe ließ sich das gefallen?«, fragt Keller.

»Einmal wurde es Charlotte zu viel, und sie verlangte, dass er einen vorgefertigten Schuldschein unterzeichnete. Statt das Papier zu signieren, malte er einen Notenschlüssel. Ja, sie war dem Rasch wohl ein Stück weit verfallen. Ich nehme an, dass er über das Verschwinden mehr wissen dürfte, zumal er ihr volles Vertrauen genoss.«

»Hat sich Charlotte Mühe Ihnen gegenüber mal geäußert, dass sie Herrn Rasch heiraten wollte?«

Ilse Kaufmann lacht laut auf. »Dass die beiden heiraten wollten, höre ich zum ersten Mal. Vermutlich war das wieder so ein Mätz-

166

chen, mit dem der Rasch sie bei der Stange halten wollte. Und überhaupt: Wie hätte das gehen sollen? Er war doch verheiratet und hätte sich zunächst scheiden lassen müssen. Frau Rasch habe ich ein paarmal gesehen, eine biedere Person ohne jede Ausstrahlung. Dagegen besaß Charlotte Klasse.«

»Frau Mühe konnte aber nicht ewig bei Herrn Rasch bleiben – kehrte sie irgendwann in ihre Wohnung zurück?«

»Im Juli gab Charlotte die Wohnung in der Oranienstraße auf, und wir zogen gemeinsam in die Zähringer Straße, wo wir insgesamt vier Zimmer bewohnten. Charlotte wollte unbedingt weg von Kreuzberg, wo die Nachbarn schlecht über sie redeten. Die Schlimmste war die alte Witwe Kornrumpf. Die hat regelrecht gegen Charlotte gehetzt und sogar das Gerücht in die Welt gesetzt, dass wir – also Charlotte und ich – ein Verhältnis hätten. Ich habe darüber nur gelacht, doch Charlotte hat sich über diesen Unsinn maßlos geärgert.«

»Wie ging es dann mit Rasch und der Frau Mühe weiter?«

»Unsere neue Wohnung war nur einen Steinwurf von Herrn Rasch entfernt. Er in der Nummer 13, wir in der 40. Auch jetzt war sie oft bei ihm. Wenn sie nicht mit ihm zusammen war, rief er bis zu fünfmal am Tag bei uns an. Auch noch sehr spät abends.«

»Dann scheint er sie doch geliebt zu haben, nicht wahr?«

Wieder lachte Ilse Kaufmann. »Da liegen Sie wirklich völlig falsch, Herr Kommissar. Charlotte glaubte zu diesem Zeitpunkt, dass sie bald in den Besitz der Versicherungssummen kommen würde. Sie wäre dann eine wohlhabende Frau gewesen. Dem Rasch ging es nur um das Geld. Doch die Versicherungen wollten nicht zahlen, worüber sich Charlotte kolossal ärgerte. Im Lauf der Zeit entwickelte sie eine fixe Idee. Sie war geradezu besessen und redete nur noch von dem Geld, das ihr zustünde und das ihr die Versicherungsanstalten widerrechtlich vorenthielten.«

»Wovon lebte sie in dieser Zeit?«

»Sie bekam von dem Abwesenheitspfleger Dr. Beckmann monatlich 300 Mark ausgezahlt. Das Geld reichte irgendwann vorne und hinten nicht mehr, sodass wir nach etwa einem Jahr die Zähringer Straße verließen und in die Eisenacher Straße 6 zogen. Das Haus gehört Charlottes Vater. Dort blieben wir etwa ein halbes Jahr, dann wurde Charlotte krank, und ich verlor meine Anstellung. Als sie kurze Zeit später starb, zog ich zu meinem Bruder Hans, der hier am Markt die Apotheke betreibt. Doch das wissen Sie ja bereits, sonst hätten Sie mich nicht gefunden.«

»Ich muss Ihnen noch eine Frage stellen, die Ihnen vielleicht etwas kurios vorkommen mag.«

»Nur zu!«

»Sie haben Frau Mühe ja häufig im Krankenhaus besucht. Können Sie sich daran erinnern, ob sich im Krankenzimmer eine Kassette befand?«

»Ja, wo Sie das gerade erwähnen«, sagt Ilse Kaufmann prompt, »kommt mir das wieder in den Sinn. Sie hatte eine kleine Metallschatulle bei sich. Ich vermute, dass Charlotte darin ihren Schmuck aufbewahrt hat. Es war ihr selbst im Krankenhaus wichtig, Dame von Welt zu sein.«

»Sie wissen aber nicht genau, was sich darin befand? Sie haben dort nie hineingeschaut?«, hakt Keller nach.

»Ach was. Aber wieso fragen Sie? Ist das von Bedeutung?«

»Nein, nein. Wie gesagt – nur eine kuriose Kleinigkeit.«

Er schaut auf die Uhr. Die Zeit drängt. Wenn er nicht wieder den Schnellzug verpassen will, muss er sich bald auf den Weg zum Bahnhof machen.

»Mir ist das Verschwinden des Dr. Mühe wirklich ein Rätsel«, sagt Ilse Kaufmann, während sie ihren Besucher zur Tür geleitet. »Noch schleierhafter wird mir die Angelegenheit, wenn ich bedenke, dass ein dunkelblauer und ein hellblauer Badeanzug im Gepäck im Auto gefunden wurden. So war es doch, oder?«

Keller nickt.

»Frau Mühe hatte einen hellblauen, ihr Mann einen dunkelblauen Badeanzug«, fährt Ilse Kaufmann fort. »Dass der Doktor ohne Badeanzug ins Wasser gegangen sein soll, halte ich für ausgeschlossen. Das hätte gar nicht zu ihm gepasst.«

»Vielen Dank, dass ich Sie besuchen durfte«, verabschiedet sich Ernst Keller. »Leben Sie wohl! Ich kann aber nicht dafür einstehen, dass wir uns nicht noch einmal bei Ihnen melden müssen.« Der Kommissar reicht ihr die Hand.

»Eine Begebenheit geht mir einfach nicht aus dem Kopf.« Ilse Kaufmann wirkt nachdenklich, als sie diese Worte sagt. »Als es mit Charlotte zu Ende ging und ich sie noch einmal im Krankenhaus besuchte, fragte sie mich unvermittelt, was ich wohl sagen würde, wenn ihr Mann zur Tür hereinkäme. Ich lächelte, doch die Situation war mehr als unheimlich. Ich glaube, Charlotte hat ein Geheimnis mit ins Grab genommen.«

Keller schlendert über den Marktplatz in Richtung Bahnhof. Er ist in Gedanken versunken. In der Lutherstraße bleibt er plötzlich vor einem Haus stehen, an dessen Fassade ein weißes Emailleschild angebracht ist. Wie vom Donner gerührt starrt er sekundenlang auf die Tafel. »Das ist es«, sagt Keller zu sich selbst. »Das ist die Erklärung.«

Der Kommissar macht auf dem Absatz kehrt und geht zurück zum Marktplatz. Er will Ilse Kaufmann mit seiner Vermutung konfrontieren. Doch als er an der Löwen-Apotheke ankommt, hat die junge Frau Minuten zuvor das Haus verlassen. Als Keller kurze Zeit später abermals die Lutherstraße passiert und das ominöse Schild sieht, lächelt er zufrieden. »Preußischer Beamtenverein«, ist darauf zu lesen. »Lebensversicherungsgesellschaft auf Gegenseitigkeit.«

DR. GUSTAV SCHWARZ,
RECHTSANWALT AM KAMMERGERICHT,
GERICHTLICH BESTELLTER NACHLASSPFLEGER
VON CHARLOTTE MÜHE
DONNERSTAG, 24. OKTOBER 1935

Dr. Gustav Schwarz hat wenig Zeit. Er ist Rechtsanwalt am Kammergericht und betreibt auf dem Kurfürstendamm eine gut gehende Kanzlei. Am besten erreiche man den Chef heute zwischen zwei Sitzungen im Gericht, versichert die Rechtsanwaltsgehilfin am Telefon.

Als Keller im Kammergericht eintrifft, fühlt er sich klein. Vielleicht wollten die Architekten des gewaltigen Gebäudes mit seinen achtunddreißig Achsen und fünf Geschossen genau diese Wirkung erzielen: dass man vor der Allmacht der Justitia in Ehrfurcht erstarrt. Das Kammergericht verfügt über mehr als fünfhundert Räume – irgendwo wartet Dr. Gustav Schwarz auf den Kommissar.

Schwarz ist ein Mann in den besten Jahren. Er dürfte Anfang oder Mitte fünfzig sein. Seine Haut ist leicht gebräunt, die Zähne und das weiße Hemd makellos. Am linken Handgelenk erkennt man eine goldene Armbanduhr. Er trägt die schwarze Robe des Rechtsanwalts, unter der eine Stresemannhose zu erkennen ist. Auf der Robe sitzt ein gewaltiger, kahl rasierter Schädel.

»Ich habe in meiner langen Laufbahn ja schon manches erlebt, doch dieser Fall ist wirklich bemerkenswert.« Gustav Schwarz fingert umständlich an seiner Fliege, die offensichtlich etwas stramm sitzt und die er zu lockern versucht. »Ich wurde vom Amtsgericht Charlottenburg als Nachlasspfleger der verstorbenen Charlotte Mühe eingesetzt.«

»Und wann macht man das, ich kenne mich da nicht aus …«

»Eine Nachlasspflegschaft wird immer dann angeordnet«, antwortet Schwarz, als er endlich seinen Hemdkragen gelockert hat, »wenn die Erben unbekannt sind. Als Nachlasspfleger bin ich also der gesetzliche Vertreter des oder der unbekannten Erben.«

Keller schaut ihn fragend an. »Sind die Erben denn unbekannt?«

»Die Sache ist vertrackt. Meine Recherchen haben ergeben, dass Frau Mühe im Januar 1934 ein Testament aufgesetzt hat, worin sie verschiedene Personen bedacht hat. Dazu gehören ihr Vater, ihre Schwägerin, ihr Bruder, ihr Stiefbruder, ein Fräulein Kaufmann und ein gewisser Herr Rasch. Doch aus diesem Testament hat sie kurz vor ihrem Tod einige Passagen herausgerissen, sodass von einer zusammenhängenden Urkunde nicht mehr gesprochen werden kann. Das Amtsgericht geht davon aus, dass das Testament dadurch unwirksam ist. Die zerrissenen Seiten fand man später unter ihren persönlichen Dingen im St. Hedwig-Krankenhaus, wo sie ja verstorben ist.«

»Was stand denn in den Passagen, die entfernt wurden?«

»Das ließ sich ohne großen Aufwand rekonstruieren«, erklärt der Rechtsanwalt. »Dort heißt es: ›Die aus der Versicherung des Preußischen Beamtenvereins fällige Versicherungssumme vermache ich in Anerkennung aller mir geleisteten Freundschaftsdienste in schwerer Zeit Herrn Hugo Rasch; desgleichen die Bibliothek und einige Teppiche.‹ In der anderen fehlenden Passage wurde Hugo Rasch zum Testamentsvollstrecker bestimmt. Es ist ganz offensichtlich, dass Frau Mühe diesen Herrn Rasch am Ende ihres Lebens nicht mehr bedenken wollte. Und stellen Sie sich vor … Herr Rasch hat Klage eingereicht. Er will die Nichtigkeit des Testaments nicht anerkennen und klagt auf die Auszahlung der Gelder aus der Lebensversicherung des Herrn Dr. Mühe.«

»Das ist ja ein Ding«, entfährt es Ernst Keller. »Der hat Nerven! Doch wer wird sonst erben, falls Rasch mit seiner Klage scheitert?«

»Sollte das Gericht die Unwirksamkeit des Testaments bestätigen, tritt die gesetzliche Erbfolge in Kraft. Dazu gehört aber auch das Erbrecht des Ehegatten …«

»… der verschollen ist«, unterbricht ihn Ernst Keller.

»Verschollen heißt aber nicht verstorben, Herr Kommissar. Ob der Dr. Mühe überhaupt tot ist, versuchen Sie und Ihre Kollegen ja gerade zu klären.«

»Mit nicht allzu viel Erfolg, wie ich gerne eingestehe. Wenn wir doch nur eine Leiche hätten …«

»Das scheint mir der springende Punkt zu sein«, fährt Gustav Schwarz fort. »Als Nachlasspfleger von Frau Mühe bin ich davon überzeugt, dass ihr Gatte in der Nacht vom 13. auf den 14. Juni 1932 im Sacrower See ertrunken ist. Dann wäre sie die Erbin ihres verstorbenen Mannes gewesen. Doch bedauerlicherweise will mir das Gericht nicht folgen. Die Kammer erklärt, dass keine Leiche gefunden worden sei und somit kein Nachweis geführt werden könne, was mit dem Doktor wirklich geschehen ist. Die Richter halten es sogar für möglich, dass Dr. Mühe noch lebt. Ich habe natürlich Widerspruch eingelegt, befürchte allerdings, dass sich die Kammer durchsetzt. Und dann greift Paragraf 14 des Bürgerlichen Gesetzbuchs. Warten Sie kurz, ich suche die entsprechende Passage heraus. Hier ist es …«

Der Anwalt setzt seine Lesebrille auf und beginnt, eine Passage zu zitieren. »»Die Todeserklärung ist zulässig, wenn seit zehn Jahren keine Nachricht von dem Leben des Verschollenen eingegangen ist.‹ Das würde bedeuten, dass der Arzt erst 1942 für tot erklärt werden kann. Demzufolge wäre nicht die Frau Mühe Erbin ihres Ehemanns, sondern dieser der Erbe seiner 1934 verstorbenen Frau. Die alles entscheidende Frage für uns Juristen lautet also: Wer starb zuerst? Dr. Mühe – oder seine Ehefrau?«

»Ja, das leuchtet mir ein. Doch ich gehe noch einen Schritt weiter. Wissen Sie, was ich mittlerweile glaube?«

»Nein«, antwortet der Rechtsanwalt. »Aber Sie werden es mir bestimmt verraten.« Gustav Schwarz packt seine Unterlagen zusammen und legt diese in seine Aktentasche. In zehn Minuten beginnt der nächste Termin. Er muss sich beeilen.

»Ich denke, dass Mühe seine Frau vordergründig zu einem Versicherungsbetrug überredet hat.«

Schwarz schaut den Kommissar verwundert an: »Was veranlasst Sie zu dieser, wie ich zugeben muss, doch sehr eigenwilligen Theorie?«

»Das kann ich Ihnen erklären. Dr. Mühe inszeniert sein Ertrinken im See, doch in Wahrheit setzt er sich klammheimlich irgendwohin ab. Die Versicherungsgesellschaften zahlen hohe Summen an die trauernde Witwe. Nach einer gewissen Frist kommt Frau Mühe nach, und beide beginnen, ausgestattet mit sehr viel Geld, ein neues Leben. Das war Mühes Versprechen an seine Frau. Ein klassischer Versicherungsbetrug. Ich kam darauf, als ich kürzlich an einer Hauswand zufällig das Firmenschild einer Lebensversicherungsgesellschaft entdeckte. Dort hieß es ›auf Gegenseitigkeit‹. Verstehen Sie?«

»Ja, ich kann Ihnen durchaus folgen«, sagt Schwarz. »Ihre Theorie hat allerdings einen Haken.«

»Und der wäre?« Kellers Stimme klingt gereizt.

»Frau Mühe ist bekanntlich von uns gegangen, und die Versicherungen haben bislang nicht gezahlt. Wenn das wirklich ein

Plan gewesen sein sollte, dann war er nicht sonderlich erfolgreich. Das hätte man geschickter aushecken können.«

»Ja, das dachte ich zunächst auch. Doch was, wenn das Ableben von Charlotte Mühe Teil des Plans war?«

Gustav Schwarz schaut Keller verständnislos an. »Das meinen Sie ja wohl nicht im Ernst. Nach allem, was ich weiß, war Frau Mühe eine lebensfrohe Dame. Die wird über ihre schwere Erkrankung, die ihr schließlich den Tod brachte, kaum glücklich gewesen sein.«

»Sie nicht, aber ihr Ehemann. Verstehen Sie nicht, was ich meine?«

Der Anwalt schüttelt unwirsch den Kopf.

»Unsere Ermittlungen haben ergeben, dass der Doktor über die schwere Erkrankung seiner Frau offensichtlich frühzeitig im Bilde war. Mehr noch: Er hat ihr nicht nur nichts gesagt, er hat sie auch unbehandelt gelassen.«

»Das ist ein ungeheuerlicher Vorwurf. Ist Ihnen eigentlich bewusst, was Sie da sagen?« Schwarz geht zum Fenster. Als ob er Kellers Theorie mit einem Windzug vertreiben wollte, reißt er die Flügel weit auf. Straßenlärm dringt in den Raum. Vor dem offenen Fenster atmet der Rechtsanwalt tief durch.

»Ja, ich bin mir der Tragweite bewusst. Doch führen Sie meinen Gedanken einmal zu Ende. Mühe tut gegenüber seiner Frau so, als ob er mit ihr gemeinsam Kasse machen will. In Wahrheit verfolgt er aber einen Plan, der noch weiter geht. Charlotte Mühe ist zu diesem Zeitpunkt bereits todkrank, was sie allerdings nicht weiß. Dann stirbt sie, bevor das Verschwinden ihres Mannes geklärt werden kann. Damit ist der untergetauchte Ehemann der Erbe seiner verstorbenen Frau. Sie haben es mir doch vorhin selbst so erklärt.«

Gustav Schwarz blickt angestrengt auf die Elßholzstraße. Er sieht Männer in Roben, die von einem Gebäudeteil in einen anderen gehen. Eine Frau schiebt einen Kinderwagen, Passanten überqueren die Straße. Eine Gruppe SA-Männer betritt das Haus.

»Das wäre ein geradezu teuflischer Plan«, sagt er schließlich leise zu Ernst Keller. »Um Gottes willen … die arme Frau Mühe. Doch, mit Verlaub, Herr Kommissar: Was hätte der Doktor davon? Wenn es ihm nur darum gegangen wäre, seine Frau loszuwerden, hätte er nur ihr Sterben abwarten müssen. Warum der versuchte Versicherungsbetrug?«

»Da gebe ich Ihnen recht: Das macht keinen Sinn. Noch nicht. Irgendetwas müssen wir übersehen haben. Mein Gefühl sagt mir, dass das Bild bislang nicht vollständig ist. Es ist so, als ob ein Mosaikstein fehlt.«

»Dann wünsche ich Ihnen, dass Sie ihn finden. Jetzt muss ich aber los.«

Schwarz eilt zu seinem nächsten Termin, und der Kommissar verlässt das Gebäude durch die Eingangshalle. Auf der Mitte der großen Freitreppe kommen ihm die SA-Männer entgegen. Keller muss einen Schritt zur Seite machen, um ihnen auszuweichen.

DR. MED. KARL FRIEDRICH MERKER,
PRAXISVERTRETUNG VON DR. ERICH MÜHE
FREITAG, 25. OKTOBER 1935

Manchmal hadert Ernst Keller mit seinem Beruf. Immer dann, wenn etwas aus dem Ruder läuft, wenn er das Gefühl hat, die Kontrolle zu verlieren. Heute ist so ein Tag. Er muss an den alten Damerau in Potsdam denken. »Soldaten!«, pflegte der General zu sagen. »Alter militärischer Jrundsatz: imma schön der Reihe nach! Unordnung ist aller Unheil Anfang!«

»Schneider!«, ruft Keller seinem Assistenten zu, der gerade zur Tür hereinkommt. »Kennen Sie den alten Damerau?«

»Bedaure, Chef!«

»Den können Sie auch nicht kennen, der ist nämlich schon seit Jahren tot. Und wissen Sie, was der Damerau immer gesagt hat?«

»Woher soll ich das wissen? Sie haben mir noch nicht einmal gesagt, wer dieser Herr war.«

»Der alte Damerau war mein General beim Militär. Ganz harter Knochen. Der hat uns jungen Soldaten Ordnung und logisches Denken beigebracht. Und soll ich Ihnen was sagen, lieber Schneider …« Kellers Stimme bekommt plötzlich etwas Spöttisches. »Man merkt nicht nur, dass Sie den alten Damerau nicht kannten, man merkt Ihnen auch an, dass Sie nicht gedient haben.«

Schneider schluckt. Wenn der Chef stichelt, droht eine Standpauke. »Was habe ich verbrochen?«, fragt er kleinlaut.

»Ich komme heute früh ins Büro«, schimpft Keller, »und stelle fest, dass Sie einen gewissen Dr. Merker vorgeladen haben. Gut und schön. Doch warum erst jetzt? Der Nachlassverwalter der Frau Mühe, der Buchhalter, der Abwesenheitspfleger des Doktors und jetzt dessen Praxisvertreter – warum in Gottes Namen tauchen diese Zeugen erst so spät auf? Die hätten wir doch schon vor drei Jahren befragen müssen.«

Schneider holt tief Luft. Gerade will er seinem Chef erklären, dass es dafür Gründe gab: dass der Nachlassverwalter erst nach dem Tod der Frau Mühe eingesetzt worden ist, dass die Gerichte langsam arbeiten, dass Dr. Merker nur kurz die Praxis des verschwundenen Arztes geführt hat und dadurch leider in Vergessenheit geraten ist. Doch Ernst Keller will von alldem nichts wissen.

»Herrje«, brüllt er, »in dem Fall Mühe ist keine Ordnung drin!« Er schlägt mit seiner Faust auf den Tisch, sodass die Kaffeetasse auf dem Unterteller klappert.

Schneider schlägt die Augen nieder.

»Nun schauen Sie nicht wie ein begossener Pudel. Der alte Damerau hatte noch einen anderen Grundsatz. Nämlich: ›Lieba spät als jarnischt!‹« Keller dröhnt, sein Assistent hüllt sich in Schweigen.

»Wann kommt denn nun Ihr Dr. Merker?«, fragt der Chef schließlich.

»Sollte gleich da sein.«

Kaum hat er das ausgesprochen, ist Karl Friedrich Merker zur Stelle. Er ist Mitte dreißig, schlank, sportliche Erscheinung.

»Mitte Juni 1932 rief mich die Ärztekammer an«, gibt der Arzt zu Protokoll. »Ob ich die Vertretung einer gut gehenden Praxis in Kreuzberg übernehmen könne. Da ich zu dem Zeitpunkt noch keine eigene Praxis hatte, willigte ich ein. Ich nahm an, es würde sich nur um ein paar Tage handeln. Das war eigentlich alles.«

»Kannten Sie Ihren Kollegen Mühe?«

»Nein, Herr Kommissar. Den Namen hatte ich noch nie gehört. Es gibt einfach zu viele Ärzte in Berlin. Ich bin schon froh, wenn ich die Kollegen in meinem Stadtteil kenne. Wie auch immer, die Ärztekammer verwies mich an Frau Mühe, die mich mit den Gegebenheiten vertraut machte. Wenn mich meine Erinnerung nicht täuscht, führte ich bereits am Tag nach dem Verschwinden die erste Sprechstunde durch.«

»Welchen Eindruck hatten Sie von den Räumlichkeiten?«

»Die Praxis war gut ausgestattet. Es gab eine moderne Bestrahlungslampe und sogar ein elektrisches Inhalationsgerät. Alles war sehr gepflegt. Und ich merkte schnell, dass der Patientenstamm sehr groß ist. Kaum wurden morgens die Türen geöffnet, war das Wartezimmer auch schon voll. An manchen Vormittagen kamen bis zu zwanzig Patienten, in der Nachmittagssprechstunde waren es oft noch ein paar mehr. Es gab Tage, da habe ich knapp fünfzig Personen behandelt. Das ist für einen Arzt kaum zu schaffen. Der Kollege Mühe muss wirklich sehr fleißig gewesen sein. Ich habe sogar kurze Zeit mit dem Gedanken gespielt, die Praxis zu übernehmen.«

»Warum haben Sie das nicht getan?«

»Die Gegend sagte mir nicht zu. Ich habe die Oranienstraße und vor allem das Haus mit den vielen Gewerbehöfen als laut und schmutzig erlebt. In Steglitz, wo es schön ruhig und geradezu ländlich ist, fühlen meine Frau und ich uns viel wohler. Vermutlich hätten wir die Wohnung übernehmen müssen. Die war zwar sehr groß und schön, aber eben auch nicht gerade preiswert. Zu guter Letzt verlangte Frau Mühe eine Abfindung in Höhe von sage und schreibe 25 000 Mark. Das ist selbst für eine florierende Praxis einfach zu viel.«

»Wie erlebten Sie Frau Mühe?«

»Beckmann sagte mir, dass Kollege Mühe vermutlich ertrunken sei. Ich erwartete also eine Frau, die um ihren Mann trauerte. Doch merkwürdigerweise wirkte Frau Mühe von den Vorfällen, von meiner Anwesenheit nicht sonderlich betroffen. Die meiste Zeit war sie ohnehin nicht da. Kalt ... ja, kalt ist der richtige Begriff. Sie machte auf mich einen kalten Eindruck. Dagegen lief das Dienstmädchen mit rot geweinten Augen umher und war sehr niedergeschlagen. Doch das passte zu den Geschichten, die mir die Patienten erzählten.«

»Was für Geschichten?«

»Das Verschwinden des Kollegen war natürlich ein Gesprächsthema im Wartezimmer. Immer wieder fragten mich Patienten, ob es Neuigkeiten gebe, was die Polizei sage und wann der Doktor denn zurückkomme. Dabei konnte ich dazu nun wirklich nichts sagen. Frau Mühe hatte jedenfalls keinen guten Leumund.«

»Das müssen Sie mir näher erläutern«, sagt Keller.

»Mancher Patient wusste zu berichten, dass die Ehe der Mühes nicht glücklich gewesen sei. Dass die Frau ihren Mann vernachlässigt, nur für ihre Musik gelebt und mit ihrem Gesangslehrer ein Verhältnis gehabt habe. Der Doktor habe sie verlassen, um im Ausland ein neues Leben zu beginnen. Klatsch und Tratsch eben. Ich habe dem nicht viel Beachtung geschenkt.«

»Halten Sie es denn für möglich, dass man als deutscher Arzt im Ausland eine Praxis eröffnen kann?«

»Schwer zu sagen. Das hängt sicherlich von den rechtlichen Gegebenheiten in dem jeweiligen Land ab. Doch dürfte man für eine Niederlassung die ärztliche Zulassung benötigen. Die Approbationsurkunde müsste man in einem solchen Fall aber nicht mal übersetzen. Die ist in der Regel auf Latein verfasst – das versteht man in der ganzen Welt.«

Der Kommissar hat keine weiteren Fragen mehr, und Dr. Merker darf wieder gehen.

In der Nacht liegt Keller lange wach. Er kommt nicht zur Ruhe, dreht sich von links nach rechts, von rechts nach links, steht auf, um sich kurze Zeit später wieder hinzulegen. Der Wecker, der auf seinem Nachttisch steht, tickt unerbittlich. Als er endlich einschläft, hat er einen Albtraum. Er träumt von einem fremden Land, dessen Sprache er nicht beherrscht. Die Menschen reden auf ihn ein. Er betritt ein Restaurant. Der Ober bringt eine Speisekarte, die er nicht lesen kann. Als die Bedienung merkt, dass Keller nichts versteht, reicht sie ihm ein Menü, das in lateinischer Sprache verfasst ist. Plötzlich ist Keller in der Lage, sich mit dem Mann zu verständigen.

In diesem Moment wacht der Kommissar auf und schaut auf den Wecker. Es ist kurz nach fünf. Seine Frau Hertha schläft tief und fest. Für einen kurzen Augenblick denkt er an seine Schulzeit zurück. Er war ein guter Schüler. Auch in Latein.

WOLF-HEINRICH VON HELLDORFF, POLIZEIPRÄSIDENT VON BERLIN
DIENSTAG, 29. OKTOBER 1935

Wolf-Heinrich Julius Otto Bernhard Fritz Hermann Ferdinand Graf von Helldorff ist Spross eines deutschen Adelsgeschlechts, das sich bis in das Jahr 1410 lückenlos zurückverfolgen lässt. Die von Helldorffs waren im Lauf der Jahrhunderte Rittergutbesitzer, Kammer- und Domherren, Politiker, Soldaten, Diplomaten und Geschäftsleute. Viele Angehörige der Sippe waren wohlhabend, andere schlugen sich mehr schlecht als recht durch. Zu dieser zweiten Gruppe gehört Wolf-Heinrich von Helldorff.

Das Schicksal hatte es in der letzten Zeit nicht gut mit ihm gemeint. 1928 musste er das von seinem Vater geerbte Landgut Wohlmirstedt zwischen Erfurt und Halle aufgeben. Der Rückgang der Agrarpreise war schuld. Und Helldorffs extravaganter Lebensstil. Der Graf ist ein Spieler und Bonvivant, der das Geld mit vollen Händen ausgibt. Der anschließende Einstieg in einen Rennstall rentierte sich nicht, sodass Helldorff 1931 bankrott ging und hoch verschuldet war. Fortan machte der gescheiterte Adlige in Politik.

Bereits 1924 hatte er sich den Nazis angeschlossen, was sich nun auszahlte. Ernst Röhm, Chef der SA, ernannte ihn im Mai 1931 zum Führer der Standarte 2 der Berliner SA. In dieser Funktion schickte der Graf am Abend des 12. September 1931 rund tausend SA-Männer auf den Kurfürstendamm. In Gruppen zogen sie marodierend über die Prachtmeile, skandierten Parolen wie »Juda verrecke« und »Schlagt die Juden tot«, attackierten vermeintlich jüdisch aussehende Passanten und demolierten Cafés. Helldorff fuhr derweil im offenen Wagen den Ku'damm auf und ab und stachelte die Horden an. Mit diesem Pogrom hatte sich der Graf nach 1933 für Höheres empfohlen. Insbesondere Reichspropagandaminister Goebbels hielt große Stücke auf ihn. Als vor Kurzem der Berliner Polizeipräsident Magnus von Levetzow in Ungnade fiel, schlug Wolf-Heinrich von Helldorffs Stunde.

Manchmal kann der Graf das alles gar nicht fassen. Stand er nicht gerade noch vor dem Aus? Doch nun ist er, der Bankrotteur und Spieler, Herr der Roten Burg und befehligt die Polizei der Reichshauptstadt. Er hat seinem Mentor Goebbels versprochen, das Berliner Polizeipräsidium mit harter Hand zu führen. Das darf man getrost als Drohung empfinden. Als Keller die Nachricht erhält, dass Helldorf ihn umgehend zu sehen wünsche, rutscht ihm das Herz in die Hose.

»Schneider, stellen Sie sich vor, der Graf hat mich zu sich bestellt. Was sagen Sie dazu?«

Schneider schaut den Kommissar fassungslos an. »Um Gottes willen! Chef, was haben Sie ausgefressen? Der Graf verspeist Sie noch vor dem Frühstück mit Haut und Haaren. So ist es kürzlich dem Kollegen Sander vom Raubdezernat ergangen. Den soll der Graf vor versammelter Mannschaft zusammengefaltet haben.«

Keller ist eigentlich kein ängstlicher Typ. Im Weltkrieg stand er an der Front, wurde verwundet und rettete sich mit letzter Kraft in einen Schützengraben. Das prägt einen Menschen. Wenn er über den Krieg spricht, redet er immer über die »große Scheiße«. Wer das überlebt hat, glaubt er, muss sich in seinem weiteren Leben vor nichts mehr fürchten. Und dennoch geht er nun voller Unbehagen den Flur entlang, an dessen Ende die Räumlichkeiten des Polizeipräsidenten liegen. Keller weiß, welche Rolle Helldorff bei den Ku'damm-Krawallen gespielt hat. Das stand damals in allen Zeitungen. Dass ausgerechnet ein Mann wie der Graf, der das Recht gebrochen hat, für die Einhaltung desselben zuständig sein soll, empfindet Keller als Zumutung. Doch Helldorff ist sein Vorgesetzter. Was soll er machen? Den Dienst quittieren? Er hat nur noch ein paar Jahre bis zu seiner Pensionierung.

Keller klopft an die Tür und atmet tief durch. Dann betritt er den Raum.

»Mein lieber Keller«, säuselt Helldorff. »Wie geht es Ihnen? Ich bin ja neu in meinem Amt und hatte bislang noch nicht die Gelegenheit, Sie persönlich kennenzulernen. Das wollen wir nun ändern. Wie schön, dass Sie meiner Einladung gefolgt sind.«

»Die Freude ist meinerseits, Graf Helldorff.«

»Aber, aber, ich bitte Sie, lassen Sie den Grafen weg. Auf solche Titel aus vergangenen Zeiten legen wir Nationalsozialisten doch keinen Wert. Sie sind sicher auch ein alter Kämpfer, nicht wahr?« Helldorffs Stimme bekommt plötzlich etwas Kaltes. Es ist, als ob jemand das Fenster geöffnet hätte und ein feucht-kühler Wind ins Zimmer wehte.

Keller ist kein Parteimitglied – und das weiß Helldorff vermutlich auch. Die Gedanken schießen wie Pfeile durch seinen Kopf. Warum stellt er mir diese Frage? Will er mich provozieren? Nur die Ruhe bewahren. Am besten gar nicht reagieren. Kellers Hände sind feucht. Er spürt, wie sich auf seiner Stirn kleine Schweißtropfen bilden, wie sonst nur, wenn er eine große Portion Berliner Eisbein in sich hineinstopft.

»Was denn? Kein Kamerad?«

Keller schweigt. Es vergehen einige Sekunden, die ihm wie eine kleine Ewigkeit vorkommen.

Helldorff blickt den Kommissar scharf an. »Gut. Lassen wir das. Geht mich ja auch nichts an. Zigarette?«

Der Polizeipräsident reicht Ernst Keller eine silberne Zigarettendose, die auf seinem Schreibtisch steht.

»Nein danke«, erwidert Keller. »Ich rauche nicht.«

»Na, was sagt man dazu? Kein alter Kämpfer, und rauchen tut er auch nicht. Sie haben keine Laster? Oder verheimlichen Sie mir etwas?« Helldorff zündet sich eine Zigarette an. Er nimmt einen tiefen Zug und bläst den Rauch weit in die Höhe. Das Streichholz schnipst er in den Aschenbecher.

Keller ist nervös. Spielt Helldorff mit ihm? So wie eine Katze mit einer Maus spielt, bevor sie mit ihren Krallen zum tödlichen Schlag ausholt?

»Kommen wir zur Sache«, sagt der Graf. »Man hat mir Sie als fähigen und ausgebufften Kriminaler beschrieben. Ich habe mir daraufhin Ihre Akte kommen lassen. Sie haben in den letzten Jahren fast alle Fälle, mit deren Untersuchung Sie beauftragt waren, gelöst. Das ist allerhand. Darauf können Sie wirklich stolz sein. Doch beantworten Sie mir bitte eine Frage.«

Keller schaut ihn verunsichert an. Dann nickt er zögernd.

»Erklären Sie mir, warum die Causa Mühe immer noch nicht zu den Akten gelegt ist. So schwer kann es doch nicht sein, das Verschwinden eines Arztes aufzuklären.«

Der Kommissar will sich rechtfertigen. Erklären, dass der Fall verzwickt ist. Dass es Gründe gibt, warum man nicht weiterkommt, dass man aber auf einem guten Weg sei. Doch davon will der Graf nichts wissen. Noch bevor er das Wort ergreifen kann, fährt Helldorff mit schneidender Stimme fort.

»Nun hören Sie mir gut zu, Keller. Ich sage das nur einmal. Ich kenne Professor Rasch aus alten SA-Zeiten. Für den lege ich meine Hand ins Feuer. Rasch hat mit dieser Angelegenheit nichts zu tun. Ich wünsche nicht, dass Sie verdiente Parteigenossen wie den Professor noch einmal belästigen. Haben Sie das verstanden?«

Keller nickt abermals.

»Ich freue mich, dass wir uns verstehen. Und nun sehen Sie zu, dass Sie diesen Fall klären. Veröffentlichen Sie in der überregionalen Presse eine entsprechende Notiz. Lassen Sie meinetwegen europaweit nach diesem Kerl oder seiner Leiche suchen. Ich bin mir sicher, dass Ihnen etwas einfallen wird. Und wenn das alles zu nichts führt, schließen Sie die Akten. Dann ist das Rätsel nicht zu lösen. Wie auch immer: Bis Jahresende ist der Fall gelöst – oder eingestellt.« Lächelnd fügt Helldorff hinzu: »Es wäre zu schade, wenn diese Angelegenheit Ihnen das Genick brechen sollte. Denken Sie an Ihre Pension.«

Der Graf drückt seine Zigarette im Aschenbecher aus, erhebt sich und geht auf Keller zu. Er begleitet den Besucher zur Zimmertür. Der Kommissar sagt kein Wort.

Bei seiner Rückkehr im Büro wird er bereits von Schneider erwartet. Er platzt fast vor Neugierde.

»Wie war es, Chef? Was wollte der Graf von Ihnen?«

»Er hat mir gedroht«, sagt Keller. »Ich kann immer noch nicht glauben, was gerade geschehen ist. Der Polizeipräsident hat mir, einem Kommissar, gedroht!« Keller ist kreidebleich. »Levetzow war bereits eine Zumutung, doch der Graf … Was bilden diese Nazis sich nur ein?«

»Psst, Chef. Sprechen Sie etwas leiser. Was ist, wenn Sie jemand hört? Und überhaupt: Warum hat er Ihnen gedroht?«

»Er hat mir klipp und klar gesagt, dass wir den Rasch in Ruhe lassen sollen. Rasch habe mit der Sache nichts zu tun. Offensichtlich hat der Herr Professor sich über uns beschwert. Ha, das macht ihn doch nur verdächtig.«

»Und was schlägt der Polizeipräsident stattdessen vor?«, fragt Schneider. »Oder hat er nicht gesagt, wie wir weiter vorgehen sollen?«

»Doch.« Keller schnaubt. »Wir sollen in der In- und Auslandspresse einen Aufruf veröffentlichen. Als ob das Jahre nach dem

Vorfall noch etwas brächte. Wer kann sich denn jetzt noch an das Verschwinden des Arztes erinnern? Doch wenn Helldorff das so will, bekommt er seinen Aufruf. Schreiben Sie, Schneider …«

Schneider spitzt seinen Bleistift. Anschließend nimmt er einen Block zur Hand. »Ich bin so weit, Chef. Kann losgehen.«

»Die Rätsel um das Verschwinden des 1898 geborenen Arztes Dr. med. Erich Mühe am Sacrower See konnten bisher noch nicht gelöst werden. Alle Umstände sprachen zunächst für einen Badeunfall. Mehrmaliges gründliches Absuchen des Sees blieb jedoch erfolglos.‹«

»Nicht so schnell!«, ruft Schneider. »Ich komme gar nicht mit.«

Keller wiederholt die letzten Sätze, dann führt er das Diktat fort.

»Da die Leiche bis heute nicht gefunden werden konnte, andererseits Umstände dafür sprechen, dass Dr. Mühe ins Ausland gegangen sein dürfte, kann die Annahme eines Badeunfalls nicht mehr aufrechterhalten werden. Mitteilungen, die auf Wunsch streng vertraulich behandelt werden, sind an die Mordinspektion Berlin zu richten.‹ Haben Sie das?«

Schneider nickt. »Gut, dann ergänzen Sie noch die Personenbeschreibung von Dr. Mühe sowie unsere Adresse und Telefonnummer.«

Am Ende lässt sich Keller den fertigen Text noch einmal vorlegen. Er überfliegt die Zeilen.

»Gut so«, sagt er und gibt seinem Assistenten das Blatt zurück. »Das ist unser letzter Versuch.«

HILDEGARD MÜHE,
ZURZEIT WOHNHAFT BEI FAMILIE ZACHERT IN DER
FRIEDRICH-WILHELM-STRASSE 13, BERLIN-FRIEDENAU
MITTWOCH, 6. NOVEMBER 1935

Es dauert ein paar Tage, dann erscheint Kellers Pressenotiz in nahezu allen Berliner Zeitungen. Darüber hinaus veröffentlicht das Presseauslandsamt eine Suchmeldung. Die Ausbeute ist, wie von Keller befürchtet, gering. So meldet sich beispielsweise der Gärtner Otto Schnieber aus Berlin-Mariendorf im Polizeipräsidium. Er sei Inhaber eines Blumengeschäfts, erklärt er gegenüber Kriminalassistent Schneider. Zwei Tage zuvor sei gegen vier Uhr nachmittags ein Herr in seinem Laden erschienen, um Grabschmuck zu kaufen. Schnieber vermutet, dass dieser Herr mit Dr. Mühe, dessen Personenbeschreibung er in der Zeitung gelesen habe, identisch sein könne. Als Schneider ihm ein Foto des Vermissten zeigt, äußert der Gärtner, dass er sich wohl geirrt habe. Der ominöse Blumenkäufer habe ganz anders ausgesehen.

Am nächsten Tag meldet sich eine Dame, die ihren Namen unter keinen Umständen nennen will. Sie sei im Mai 1933 in Port-Gentil in Afrika gewesen. Auf einem Dampfer habe sie einen Akademiker kennengelernt und glaube nun, dass das der gesuchte Dr. Mühe gewesen sei. Anhand der vorgelegten Fotografie erkennt sie den Arzt jedoch nicht wieder.

Schneider hat das schon oft erlebt: Menschen schwören Stein

und Bein, jemanden irgendwo gesehen zu haben, doch wenn man nachfragt, trügt die Erinnerung. Inzwischen hat Schneider einen guten Riecher. Als beispielsweise Gärtner Otto Schnieber sein Büro betrat, war ihm schnell klar, dass an dieser Geschichte nichts dran sein konnte. Warum sollte ein überall gesuchter Mann wie Dr. Mühe ausgerechnet in Mariendorf Grabschmuck kaufen? Und die Dame, die so geheimnisvoll tat und ihren Namen nicht nennen wollte, ist für ihn nur eine Wichtigtuerin.

Schließlich ruft ein weiterer vermeintlicher Zeuge, der ebenfalls anonym bleiben möchte, an. In seiner Nachbarschaft wohne eine Frau, die ebenfalls Mühe heiße. Sie sei eine Cousine des gesuchten Doktors.

Schneider bestellt Hildegard Mühe, so der Name der angeblichen Verwandten, in das Polizeipräsidium. Stolz präsentiert er seinem Chef nun die mutmaßliche Zeugin.

Hildegard Mühe ist eine Frau in ihren Dreißigern. Sie trägt der herbstlichen Witterung entsprechend einen dunklen Mantel und darunter ein altrosafarbenes Kleid, dessen Schlitzärmel blau abgesetzt sind. Von ihrer Mutter hat sie vor geraumer Zeit eine Korallenkette geerbt, die sie bei besonderen Anlässen anlegt. Der Besuch in einem Polizeipräsidium ist so eine Gelegenheit. Ernst Keller beginnt wie immer die Befragung mit der Feststellung der Personalien.

»Dass ich die Cousine eines gewissen Dr. Mühe sein soll, höre ich hier zum ersten Mal«, erklärt Frau Mühe. »Ich kenne diesen Herrn jedenfalls nicht.«

»Merkwürdig«, erwidert Keller. »Wir haben auf eine Pressemitteilung hin den Hinweis erhalten, dass Sie mit besagter Person nicht nur verwandt, sondern auch persönlich gut bekannt seien.«

»Das kann ich mir nicht erklären. Dass mein Mädchenname Mühe lautet, hat nicht viel zu sagen. Meinen Vater habe ich nie kennengelernt, meine Mutter war so oft verheiratet, dass man den Überblick verlieren kann. Vielleicht wusste sie selbst nicht so genau, wer mein Erzeuger ist. Von ihr können Sie keine Auskunft mehr erhalten – sie ist bereits seit vielen Jahren tot. Ich bin bei Verwandten aufgewachsen und habe meine Jugend teils in Apolda, teils in Hamburg verlebt. Die letzten drei Jahre war ich beruflich in Barcelona tätig.«

»Barcelona?«, hakt Keller nach.

»Ja, wieso fragen Sie?«, entgegnet Frau Mühe. »Dort gefällt es uns ganz ausgezeichnet. In Berlin bleibe ich nur ein paar Monate, spätestens im nächsten Jahr will ich mit meiner Tochter nach Barcelona zurück. Was möchten Sie sonst noch wissen?«

»Ich befürchte, dass wir Ihre Zeit umsonst in Anspruch genommen haben. Es scheint offensichtlich eine Verwechslung vorzuliegen.« Keller dreht sich zu seinem Assistenten: »Schneider, wie konnte das passieren?! Das hätten Sie doch recherchieren müssen! Jetzt vergeudet die arme Frau Mühe ihre Zeit hier im Polizeipräsidium.«

»Tut mir leid, Chef«, stammelt Schneider. »Das kommt nicht wieder vor.«

Es ist dieses eine Wort, das Keller hat aufhorchen lassen: Barcelona. Entweder ist es ein großer Zufall, dass die falsche Verwandte ausgerechnet dort lebt, denkt der Kommissar, oder es führt tatsächlich eine Spur nach Spanien. Es kommt auf einen Versuch an.

»Bevor Sie uns verlassen«, wendet sich Keller wieder Frau Mühe zu, »möchte ich Ihnen der Ordnung halber noch einige Fotos zeigen.« Er reicht ihr die Abzüge. »Haben Sie einen der Herren schon mal gesehen? Lassen Sie sich beim Betrachten ruhig Zeit.«

Hildegard Mühe blättert langsam durch die Fotos und schaut sich jede einzelne Person in Ruhe an.

»Den hier … ja, den hier habe ich in Barcelona gesehen. Und zwar im Restaurant Bierstübl. Das Bierstübl liegt an dem schönen Platz vor der Universität und wird von einem Deutschen geleitet, daher verkehren dort viele Auslandsdeutsche. Meine Tochter und ich sind regelmäßig hingegangen. Das ist in der Ferne ein bisschen Heimat. Ja, ich glaube, dass ich die Person dort einmal gesehen habe. Wer ist das?«

»Das ist Dr. Mühe«, erwidert Keller, »Ihr vermeintlicher Verwandter.«

»Ist ja ein Ding! Warten Sie … Wo wir gerade darüber sprechen, fällt mir ein, dass ich in Barcelona einmal gefragt wurde, ob ich mit einem deutschen Arzt verwandt sei.«

»Erinnern Sie sich noch, wer das wissen wollte? In welchem Zusammenhang?«

Hildegard Mühe zuckt mit den Schultern. »Das kann ich heute leider nicht mehr sagen.«

Keller bedankt sich für ihr Kommen und begleitet Frau Mühe zur Tür.

»Was sagen Sie dazu, Schneider?«

»Mit dieser Wendung hätte ich nicht gerechnet. Wer sind die anderen Personen auf den Fotos?«

»Ein paar Ganoven aus unserer Kartei sowie mein Ihnen schon bekannter Neffe Alexander. Wissen Sie was, Schneider? Ich glaube dieser Dame. Mühes gibt es wie Sand am Meer. Aus den Zeitungen kann sie das Bild des Arztes nicht kennen, denn wir haben ja kein Foto abdrucken lassen. Dass sie ihn nun erkannt haben will, kann nur bedeuten, dass sie ihn wirklich irgendwo gesehen haben muss. Verstehen Sie das? Das nennt man höhere Logik.«

Der Kommissar reibt sich vergnügt die Hände. »Wie gut, dass Sie die Frau Mühe zu uns aufs Präsidium bestellt haben.«

Ein jeder leidet unter dem, was er getan;
das Verbrechen kommt wieder auf seinen Urheber zurück.

Lucius Annaeus Seneca

MARGARETE HERTEL, GEBORENE MÜHE, SCHWESTER VON DR. ERICH MÜHE

DIENSTAG, 15. OKTOBER 1946

An einem Dienstag im Herbst 1946 verlässt Margarete Hertel Bad Gandersheim und macht sich auf den Weg nach Berlin. Der Krieg wurde vor über einem Jahr beendet, Adolf Hitler ist tot, und die Nazis sind von der Macht vertrieben. Es herrscht Frieden in Europa. Margarete Hertel will nun ihren Frieden machen mit ihrem Leben. Und mit ihrem Bruder.

Als vor zwei Jahren das letzte Kursbuch der Reichsbahn erschien, dauerte die Zugfahrt von Bad Gandersheim nach Berlin rund acht Stunden. Doch dieser Fahrplan hat ebenso wie das »Dritte Reich« seine Gültigkeit verloren. Deutschland ist nun in vier Besatzungszonen aufgeteilt, wobei Bad Gandersheim in der britischen Zone liegt. Die einstige Reichshauptstadt ist ebenfalls in vier Sektoren gegliedert und erhebt sich, von Bad Gandersheim aus betrachtet, wie eine Insel ganz weit im Osten inmitten der sowjetischen Zone. Seit Ende Juni 1946 benötigt man einen sogenannten Interzonenpass, um von einer der Westzonen nach Berlin und in die Ostzone reisen zu können. Als Verlegerin erhält Margarete Hertel das Dokument ohne größeren Aufwand ausgehändigt. Sie habe in Berlin geschäftlich zu tun, sagt sie dem britischen Offizier, der nur »okay« antwortet und einen kreisrunden Stempel auf das Papier drückt. Nach dreißig Tagen müsse sie aber zurück sein, schärft der Soldat ihr noch ein. Doch was sind dreißig Tage, wenn es um ein Leben geht?

Der Zug, der Margarete Hertel nach Berlin bringen soll, hat schon bessere Zeiten gesehen. Die Waggons sind in einem erbärmlichen Zustand und völlig überfüllt. An jeder Station steigen zahlreiche Menschen aus, andere versuchen, in dem Gedränge vom Bahnsteig in den Zug zu kommen. Glücklich ist, wer einen frei gewordenen Sitzplatz ergattert, alle anderen müssen in den Gängen ausharren. Margarete Hertel hat Glück. Sie steht vor einem Abteil und sieht, wie ein Mann sich erhebt, seinen Koffer von der Ablage nimmt und das Abteil verlässt. Sofort zwängt sie sich durch die Tür und lässt sich auf dem geräumten Platz nieder.

»Was sagt man dazu?«, erregt sich eine rothaarige Frau, die es ebenfalls auf den Sitzplatz abgesehen hatte und nicht schnell genug war. »So eine Frechheit!«, schimpft sie. »Ich stehe schon seit einer Ewigkeit und spüre meine Beine nicht mehr. Hören Sie? Geben Sie den Platz frei!«

Margarete Hertel antwortet nicht. Sie nimmt ihren kleinen Koffer auf den Schoß und schließt die Augen. Während sie im Unterbewusstsein noch für ein paar Minuten das Fluchen der Rothaarigen bemerkt, schläft sie vor Erschöpfung ein. Der Zug rattert langsam über die Gleise.

Es ist immer der gleiche Albtraum, der sie heimsucht. Sie sitzt in einem Ruderboot, das sich langsam über einen See bewegt. Auf der Landseite erkennt sie im gleißenden Sonnenlicht die Umrisse eines Hauses. Sie rudert drauflos. Je näher sie dem Ufer kommt, desto langsamer wird sie. Es ist so, als ob eine unsichtbare Macht sie davon abhalten wollte, ihr Ziel zu erreichen. Doch sie überwindet alle Widerstände und gelangt schließlich ans Seeufer. Dort erblickt sie, im seichten Wasser treibend, einen leblosen Körper. Sie verlässt das Boot und bahnt sich einen Weg durch das Schilf. Die Person liegt mit dem Gesicht nach unten. Sie dreht den Körper um und sieht in ein aufgedunsenes und vom Wasser entstelltes Gesicht. Die Augen haben ihre Farbe verloren, aus der Nase und aus den Ohren kriechen Tiere. Dann erschrickt sie: Der Tote ist ihr Bruder.

Sie hat diesen Traum schon unzählige Male geträumt. Manchmal treten kleine Variationen auf. Ein Mann steht vor dem Haus und beobachtet Margarete in ihrem Ruderboot. Sie hat keine Ahnung, wer das ist, doch diese Person ist ihr unheimlich und vergrößert nur noch ihre Angst. Einmal glaubte sie zu wissen, wer der Unbekannte ist, doch als sie erwachte, konnte sie sich nicht mehr erinnern.

Wenn die Träume sie besonders quälen, was meistens im Juni der Fall ist, wenn sich das Verschwinden ihres Bruders jährt, ruft Margarete Hertel nicht selten im Schlaf seinen Namen. »Ist gut, mein Muckelchen«, tröstet Robert Hertel dann seine neben ihm liegende Frau. »Du musst keine Angst haben«, flüstert er und streichelt ihr über die Stirn. »Ich bin ja bei dir!«

Doch heute ist Robert Hertel nicht bei seinem Muckelchen. Margarete Hertel weiß nicht, wie lange sie geschlafen hat, als sie aus ihrem Traum erwacht. Waren es wenige Minuten? Oder gar Stunden? Die rothaarige Frau hat mittlerweile einen Sitzplatz gegenüber eingenommen und starrt ihr ins Gesicht.

»Da sind Sie baff, was?«, raunt sie Margarete Hertel zu.

»Nein«, erwidert diese. »Doch wo sind wir?«

»Eine Stunde vor Berlin«, antwortet ein anderer Mitreisender.

Margarete Hertel öffnet den Koffer, der immer noch auf ihrem Schoß liegt, und ordnet den verrutschten Inhalt: Leibwäsche, ein Kleid, ein Paar Schuhe, ein Necessaire sowie die zwanzigste Auflage von Baedekers Reiseführer *Berlin und Umgebung*. Sie hat das Buch mit dem markanten roten Leineneinband vor vielen Jahren anlässlich eines Besuchs in der Reichshauptstadt gekauft. Margarete Hertel überlegt, wann das gewesen sein könnte: Erich hatte frisch die Praxis von Dr. Goldschmidt übernommen und war in die Oranienstraße gezogen. Mächtig stolz war er damals, als er ihr die Behandlungsräume und die große Wohnung zeigte. Sie schlägt den Baedeker auf und liest auf dem Titelblatt, mit Bleistift notiert: »September 1928«.

In der Mitte des Buchs steckt zwischen den Seiten 121 und 122 ein sorgsam gefalteter Brief. Doch das Stück Papier ist kein Lesezeichen, das auf ein bestimmtes Kapitel hinweisen soll, das Schreiben ist vielmehr eine Kapitulationserklärung. So empfindet es Margarete Hertel jedenfalls. »Mit Bedauern muss ich Ihnen mitteilen ...«, beginnt der Brief vom Dezember 1935. Unterschrieben hatte ihn Ernst Keller. Immer wieder hat sie in den vergangenen elf Jahren den Brief zur Hand genommen und Kellers Worte gelesen: dass er das Schicksal ihres Bruders nicht habe aufklären können, dass es ihm leidtue und dass der Fall beklagenswerterweise zu den Akten gelegt werden müsse. So seien die Vorschriften ... hochachtungsvoll.

Hatte Keller ihr nicht in die Hand versprochen, das Rätsel um das Verschwinden ihres Bruders zu lösen? Ihr, der einzigen Überlebenden der Familie? Jetzt reist sie nach Berlin, um den Kommissar an sein Versprechen zu erinnern. Als sie ihrem Mann Robert vor ein paar Wochen von dem Vorhaben erzählte, schüttelte er den Kopf. »Muckelchen, du weißt doch gar nicht, ob dieser Kommissar überhaupt noch lebt.« Wie sie ihn denn finden wolle ... und überhaupt, das sei doch Wahnsinn ... in diesen Zeiten ... nach Berlin.

Es dämmert bereits, als der Zug den Bahnhof Wannsee passiert. Langsam rattern die Waggons über die Gleise. Als sie noch vor dem Krieg nach Berlin reiste, glaubte sie spätestens ab der Station Westkreuz, jedes Haus rechts und links der Trasse zu kennen. Hier eine mit Stuck verzierte Fassade, dort eine Brandmauer, auf der die Vorzüge von Juno-Zigaretten oder die erfrischende Wirkung von Mundwasser der Marke Odol angepriesen wurden. Als sie nun aus dem Abteilfenster blickt, erscheint ihr alles fremd. Von manchen Gebäuden stehen nur noch die Außenmauern, die wie flehende Hände in Richtung Himmel ragen.

Im Bahnhof Charlottenburg hat der Interzonenzug seine Endstation. Sofort entsteht Hektik. »Nun drängeln Sie sich nicht wieder vor«, zischt die rothaarige Frau, während sie eilig ihren Mantel anzieht. Margarete Hertel antwortet nicht und lässt ihr beim Ausstieg den Vortritt. Doch auch jetzt gibt die Rothaarige keine Ruhe. »Hat man dafür Worte? Die Dame ist sich wohl zum Antworten zu fein, was? So eine unverschämte Person. Nun … Sie werden schon sehen, was Sie davon haben.«

Sie geht den Bahnsteig entlang in Richtung Ausgang. Der Bahnhof macht einen desolaten Eindruck. Fast alle Scheiben sind zerborsten, in einem Wartebereich hat man die Fenster notdürftig mit Pappe kaschiert. Dort kauern Passagiere eng beisammen und warten allem Anschein nach auf die Einfahrt ihres Zuges. Vielleicht warten sie aber auch nur auf den nächsten Morgen, auf bessere Zeiten. »Ab elfe is Sperrstunde!«, ruft ein Mann den Neunankömmlingen beim Verlassen des Gebäudes zu. »Passen Se uff! Die Soldaten patrouillieren auf den Straßen und schießen manchmal ohne Vorwarnung.«

Margarete Hertel hat knapp drei Stunden Zeit, sich eine Bleibe zu suchen. Natürlich weiß sie, dass ihr Baedeker nach so langer Zeit als Reiseführer nicht mehr zu gebrauchen ist. Berlin liegt in Trümmern, viele der Straßen, Plätze und Gebäude, die dort genannt werden, existieren womöglich nicht mehr. Doch es kommt auf einen Versuch an.

Am nächsten Morgen erwacht sie in der Pension Europa auf dem Kurfürstendamm. »Nur Vorkasse und keinen Herrenbesuch!«, hatte Babette Schnabel, die Eigentümerin der Pension, am Vorabend unmissverständlich zum Ausdruck gebracht. Margarete

Hertel nickte, sie war froh, kurz vor Beginn der Sperrstunde ein Dach über dem Kopf gefunden zu haben. Und Herrenbesuch erwarte sie ganz bestimmt nicht. Dann bezahlte sie das Logis für sechs Tage im Voraus.

★

»Wenn Sie sich heute Abend amüsieren wollen«, gibt Babette Schnabel Margarete Hertel beim Verlassen der Pension mit auf den Weg, »können Sie ins Kino ins Marmorhaus gehen. Da läuft ein Film mit der Käthe Dorsch. Oder gar nicht weit von hier ist die Komödie am Ku'damm … die hat vor ein paar Monaten wiedereröffnet.«

Man glaubt der Pensionswirtin sofort, dass sie sich gerne amüsiert. Sie ist eine lebenslustige Person von vielleicht Anfang fünfzig, mittelgroß, brünette Haare, blaue Augen und vom lieben Gott mit jenem respektlosen Mutterwitz ausgestattet, wie man ihn wohl nur in Berlin findet.

Doch Margarete Hertel ist nicht nach Vergnügungen zumute. »Ja, mal sehen«, antwortet sie aus reiner Höflichkeit.

Sie zieht die Etagentür hinter sich zu und steigt die Treppe hinab. Als sie auf den Kurfürstendamm tritt, erscheint ihr die Vorstellung, sich unterhalten zu lassen, völlig absurd. Schaut sie nach links, erkennt sie ganz am Ende der Straße die Ruine der Kaiser-Wilhelm-Gedächtniskirche. Blickt sie nach rechts, sieht sie ebenfalls Ruinen. Ein Großteil der einst so prächtigen Gebäude ist teilweise oder ganz zerstört.

Margarete Hertel geht ein paar Hundert Meter den Kurfürstendamm entlang und biegt dann rechts in die Fasanenstraße, wo die meisten Häuser noch erhalten sind. Vor der Hausnummer 72 bleibt sie stehen. Im Parterre befindet sich das »Hundeatelier Kurfürstendamm«. Durch das Schaufenster beobachtet sie, wie eine ältere Dame ihren Pudel frisieren lässt. »Das macht uns Deutschen so schnell keiner nach«, sagt sie leise zu sich selbst. »Die Stadt liegt in Trümmern, und das Leben geht einfach weiter.« Sie schüttelt den Kopf.

Bevor sie sich auf die Suche nach Ernst Keller macht, kauft sie am Bahnhof Wittenbergplatz für 20 Pfennig einen Fahrschein für die U-Bahn. Sie will zur Oranienstraße nach Kreuzberg, dort, wo Erich einst gelebt hat, will noch einmal sehen, wo er praktiziert und gewohnt hat. Nach mehrmaligem Umsteigen erreicht sie schließlich den Moritzplatz und muss feststellen, dass auch in dieser Gegend fast kein Stein mehr auf dem anderen steht. Das Restaurant Aschinger, in dem ihr Bruder so gern zu Mittag aß und das er mehrfach mit ihr besuchte, ist zerstört. Auch das Kaufhaus Wertheim existiert nicht mehr, wie nahezu der gesamte westliche Teil des Areals dem Erdboden gleichgemacht ist.

Dann geht sie die Oranienstraße entlang, die offenbar von größeren Zerstörungen verschont geblieben ist, und überquert den Oranienplatz. Die Adalbertstraße lässt sie links liegen, und plötzlich steht sie vor dem Haus mit der Nummer 185. Hier hat ihr Erich gelebt, hier war die Praxis, von hier aus ist er verschwunden und wurde nicht mehr gesehen.

Seit über zehn Jahren war sie nicht mehr hier. Sie blickt auf die Fassade, die, von ein paar Einschüssen abgesehen, halbwegs intakt zu sein scheint. An der Stelle, an der früher die Emailletafel »Dr. med. Erich Mühe, Sprechstunde täglich von 8 bis 10 Uhr und 16 bis 18 Uhr, außer mittwochnachmittags« angebracht war, befindet sich nun das Schild der Firma Oraniendruck, Inhaber Charles Freund.

Auf dem Trottoir sitzt ein Hausierer, der mit monotoner Stimme seine Waren anpreist: »Zündhölzer … Schnürsenkel … Bürsten … Seife … nur beste Qualität.« Der Mann trägt eine schwarze Armbinde mit drei gelben Punkten. Er ist blind.

Margarete Hertel will ihn ansprechen, doch als jemand das Haus verlässt, nutzt sie die Gelegenheit und schlüpft durch die sich langsam schließende Eingangstür in den Flur. Behutsam schaut sie sich um. Auf den ersten Blick hat sich nicht viel verändert, selbst das Schild »Bitte Füße reinigen!« hängt an Ort und Stelle. Langsam geht sie durch das Treppenhaus in den ersten Stock. Dort angekommen, denkt sie für einen Moment darüber nach, wie es wohl wäre, würde Erich die Wohnungstür öffnen. Zögernd, ja ängstlich klopft sie an, doch nicht ihr Bruder erscheint, sondern eine wildfremde Frau, die ein weinendes Kind im Arm hält.

»Ja bitte?«, fragt die Unbekannte.

»Mein Name ist Margarete Hertel. Kennen Sie meinen Bruder Erich Mühe? Der hat in dieser Wohnung einmal gelebt ...«

»Nie gehört. Ich bin nicht aus Kreuzberg. Wurde im Februar 45 ausgebombt und dann hier zusammen mit drei anderen Familien einquartiert. Haben Sie gehört, was ich gesagt habe?«

Margarete Hertel schweigt.

»Was ist denn mit Ihrem Bruder?«, will die junge Mutter wissen. »Lebt der nicht mehr?«

»Doch ... doch«, antwortet Margarete Hertel gedankenverloren und macht, ohne sich zu verabschieden, auf dem Absatz kehrt.

»Tss, tss«, zischt die Frau an der Tür. »Sachen gibt's.«

Während Margarete Hertel die Treppe hinabsteigt, schießen die Gedanken durch ihren Kopf. Hat sie nach so vielen Jahren etwa ernsthaft geglaubt, hier jemanden zu treffen, der Erich kannte? Und wie oft hat ihr Mann sie angefleht, endlich mit diesem Kapitel abzuschließen.

»Erich ist tot«, hat er mehr als einmal gesagt.

»Wie kannst du dir da so sicher sein?«

»Warum meldet er sich dann nicht bei dir, du bist seine Schwester?«

»Irgendetwas muss vorgefallen sein«, erklärt sie dann gebets-mühlenartig.

»Was?«

Darauf weiß sie keine Antwort. Noch nicht.

Sie tritt auf die Oranienstraße. Der Hausierer hat seinen Platz verlassen.

★

»Was sind das eigentlich für Geschäfte, für die Sie nach Berlin ge-reist sind?«, fragt Babette Schnabel, als sie in die Pension Europa zurückkehrt.

»Geschäfte?«, erwidert Margarete Hertel überrascht.

»Na, Sie haben mir doch gesagt, Sie hätten hier zu tun«, ant-wortet die Pensionswirtin mit leiser Ironie. Ihr Gesichtsausdruck verrät, dass sie ihr ohnehin nicht abnimmt, eine Geschäftsfrau zu sein.

»Ja, ja«, entgegnet Frau Hertel ausweichend. »Darf ich Ihnen eine Frage stellen?«

»Nur zu!« Babette Schnabel macht eine einladende Geste, und die beiden Frauen lassen sich auf eine geblümte Sitzgruppe im Wohnzimmer der Pension nieder.

»Glauben Sie, dass ein Mensch spurlos verschwinden kann?«, fragt Margarete Hertel ohne Umschweife.

»Wie meinen …?«

»Glauben Sie, dass man von heute auf morgen verschwinden kann, ohne Spuren zu hinterlassen?«

»Das haben wir genügend erlebt. Unter den gottverdammten Nazis«, seufzt die Schnabel. »Reihenweise hat man in dieser Ge-gend die Juden abgeholt. Egal ob jung oder alt … Selbst die Frau Goldschmidt aus dem zweiten Stock. Die armen Leute! Haben doch niemandem etwas getan …«

»Das war schlimm genug, doch das meine ich nicht. Ich rede davon, dass nachts jemand zum Baden an einen See fährt und seitdem nie mehr aufgetaucht ist.«

»Hmm«, überlegt die Wirtin, »schwer vorstellbar.« Sie bedenkt ihre Worte für einen kurzen Moment, dann erklärt sie: »Nein, das glaube ich nicht. Hat man ja noch nie gehört. Und selbst wenn jemand ertrinkt, wird man doch früher oder später eine Leiche finden, nicht wahr? Der Körper kann sich ja nicht in Luft auflösen.«

Erich Mühes Schwester scheint über diese Antwort erleichtert zu sein. »Sie haben völlig recht! Doch genau das will man mir weismachen. Mein Mann, dieser Kommissar und überhaupt alle anderen. Es geht nämlich um meinen Bruder …«

Margarete Hertel fängt an zu erzählen, es wird eine Art Lebensbeichte. Sie berichtet von ihrer Kindheit und Jugend, vom Vater, der über den Tod seiner Frau nicht hinwegkam und Selbstmord beging, vom Bruder Otto, der 1917 im Krieg gefallen ist, und dass Erich doch ihr einziger Angehöriger sei. Dass Erich an die falsche Frau geraten sei, dass »diese Person«, wie sie Charlotte Mühe nennt, ihren armen Bruder nach Strich und Faden betrogen habe. Haarklein schildert sie, was ihr über jenen Sommer des Jahres 1932 in Erinnerung geblieben ist. Der nächtliche Besuch am See, das verschwundene Auto und dass ihr Erich doch ein versierter Schwimmer gewesen sei. So jemand ertrinke doch nicht.

Es mögen zwanzig Minuten vergangen sein, als Margarete Hertel plötzlich aufspringt und in ihr Zimmer geht, um augenblicklich zurückzukehren. In der Hand hält sie den Baedeker, den sie von dem kleinen Nachttisch neben ihrem Bett genommen hat. Sie zieht den Brief aus dem Buch und reicht ihn Babette Schnabel.

»Hier … lesen Sie!«, sagt sie mit atemloser Stimme.

Die Pensionswirtin faltet den Brief auseinander und beginnt mit der Lektüre, wobei ihre Lippen den Text stumm nachsprechen. Margarete Hertel beobachtet dabei, wie sich die Augen ihres Gegenübers über das Blatt bewegen.

»Ist ja ein Ding!«, entfährt es Babette Schnabel. »Der Fall wurde nie geklärt und stattdessen zu den Akten gelegt?«

»So ist es.«

»Und was haben Sie nun vor? Wie sind Ihre Pläne?«

»Ich habe keinen blassen Schimmer. Heute war ich in Kreuzberg und habe an der ehemaligen Wohnung meines Bruders geklopft. Doch da leben nun Leute, die davon natürlich gar nichts wissen.« Sie verharrt für einen Moment in Schweigen, dann fährt sie fort: »Wenn ich doch nur wüsste, wie ich Kommissar Keller finden kann.« Mehr zu sich selbst sagt sie schließlich: »Ob der wohl noch lebt? Er müsste längst im Rentenalter sein.«

»Warten Sie einen Moment«, erwidert die Pensionswirtin, während sie den Raum verlässt.

Margarete Hertel blickt aus dem Fenster, als die Schnabel mit einem dicken Buch zurückkehrt. »Hier geht nichts verloren. Das ist das Berliner Adressbuch von 1943. Wie heißt Ihr Kommissar noch mal?«

»Keller«, antwortet Margarete Hertel sichtlich perplex. »Ernst Keller.«

Babette Schnabel befeuchtet ihren rechten Zeigefinger und blättert durch das Buch. »H … nee, Hitler heißt er ja nicht. I … J … K. Koch, nein, das ist zu weit. Hier ist es … Keller. Der Vorname?«

»Ernst!«

»Adam … Albert … Alfred … Bernhard … Eberhard.« Die Blätter gleiten durch ihre Finger. »Wer sagt es denn … Ernst Keller, Kriminalkommissar. Vor drei Jahren hat er noch in der Berchtesgadener Straße 9 gewohnt. Gute Adresse. Die Berchtesgadener

Straße liegt im Bayerischen Viertel, das im Krieg allerdings viel von oben abbekommen hat. Doch vielleicht haben Sie ja Glück.« Sie reißt das betreffende Blatt aus dem Adressbuch und reicht es ihrem Gast.

★

Am nächsten Morgen um kurz nach neun Uhr verlässt Margarete Hertel die Pension.

»Gutes Gelingen!«, ruft ihr Babette Schnabel nach. »Hoffentlich finden Sie ihn.«

Doch das hat sie schon nicht mehr gehört. Sie ist so aufgeregt, dass sie nicht einmal gefrühstückt hat. Keinen Bissen bekam sie herunter, selbst den echten Bohnenkaffee, den die Wirtin irgendwie beschafft hat, ließ sie stehen.

Sie hat sich vorgenommen, die gesamte Strecke vom Kurfürstendamm zum Bayerischen Viertel zu Fuß zurückzulegen. Sie will sich dabei überlegen, was sie Ernst Keller sagen könnte. Soll sie ihm vielleicht den Brief zeigen? Ob er sich überhaupt noch an sie erinnert? Dass das Haus Berchtesgadener Straße 9 zerstört und er nicht mehr am Leben sein könnte – daran denkt sie keine Sekunde.

Von der Pension Europa marschiert sie zunächst über den Olivaer Platz und die Pariser Straße bis zur Nachodstraße. Unterwegs sieht sie ganze Straßenzüge, die in Trümmern liegen. An einem Haus klafft ein großes Loch in der Fassade, dahinter scheint das Leben wie gewohnt weiterzugehen. Dann biegt sie rechts in die Landshuter und ein paar Hundert Meter weiter links in die Rosenheimer Straße. Jetzt ist es nur noch ein Katzensprung. Als Margarete Hertel an der Ecke Berchtesgadener Straße eintrifft, schlägt ihr Herz vor Aufregung immer schneller. Angespannt blickt sie nach rechts, stellt aber fest, dass das Haus mit der Nummer 9 in der Berchtesgadener Straße noch steht. Der üppige Stuck, die korinthische Säule links vom Eingang, das Wappen oberhalb des Portals, ja selbst die dezenten Jugendstilornamente an der Treppenmauer – das alles hat den Krieg erstaunlich gut überstanden.

Margarete Hertel wird bereits erwartet. Auf einem Balkon im Parterre steht eine Frau, die Wäsche aufhängt und die Besucherin argwöhnisch beobachtet.

»Haus is voll!«, ruft sie ihr zu. »Sind Se vom Amt? Keen Platz mehr für Einquartierungen.«

»Keine Sorge, ich bin nicht vom Amt und benötige auch keine Bleibe. Ich bin auf der Suche nach Ernst Keller. Kommissar Keller ... wohnt der hier?«

»Im Dritten links«, antwortet die Frau und zeigt nach oben. »Aber machen Se die Füße uff der Matte sauber. Ick hab jestern erst den Flur jeputzt.«

Margarete Hertel tut wie ihr gesagt, dann steigt sie die drei Stockwerke hinauf. »Ernst Keller« steht auf dem Messingschild. Ihr Herz klopft nun wie wild. Sie betätigt die Klingel, und nach kurzer Zeit öffnet eine Frau die Tür.

»Sie wünschen?«

»Kann ich hier Ernst Keller erreichen?«, fragt Margarete Hertel.

»Ja, gewiss. Doch was wollen Sie von meinem Mann?«

»Es geht um einen alten Fall, in dem Ihr Gatte ermittelt hat –«

»Bedaure, mein Mann ist im Ruhestand«, unterbricht Hertha Keller sie. »Sie kommen ein paar Jahre zu spät. Er kann ihnen nicht mehr helfen. Gehen Sie am besten zur Polizei, wenn Sie ein Problem haben.« Frau Keller will die Tür schließen, doch Margarete Hertel hält ihre Handtasche dazwischen.

»Was erlauben Sie sich!« Hertha Keller dreht ihren Kopf leicht nach hinten und ruft in die Wohnung: »Ernst! Ernst ... komm bitte sofort. Hier ist eine unverschämte Person an der Haustür.« Und an Margarete Hertel gerichtet: »Nun nehmen Sie endlich die Tasche weg. Hören Sie?«

Doch so kurz vor dem Ziel gibt die Schwester von Dr. Mühe nicht auf. »Bitte, lassen Sie mich kurz mit Ihrem Mann sprechen. Bitte! Ich flehe Sie an!«

»Hat man so was schon erlebt!«, schreit Frau Keller. »Ernst! Ernst!«

Endlich erscheint der Gerufene am Ende des Flurs. Halb verschreckt, halb amüsiert beobachtet er den Kampf um die Handtasche, wobei er zunächst nicht erkennen kann, wer vor der Tür steht.

Plötzlich ruft er: »Frau Hertel?«

»Kennst du etwa diese Person?« Hertha Keller ist irritiert.

»Lass mal gut sein«, beruhigt er seine Ehefrau. »Bitte treten Sie ein, Frau Hertel.«

»Sie erinnern sich?«

»Wie könnte ich den Fall Ihres Bruders jemals vergessen!«, erwidert der Kommissar im Ruhestand.

★

»Und?«, fragt Babette Schnabel ungeduldig, als Margarete Hertel in die Pension zurückkehrt. »Haben Sie Ihren Kommissar gefunden?« Die Schnabel kann ihre Neugierde kaum verbergen, doch Margarete Hertel ist in Gedanken versunken. Der Besuch bei Ernst Keller hat sie sehr bewegt.

»Ja, das habe ich«, antwortet sie schmallippig.

»Nun reden Sie doch«, insistiert die Wirtin, die in Plauderlaune ist. »Was sagt er? Konnte er sich an den Fall erinnern?« Babette Schnabel, die mit dem Sortieren von geschäftlichen Unterlagen beschäftigt war, lässt die Papiere Papiere sein und widmet sich nun voll und ganz ihrem Gast. Die beiden Frauen nehmen in der geblümten Sitzecke Platz.

»Das kann man wohl sagen! Ob Sie's glauben oder nicht: Ich musste mich gar nicht erst vorstellen, er kannte sogar meinen Namen.«

»Donnerwetter!« Dabei nimmt Frau Schnabel ihre rechte Hand vor den Mund, als hätte sie soeben ein Geheimnis ausgeplaudert. »Das klingt ja fast so, als ob er auf Ihr Kommen geradezu gewartet hätte.«

»Gewissermaßen war das auch so. Der Kommissar sagte mir, dass es ihn bis heute ärgerte, dass er das Verschwinden meines Bruders nicht aufklären konnte. Das sei für ihn wie ein Stachel im Fleisch, ja, so drückte er sich aus. Überhaupt, so meinte er, könne er sich in über dreißig Dienstjahren an keinen Fall erinnern, der bis zum Schluss so rätselhaft geblieben sei.«

»Bis zum Schluss? Wieso Schluss? Will er Ihnen nicht weiterhelfen? Oder hat er gar einen Plan? Ach, ist das aufregend.« Babette Schnabel rutscht wie ein Schulmädchen auf ihrem Platz hin und her.

»Das ist leider nicht so einfach. Der Kommissar erklärte, dass, sobald die Untersuchungen in einem Fall eingestellt werden, die betreffenden Akten in der Registratur verschwinden. So sei das auch in der Sache meines Bruders vonstattengegangen –«

»Dann wird man die Unterlagen dort ja finden können«, unterbricht Frau Schnabel sie.

Margarete Hertel schüttelt den Kopf. »Wohl kaum«, sagt sie und holt tief Luft. »Das Polizeipräsidium am Alex hat in den letzten beiden Kriegsjahren wohl ordentlich etwas aufs Dach bekommen. Herr Keller sprach davon, dass es weitgehend zerstört sei. Vermutlich hätten die Akten die Bombenangriffe nicht überstanden, seien verbrannt.«

Die Pensionswirtin will etwas einwenden, doch Margarete Hertel lässt sie nicht zu Wort kommen. »Aber es gibt eine andere Spur. Ich soll morgen noch einmal wiederkommen.«

★

Am nächsten Vormittag sitzt sie erneut im Wohnzimmer der Eheleute Keller.

»Sie nehmen mir mein gestriges Eindringen hoffentlich nicht übel«, sagt sie aus purer Verlegenheit zur Dame des Hauses, die dem Gast eine Erfrischung serviert.

Noch bevor sie antworten kann, poltert ihr Mann: »Ach was, wir freuen uns über Ihren Besuch. Nicht wahr, Hertha?«

Frau Keller lächelt und schweigt.

Der Kommissar im Ruhestand beugt sich nun über eine Schachtel, in der sich zahlreiche kleine Notizbücher befinden.

»Hätte ich nie und nimmer gedacht, dass ich die noch mal brauche«, sagt er und beginnt damit, die Hefte in eine bestimmte Ordnung zu bringen. Seine Zunge kreist dabei über die Oberlippe, für seine Frau ein untrügliches Zeichen dafür, dass er sich konzentriert.

»Jetzt stören Sie ihn besser nicht«, flüstert sie der Besucherin zu. Diesmal lächelt sie nicht.

Margarete Hertel lässt ihre Blicke durch das Zimmer schweifen. Ein dunkler Esstisch, dazu eine passende Anrichte, vier Stühle, eine Deckenlampe mit sechs kleinen Schirmchen aus Milchglas, ein Sofa, ein Sessel – alles in allem gediegene Bürgerlichkeit. Diese Wohnung wie auch ihre Bewohner scheinen die Verheerungen des Krieges halbwegs gut überstanden zu haben. Doch dann entdeckt sie auf der Anrichte die schwarz gerahmte Fotografie eines jungen Mannes in Wehrmachtsuniform. Quer über das Bild verläuft eine schwarze Banderole, daneben steht eine brennende Kerze.

Ernst Keller räuspert sich, und Margarete Hertel wendet ihre Augen von dem Bild ab und schaut ihn an. Sein Gesicht ist etwas fülliger geworden, denkt sie, und seine Haare sind ergraut. »Als Polizist muss man regelmäßig Berichte verfassen«, sagt Keller unvermittelt. »Doch man vergisst ja so viel, daher hatte ich mir schon als junger Beamter angewöhnt, Vermerke anzufertigen. Nur für mich. Verstehen Sie? Kleine Gedankenstützen.«

Margarete Hertel nickt.

»Und das hier«, erklärt er stolz, »ist mein Notizheft zum Fall Mühe.« Er blättert durch die Kladde, bleibt hier und dort hängen und liest einzelne Passagen. »Wir waren eigentlich sehr früh davon überzeugt«, sagt er nach einer Weile, »dass Ihr Bruder nicht im Sacrower See ertrunken ist. Ebenso früh stagnierten unsere Ermittlungen aber auch.«

Noch bevor sie fragen kann, was er damit meint, fährt Keller fort. »Wir hegten zunächst den Verdacht, dass Ihre Schwägerin und deren Gesangslehrer, dieser Hugo Rasch, der offensichtlich auch ihr Geliebter war, mit dem Verschwinden Ihres Bruders etwas zu tun hatten. Doch dann starb Frau Mühe ja sehr plötzlich ... Wann war das?«

»Im Frühjahr 1934«, antwortet Magarete Hertel.

»Stimmt ... hier steht es ja: 27. Mai 1934.« Keller zeigt auf eine bestimmte Stelle in seinem Notizbuch. »Dadurch schied Frau Mühe als Zeugin oder gar Verdächtige aus.«

»Und dann«, mischt sich Hertha Keller ein, »wurde doch irgendwann der alte Levetzow entlassen, nicht wahr?«

»Ja, das muss im Juli 35 gewesen sein«, bestätigt Keller. »Helldorff übernahm das Amt des Berliner Polizeipräsidenten und wurde faktisch mein Chef. Der Graf war ein ›alter Kämpfer‹, wie man damals sagte. Ein strammer Nazi, der sofort mit seiner Vetternwirtschaft begann. Ich kann mich noch gut daran erinnern, wie er mich zu sich bestellte und mir ohne Umschweife klarmachte, dass Rasch ein Kamerad aus alten SA-Zeiten sei und mit der Angelegenheit nichts zu tun habe. Das war eine handfeste Warnung!«

»Furchtbar«, seufzt Margarete Hertel. »Meine Schwägerin war tot, bei Rasch waren Ihnen die Hände gebunden.«

»So kann man es sagen. Zur Wahrheit gehört aber auch, dass wir ganz allgemein mit dem Fall nicht weiterkamen. Jede Spur, die sich auftat, versandete irgendwann wieder. Es gab Momente, da zweifelte ich an meiner Spürnase, obwohl ich mit Haut und Haaren ein Kriminaler war. Stimmt's, Hertha?«

Frau Keller nickt. »Was haben Sie denn nun vor?«, fragt sie die Besucherin. »Wie lange wollen Sie überhaupt in Berlin bleiben?«

»Ich bin ratlos«, sagt Margarete Hertel schulterzuckend. »Selbstverständlich war mir vor meiner Reise nach Berlin bewusst, dass ich meinen Bruder vierzehn Jahre nach seinem Verschwinden nicht einfach auf der Straße treffen werde. Doch wenn selbst Sie nicht weiterwissen …?« Sie spricht den Satz nicht zu Ende, grübelt über etwas nach. »Eine Sache lässt mir keine Ruhe: Halten Sie es für denkbar, dass Rasch noch frei herumläuft?«

»Gut möglich.« Keller blättert weiter in seinem Notizbuch. »Hier steht es: Wir haben Hugo Rasch erstmals im Juni 1932 vernommen. Damals wohnte er in der Zähringer Straße 13, wo er, wie ich hier lese, ein privates Musikinstitut betrieb. Das ist nicht weit vom Ku'damm entfernt. Gehen Sie dort doch mal vorbei.«

★

»Worüber denkst du nach?«, fragt Hertha Keller ihren Mann, nachdem sie Margarete Hertel verabschiedet haben. »Ich spüre doch, dass dich etwas bedrückt.«

»Ach«, Keller atmet schwer aus, »ich befürchte, dass Frau Hertel sich in etwas verrennt. Vielleicht war es ein Fehler, ihr die Adresse von diesem Rasch zu geben.«

Hertha Keller schaut ihren Mann fragend an. »Ich verstehe dich nicht, Ernst. Du hast doch selbst gesagt, dass der Musiklehrer etwas mit dem Verschwinden des Doktors zu tun hatte.«

»Etwas. Die Betonung liegt auf ›etwas‹. Doch was wissen wir wirklich über seine Rolle in dem Fall? Es stimmt, dass dieser Rasch mit Frau Mühe ein Verhältnis hatte, ein Nazi war und vom Grafen Helldorff geschützt wurde. Das alles machte ihn vielleicht verdächtig und erst recht nicht sympathisch. Aber Beweise? Das sind doch keine Beweise. Die Wahrheit ist, dass wir gegen Rasch damals nichts in der Hand hatten.«

»Und warum vermutest du, dass Frau Hertel sich in etwas verrennt?«

»Sie glaubt allzu gern, dass ihr Bruder ein Opfer ist und die Täter ihre Schwägerin und der Rasch sind. Doch so einfach ist das nicht.« Ernst Keller schüttelt den Kopf. »Je mehr ich in meinen alten Aufzeichnungen blättere und je länger ich darüber nachdenke, umso mehr bin ich davon überzeugt, dass in diesem Fall nichts so ist, wie es zunächst aussah. Vielleicht war es ja genau umgekehrt?«

»Was soll das heißen?«

»Nun, womöglich war der Dr. Mühe der Täter und seine Frau das Opfer. Nach dem Tod von Frau Mühe suchte ich den Professor auf, der sie damals im Krankenhaus behandelt hatte.« Keller deutet mit der Hand auf eine Passage in seinem vor ihm liegenden Notizheft. »Hier steht es: ›Prof. B. vermutet, dass Dr. Mühe von der schweren Erkrankung seiner Frau gewusst haben muss.‹ Ist dir klar, was das bedeutet?«

»Um Gottes willen!«, ruft Hertha Keller. »Das hieße ja, dass der Doktor seine Frau unbehandelt gelassen hatte und sie möglicherweise absichtlich sterben ließ.«

»So ist es, doch damit nicht genug. Schneider und ich erhielten damals Hinweise, dass Dr. Mühe als Engelmacher tätig gewesen sein soll. Er umgab sich wohl mit zwielichtigen Gestalten. Das würde auch erklären, wie er zu so viel Geld kam. Überhaupt hatten wir den Eindruck, dass Geld eine wichtige Rolle bei ihm gespielt hat. Das Paar lebte auf großem Fuß. Und Dr. Mühe hatte sich im Frühjahr noch eine stattliche Limousine gekauft. Doch die Summen, um diesen Lebenswandel zu finanzieren, konnte er unmöglich alleine mit seiner Praxis erwirtschaften. Vermutlich hat er die Engelmacherei des Geldes wegen betrieben. Beweisen ließ sich das aber alles nicht …«

»Und von alledem hat Frau Hertel keine Ahnung?«

»Das befürchte ich, ja. Doch nun frage ich dich erneut: Wer ist Opfer, wer Täter?«

Hertha Keller ist ratlos. Nach einer kurzen Weile sagt sie: »Hätte ich ihr nur nie die Tür geöffnet.«

»Ach was«, antwortet Keller barsch. »Das ist nun mal geschehen und lässt sich nicht mehr ändern. Die Frau will ihren Frieden machen. So wie auch wir unseren Frieden machen mussten.« Sein Blick fällt auf die Fotografie auf der Anrichte. »Sollten wir wirklich ihren Glauben an den Bruder erschüttern?«

Ernst Keller nimmt beide Hände seiner Frau und umfasst sie fest. Dann gibt er ihr einen Kuss auf die Stirn.

★

Mit pochendem Herzen steht Margarete Hertel in der Zähringer Straße vor dem Haus mit der Nummer 13. Ihr Herz klopft so stark, dass sie Angst hat, es könnte jemand hören. Soll sie ihn ansprechen, wenn er zufällig das Haus verlässt? Soll sie ihn zur Rede stellen? Sie würde ihn hoffentlich erkennen, obwohl sie ihn nur wenige Male in der Wohnung ihres Bruders gesehen hat.

Vielleicht wohnt er ja im zweiten Stock, wo gerade das Fenster geschlossen wurde.

Die Haustür öffnet sich, und ein Mann mit Hut tritt auf das Trottoir. »Das ist er nicht«, sagt Margarete Hertel leise zu sich selbst, »der sah ganz anders aus.« Sie spricht den Unbekannten trotzdem an, doch der entschuldigt sich. Er wohne in Charlottenburg und habe hier nur zu tun gehabt. Dieses Spiel wiederholt sich noch ein paarmal, bis eine ältere Frau ihr den entscheidenden Hinweis gibt.

»Rasch?«, sagt sie. »Ja, die haben hier gewohnt, sind aber noch vor dem Krieg in die Brandenburgische/Ecke Zähringer gezogen. Sie gehen hier geradeaus …« Die Frau deutet mit ihrer Hand in die Ferne. »Es ist das Haus am Ende der Straße rechts. Sehen Sie das?«

Doch auch dort hat Margarete Hertel zunächst kein Glück.

»Wissen Sie denn nicht, was passiert ist?«, fragt schließlich eine Bewohnerin des Hauses. Margarete Hertel weiß es nicht. »Die Frau Rasch ist gestorben, und er soll darüber so betrübt gewesen sein, dass er krank geworden ist. Gemütskrank. Er soll sich in einer Nervenklinik im Westend befinden.«

Margarete Hertel bedankt sich für die Auskunft und setzt mit gemischten Gefühlen ihren Weg fort. Einerseits ist sie erleichtert, dass Hugo Rasch noch am Leben ist, andererseits sorgt sie sich, dass dessen Erkrankung ein Gespräch unmöglich machen könnte. Vielleicht geht es ihm ja so schlecht, dass er gar keinen Besuch empfangen kann?

Als Margarete Hertel im Westend ist – ein Apotheker auf dem Ku'damm wusste, um welche Nervenklinik es sich handelt –, muss sie eine letzte Hürde überwinden. Dieses Hindernis stellt sich ihr in Gestalt der diensthabenden Oberschwester Marianne Komischke in den Weg.

Frau Komischke ist eine beeindruckende Erscheinung. Groß und von stämmiger Statur, trägt sie einen weißen Kittel, der ihre üppigen Proportionen kaum zu kaschieren vermag. Sie hat rote, gelockte Haare, die ihren Kopf wie einen Feuerkranz umhüllen. Betrachtet man sie aus einiger Entfernung, könnte man denken, dass Flammen aus ihrem Haupt züngeln.

»Sind Sie mit dem Professor verwandt?«, fragt die Oberschwester, während sie Margarete Hertel von oben bis unten mustert. Sie muss nun lügen, andernfalls wird sie abgewiesen.

»Gewiss«, antwortet sie. »Er ist mein Onkel.«

»Ihr Onkel? Soso. Nun ja, dann kommen Sie mal mit. Ich bringe Sie zu ihm.«

Die beiden Frauen gehen einen Flur entlang. Auf der linken Seite befinden sich zahlreiche Räume – offensichtlich die Krankenzimmer –, deren Türen mit Gucklöchern versehen sind. Die großen Fenster zum Hof gegenüber sind vergittert. Es ist mucksmäuschenstill, nur das leise Quietschen der Schuhsohlen auf dem Linoleumboden ist zu hören.

»Ich hatte zu meinem Onkel längere Zeit keinen Kontakt mehr«, sagt Margarete Hertel zu der Oberschwester. »Können Sie mir verraten, woran seine Frau gestorben ist?«

»Er hat sie umgebracht.«

Margarete Hertel bleibt vor Schreck stehen. »Er hat seine eigene Frau ermordet?« Sie kann kaum glauben, was sie eben gehört hat. »Um Gottes willen … das ist ja entsetzlich!«

»Das können Sie laut sagen«, erwidert Oberschwester Marianne. »Doch die Sache ist noch viel grausamer. Eigentlich wollten die beiden nach dem Zusammenbruch im vergangenen Jahr gemeinschaftlich Suizid begehen. Dazu hatte Ihr Onkel Gift besorgt, das er seiner Frau und sich verabreichte. Doch in seinem Fall war das Gift zu niedrig dosiert, sodass er knapp überlebte. Eine Nachbarin hat die beiden gefunden. Sie war tot, er röchelte noch. Auf dem Tisch lag ein Abschiedsbrief: dass das Leben nach dem ›Dritten Reich‹ nicht mehr lebenswert sei … und so weiter. Man kennt das ja. Sind ja nicht die Ersten, die sich selbst ins Jenseits befördern wollten.«

»Und wie geht es ihm nun?«

»Er hat einen schweren Schock erlitten und lebt in einer Art Parallelwelt. Redet ständig davon, dass der Führer sich nun um seine Frau kümmere und dergleichen mehr.« Die Oberschwester atmet tief durch. »Sie werden nicht viel Freude an Ihrem Onkel haben.«

Mittlerweile sind die beiden Frauen an Hugo Raschs Krankenzimmer angelangt. »Hier ist der Professor untergebracht«, sagt die Komischke. »Reicht eine Viertelstunde?«

Margarete Hertel nickt.

»Gut, dann komme ich Sie wieder abholen.«

Sie öffnet die Tür und sagt: »Besuch für Sie, Herr Professor. Ihre Nichte …«

Noch bevor Hugo Rasch irgendwie reagieren kann, verschwindet die Oberschwester. Margarete Hertel betritt den Raum und ist nun mit ihrem vermeintlichen Onkel alleine.

Die Atmosphäre ist bedrückend. Ein Bett, ein einfacher Tisch, an dem Hugo Rasch sitzt, in der Ecke ein Waschbecken, über der Tür ein Kruzifix. Die Fenster sind vergittert. Da hockt er nun, der Herrenmensch, denkt sie. Ein alter Mann mit eingefallenen Wangen und leerem Blick. Der Mörder seiner Frau. Ein Häufchen Elend.

Sie nimmt auf dem freien Stuhl Platz. »Guten Tag, Herr Rasch«, beginnt sie stockend. »Mein Name ist Margarete Hertel … ich bin die Schwester von Dr. Erich Mühe. Ihn und seine Frau Charlotte kannten Sie doch gut, nicht wahr?«

»Meine Marie ist nun beim Führer«, sagt Hugo Rasch, ohne die Besucherin anzusehen. »Der Führer kümmert sich gut um sie.«

»Sicher.« Sie rückt näher zu Rasch. »Herr Rasch, ich brauche Ihre Hilfe.« Sie schaut ihn demonstrativ an. »Ich suche meinen Bruder. Wissen Sie, was mit meinem Bruder geschehen ist? Mit Dr. Erich Mühe.«

»Lieber Führer, sei so gut und hole mich bald«, fleht Rasch und faltet die Hände. »Dann sind meine Marie und ich wieder vereint.«

Margarete Hertel denkt an die Worte der Oberschwester. Hugo Rasch lebt in einer anderen Welt. Sie steht auf und geht zur Tür, um nach der Schwester zu klopfen. Doch dann sagt Rasch wie aus heiterem Himmel: »Ihr Bruder hat seine Frau auf dem Gewissen.«

»Was reden Sie denn da?« Margarete Hertel geht zum Tisch zurück und setzt sich erneut. Rasch ergreift plötzlich ihre Hand und blickt ihr in die Augen. »Der Führer wird ihn finden und zur Rechenschaft ziehen.« Plötzlich erregt er sich und brüllt: »Der Führer wird Ihren Bruder bestrafen! Er wird ihn finden … wo immer er sich verstecken mag. Auch in Spanien. Überall! Heil Hitler!«

In diesem Moment kommt die Oberschwester zur Tür herein. »Was ist hier los?«

Margarete Hertel befreit sich aus Raschs Umklammerung und stürzt in Richtung Ausgang. »Armer Irrer!«, ruft sie ihm nach.

»Ich habe es Ihnen doch gleich gesagt«, beruhigt Marianne Komischke die sichtlich verstörte Besucherin.

Die Tür fällt ins Schloss. Die zwei Frauen stehen auf dem Flur und hören noch, wie Hugo Rasch schreit: »Diese Frau ist nicht meine Nichte!«

»Was geschieht mit ihm?«, fragt Margarete Hertel, während sie den Flur entlanggehen. »Wird man ihn für seine Tat zur Rechenschaft ziehen?«

»Das entscheiden die Gerichte«, antwortet die Oberschwester.

»Auf jeden Fall sollte man sich beeilen. Ihr Onkel hat nämlich ein Darmgeschwür. Letal … da ist nichts mehr zu machen.«

Die Oberschwester begleitet Margarete Hertel zum Ausgang. »Darf ich Ihnen eine Frage stellen?«

»Selbstverständlich.«

»Der Herr Rasch ist gar nicht Ihr Onkel, nicht wahr?«

Margarete Hertel nickt.

★

In der folgenden Nacht liegt sie lange Zeit wach. Der Besuch bei Hugo Rasch lässt ihr keine Ruhe. Was meinte er damit, fragt sie sich immer wieder, dass Erich Charlotte auf dem Gewissen habe? Was sollte die Bemerkung, dass ihr Bruder sich irgendwo versteckt hält? In Spanien? Nein … nein, sagt sie sich schließlich, das kann nicht sein. Das ist nur Ausdruck von Raschs Irresein. Es ist kurz vor drei, als sie endlich einschläft.

»Und wenn doch?«, fragt Babette Schnabel am nächsten Morgen, nachdem sie von dem Besuch bei Hugo Rasch erfahren hat. »Was ist, wenn dieser Rasch gar nicht so verrückt ist, wie Sie glauben?«

Damit hat Margarete Hertel nicht gerechnet. Mehr noch, Babette Schnabels lapidarer Einwand lässt sie verstummen. Es hat eine Nacht gedauert, die Gedanken zu ordnen, doch es bedarf nur weniger flüchtiger Worte, um die Ordnung ins Wanken zu bringen.

»Was sagt eigentlich Ihr Kommissar dazu?«, unterbricht die Pensionswirtin die Stille.

»Er weiß davon noch nichts. Ich werde ihn am Nachmittag aufsuchen und mich verabschieden. Morgen reise ich zurück.«

★

»Das hat er wirklich gesagt?«, fragt Ernst Keller. »Dass Ihr Bruder seine Frau auf dem Gewissen habe?«

»Ja, mit diesen Worten.« Margarete Hertel sitzt im Wohnzimmer der Kellers und kann ihre Entrüstung kaum verbergen. »Ist das nicht hundsgemein? Er selbst hat seine Frau ermordet. Mit Gift! Und nun schändet er das Ansehen meines Bruders. Hundsgemein ist das. Was sagen Sie dazu, Herr Kommissar?«

Während sie ihn erwartungsvoll anschaut, blickt er kurz zu seiner Frau. Stumm scheint er sie zu fragen, was er nun tun solle. Sagt er ihr die Wahrheit, stürzt diese Antwort die Besucherin womöglich in tiefe Verzweiflung. Hertha Keller deutet nahezu unmerklich auf die Fotografie auf der Anrichte. Dann schüttelt sie kaum wahrnehmbar den Kopf.

»Nun ...«, beginnt Ernst Keller und räuspert sich. »Das kann ich mir nicht erklären.«

»Wusste ich es doch! Hugo Rasch ist verrückt geworden. Er ist ein armer Irrer.«

Ernst Keller macht eine zustimmende Kopfbewegung, in der Hoffnung, Frau Hertel möge das Thema wechseln.

»Spanien? Wieso hat er bloß von Spanien gesprochen? Da war mein Bruder nie gewesen.«

»Spanien?« Keller ist auf einmal hellwach. »Wie kommen Sie darauf?«

»Ach, das habe ich ja noch gar nicht erzählt. Rasch stammelte in seinem Wahn, dass mein Bruder in Spanien sei und dass der Führer ihn dort finden werde. Pah! Ich sag es doch – ein Verrückter!«

Der einstige Kommissar steht plötzlich auf und geht zu seinem Schreibtisch, auf dem noch immer die Kiste mit den alten Notizheften steht. Er greift hinein und nimmt die Kladde zum Fall Mühe heraus. »Hier haben wir es ja ...«, sagt er und beginnt, in dem Büchlein zu blättern.

Margarete Hertel schaut ihn erstaunt an.

»Nun«, sagt er nach einer Weile, »es gab damals in der Tat eine Spur, die nach Spanien führte.«

»Eine Spur?«

»Vielleicht ist das zu viel gesagt. Bei uns hatte sich eine Deutsche gemeldet, die eine Zeit lang in Barcelona lebte und die nach Vorlage eines Lichtbilds Stein und Bein schwor, Ihren Bruder in einem dortigen Restaurant gesehen zu haben. Warten Sie …« Keller schlägt einige Seiten um. »Das muss 1935 gewesen sein«, fährt er fort. »Wie diese Frau hieß, habe ich mir nicht notiert. Allerdings steht hier der Name des Lokals: Münchner Bierstübl.«

»Das klingt aber nicht sehr spanisch«, wendet Hertha Keller ein. Sie lacht.

»Ja, das dachten wir uns auch. Der Inhaber des Lokals soll aber ein älterer Deutscher gewesen sein, der schon seit zwanzig Jahren dort lebte. Er war von Beruf Koch und hieß mit Vornamen Josef, an den Familiennamen konnte sich die Zeugin aber nicht erinnern. Wir haben sogar eigens das Auswärtige Amt kontaktiert, das in Barcelona ein Konsulat führt.«

»Und was kam dabei heraus?«, fragt Hertha Keller.

»Man bestätigte die Existenz des Restaurants, darüber hinaus teilte man uns mit, dass Mitte der Dreißigerjahre in Barcelona etwa 15 000 Deutsche lebten. Die politische Lage sei aber unübersichtlich, hieß es, und ein Dr. Mühe war unbekannt. Alles in allem erschien uns der Verdacht als zu vage, um −«

»Sie haben diese Spur also nicht weiterverfolgt?«, unterbricht Margarete Hertel ihn.

»Was hätten wir tun können? Ich konnte ja schlecht meinen Assistenten auf bloßes Hörensagen hin nach Spanien reisen lassen. Wie hätte das gehen sollen? Und kurze Zeit später wurden die Ermittlungen dann ja auch eingestellt.«

»Ich mache Ihnen keinen Vorwurf«, erklärt die Schwester von Dr. Mühe nach einer kurzen Pause.

»Was haben Sie nun vor?« Hertha Keller schaut sie mitfühlend an.

»Keine Ahnung. Ich habe für morgen einen Platz im Interzonenzug und fahre nach Bad Gandersheim zurück. Mein Mann wartet auf mich. Vielleicht ist der Fall wirklich nicht zu lösen. Vielleicht muss ich mich damit abfinden, dass Erichs Schicksal nicht mehr aufzuklären ist. Im Moment bin ich noch zu durcheinander, muss all die neuen Dinge erst mal verdauen.«

»Ja, das ist bestimmt das Beste«, sagt Ernst Keller. »Ich wünsche Ihnen, dass Sie mit dem Kapitel abschließen und Ihren Frieden finden können. Behalten Sie Ihren Herrn Bruder in liebevoller Erinnerung – und blicken Sie nach vorne. Mein Muttchen und ich sind alt, doch Sie haben das halbe Leben noch vor sich. Machen Sie etwas daraus. Lassen Sie nicht zu, dass die Vergangenheit Sie beherrscht.«

Margarete Hertel nickt. »Ich danke Ihnen sehr für Ihre aufmunternden Worte. Sie haben ja recht. Das Leben muss weitergehen.«

Ernst und Hertha Keller begleiten die Besucherin zur Tür.

»Was ich Sie noch fragen wollte«, sagt Margarete Hertel beim Abschied. »Was ist eigentlich aus Ihrem Assistenten geworden? Sie hatten ihn vorhin erwähnt, und an den jungen Mann kann ich mich noch erinnern.«

»Der ist dort, wo auch unser Sohn Kurt ist«, erwidert Keller. Er blickt nach oben in Richtung Himmel. Eine einzelne Träne rinnt über sein Gesicht.

★

Am nächsten Morgen verabschiedet sich Margarete Hertel von Babette Schnabel. »Es ist höchste Zeit, dass ich in mein Leben zurückkehre«, sagt sie zu der Wirtin. »Als ich gestern wieder die Schuttberge und Ruinen sah, wurde mir schlagartig bewusst, wie dankbar wir sein müssen, dass wir das alles überlebt haben. Meine Zukunft liegt bei meinem Mann – und nicht hier in Berlin.«

Als ob es eines Zeichens bedürfte, übergibt sie Babette Schnabel den Baedeker samt Ernst Kellers Brief. »Bitte nehmen Sie das an sich. Ich brauche es nicht mehr.«

Zum Abschied umarmen sich die beiden Frauen. Noch während Margarete Hertel die Pension Europa verlässt, hört sie, wie Babette Schnabel zu einem ankommenden Herrn sagt: »Nur Vorkasse – und keinen Damenbesuch!«

Ein Verbrechen muss durch ein Verbrechen vertuscht werden.
Lucius Annaeus Seneca

MARGARETE HERTEL, GEBORENE MÜHE, SCHWESTER VON DR. ERICH MÜHE

MONTAG, 15. MAI 1950

Margarete Hertel sitzt in ihrem Büro und liest die druckfrischen Schlagzeilen des *Gandersheimer Kreisblatts*:

»Der bisherige Oberregierungsrat im niedersächsischen Kultusministerium, Werner Pleister, wird neuer Programmdirektor des Nordwestdeutschen Rundfunks (NWDR)« – »UN-Generalsekretär Trygve Lie wird in Moskau vom sowjetischen Staats- und Parteichef Josef W. Stalin zu Gesprächen empfangen« – »Nach hundert Tagen beenden die rund 89 000 Arbeiter in den fünfundzwanzig Werken des amerikanischen Automobilbauers Chrysler ihren Streik« – »Die Träger des Müttergenesungswerkes rufen zum Muttertag erstmals zu einer Spendenaktion auf«

Es ist Montag, der 15. Mai 1950. Margarete Hertel ist mit der neuen Ausgabe zufrieden. Nachdem das *Gandersheimer Kreisblatt* kriegsbedingt eingestellt worden war, erscheint es seit dem Vorjahr nun wieder täglich. Ihr Mann Robert sollte den Neuanfang allerdings nicht mehr erleben; er starb im Januar 1949. Seitdem ist sie die alleinige Chefin eines traditionsreichen Verlags. An ihren Bruder denkt sie nur noch selten.

Sie faltet die Zeitung fein säuberlich zusammen und legt sie beiseite. Dann nimmt sie sich die Post vor, die ihre Sekretärin Fräulein Plottnitz auf dem Schreibtisch deponiert hat. Die Plottnitz ist eine Person unbestimmbaren Alters, grauhaarig und etwas bieder. Als Margarete Hertel ihren Mann Robert kennenlernte, war sie bereits im Verlag tätig. Einmal hat sie Robert gefragt, wann Fräulein Plottnitz ins Haus gekommen sei.

»Vor dem Krieg«, antwortete ihr Mann schmunzelnd.

»Vierzehn – achtzehn?«, wollte Margarete wissen.

»Nein«, antwortete er, »vor dem Dreißigjährigen Krieg.«

Unter den vielen Rechnungen, der Behördenkorrespondenz und den Leserzuschriften, die die Plottnitz auf einen Stapel geschichtet hat, befindet sich auch ein schmales Päckchen, das Margarete Hertel mit einem Messer vorsichtig öffnet. Darin enthalten sind ein Buch mit Gedichten von Rainer Maria Rilke sowie ein Brief, den sie sofort zu lesen beginnt.

Sehr geehrte Frau Hertel,
bitte verzeihen Sie, dass ich Ihnen mir nichts, dir nichts schreibe.
Wir kennen uns nicht persönlich. Mein Name ist Hans Zillich,
ich bin der Bruder von Gertrud Zillich. Gertrud hat gelegentlich
von dem Herrn Doktor und seiner Frau gesprochen. Sie hat den
Doktor sehr gerne gemocht. Sie sagte mir auch, dass der Herr
Doktor eine Schwester in Bad Gandersheim hat, die Verlegerin ist.
So bin ich an Ihre Adresse gekommen. In der Hinterlassenschaft
meiner Schwester habe ich das beiliegende Buch gefunden,
das offensichtlich aus dem Besitz Ihres Herrn Bruders stammt.
Ich vermute, dass Gertrud das Buch von der Frau Doktor zum
Geschenk erhalten hat. Nun weiß ich mit dem Band nichts
anzufangen, denke mir aber, dass Sie sich über ein Andenken an
Ihren Herrn Bruder sicher freuen würden.
Hochachtungsvoll,
Hans Zillich

Gertrud Zillich, wundert sich Margarete Hertel. Sie kann sich nicht erinnern, einer Frau dieses Namens schon einmal begegnet zu sein. Doch hieß so nicht Erichs Hausmädchen? Sie legt den Brief zur Seite, nimmt stattdessen das Buch zur Hand und schlägt es auf: »*Das Stunden-Buch* von Rainer Maria Rilke«, steht auf der Titelseite, etwas weiter unten ist handschriftlich notiert: »Erich Mühe, 1912«. In Gedanken versunken und nahezu unhörbar sagt sie: »Rilke ... 1912 ... das muss Erich zur Konfirmation erhalten haben.«

Margarete Hertel ist plötzlich von einer seltsamen Ehrfurcht ergriffen. Vorsichtig, geradezu ängstlich, als ob es etwas Kostbares zu schützen gälte, wendet sie Seite um Seite. Immer wieder verweilt sie und liest einzelne Gedichte. »Ich lebe mein Leben in wachsenden Ringen«, lautet eine Verszeile, eine andere: »Du Ewiger, du hast dich mir gezeigt.« Obschon sie mit Rilkes Lyrik seit Kindertagen vertraut ist, hat sie auf einmal das Gefühl, als spräche Erich zu ihr.

In der Mitte des Buchs steckt ein schmales Stück Papier, das sie beinahe übersehen hätte. Sie hält den Streifen zunächst für ein gewöhnliches Lesezeichen, doch bei genauerem Hinsehen entdeckt sie, dass es sich dabei um den Teil einer Postkarte handelt. Eine Postkarte, wie Restaurants oder Hotels sie zu Werbezwecken herauszugeben pflegen. Neugierig betrachtet sie das Druckerzeugnis von allen Seiten. Viel ist nicht zu erkennen, denn der größere Teil der Postkarte wurde abgetrennt. Die Schnittkante, die von einer Schere herrührt, ist deutlich zu spüren, wenn man mit dem Finger an ihr entlangstreicht. Auf der Vorderseite sieht man Stühle und Tische – offensichtlich handelt es sich um eine Gaststätte –, die Rückseite ist hingegen blanko. Augenscheinlich wurde die Postkarte an dieser Stelle nicht beschriftet. Doch am oberen Rand steht eine gedruckte Adresse. Margarete Hertel rückt ihre Brille zurecht, dann liest sie: »Münchner Bierstübl, Deutsche Küche, Plaza de la Universidad, Barcelona«.

In diesem Moment betritt Fräulein Plottnitz – sie trägt heute ein beigefarbenes Perlonkleid, darüber eine leichte Strickjacke – den Raum.

»Was ist mit Ihnen, Chefin?«, fragt sie. »Sie sehen aus, als hätten Sie den Allmächtigen gesehen.«

»Schauen Sie sich das einmal an«, sagt Margarete Hertel. Sichtlich aufgeregt reicht sie der Sekretärin das Stück Papier.

»Was soll das sein? Ist doch nur ein Stück Papier.«

»Verstehen Sie denn nicht?«

Die Plottnitz schüttelt den Kopf. »Das ist ein Teil einer Postkarte, die aus Barcelona stammt. Hier steht es ja …« Sie deutet mit ihrem Zeigefinger auf die Adresse und liest diese betont langsam vor: »›Münchner Bierstübl, Deutsche Küche, Plaza de la Universidad, Barcelona‹.«

Fräulein Plottnitz versteht immer noch nicht.

»Als ich vor ein paar Jahren in Berlin war«, erläutert Margarete Hertel, »erwähnte der Kommissar dieses Restaurant in Barcelona. Daran erinnere ich mich noch, als ob es gestern war. Erich sei dort Jahre nach seinem Verschwinden angeblich gesehen worden. Diese Spur erschien aber mehr als vage, sodass man sie nicht weiterverfolgt hat. Dann kam ja auch irgendwann der Krieg …« Sie spricht den Satz nicht zu Ende, stattdessen nimmt sie das Buch zur Hand. »Und nun erhalte ich aus dem Nachlass von Erichs einstigem Hausmädchen ein Buch, das ursprünglich meinem Bruder gehört hat und in dem jener Postkartenschnipsel steckt. Doch Erich ist bis zu seinem Verschwinden nie in Spanien gewesen. Ich frage Sie: Wie kommt dieses Stück Papier in das Buch?«

»Allmächtiger! Das hieße ja, dass Ihr Bruder noch lebt.« Fräulein Plottnitz bekreuzigt sich.

»Nicht so schnell, meine Liebe«, antwortet Margarete Hertel. »Ich bin vorsichtig geworden und will mich nicht in irgendwas verrennen. Es ist ja auch nicht klar, wer der Empfänger dieser Postkarte war. Etwa das Hausmädchen? Oder doch meine Schwägerin? Gut möglich, dass das Fräulein Zillich das Buch von Charlotte erhalten und mit der Angelegenheit gar nichts zu tun hat.«

»Und wer die Karte geschrieben hat, lässt sich anhand des Schnipsels auch nicht feststellen«, wendet die Plottnitz ein.

»Da haben Sie recht. Wie auch immer, irgendetwas stimmt hier nicht.« Margarete Hertel geht zum Fenster und blickt auf den Platz vor dem Verlagshaus. Kurz darauf fährt sie fort: »Nach meiner Rückkehr aus Berlin hatte ich mit dem Thema abgeschlossen. Sie erinnern sich sicher noch, wie ich damals zu meinem Mann sagte, dass ich meinen Frieden mit Erichs Verschwinden gemacht hätte und dass die Dämonen der Vergangenheit mich nun in Ruhe lassen würden.« Sie geht zum Schreibtisch zurück und nimmt die Postkarte in die Hand. »Doch dieser kleine Papierfetzen bringt alles zurück. Erich, Charlotte, der See, das Auto, die vielen offenen Fragen.«

»Was haben Sie denn nun vor?«, fragt die Sekretärin merklich betroffen.

»Ich fahre so schnell wie möglich nach Barcelona!«

Fräulein Plottnitz bekreuzigt sich ein zweites Mal.

★

Gut zwei Wochen später macht sich Margarete Hertel auf den Weg nach Spanien. Über Hannover, Straßburg, Dijon, Lyon, Narbonne und Portbou erreicht der Zug nach dreißigstündiger Fahrt schließlich den Bahnhof von Barcelona. Der Estació de França liegt im Osten der Altstadt, unweit des Meeres, und ist ein imposantes Bauwerk. Als sie durch die neunundzwanzig Meter hohe und knapp zweihundert Meter lange Bahnhofshalle geht, wird ihr schlagartig bewusst, dass sie sich auf ein großes Wagnis eingelassen hat. Barcelona hat etwa eineinhalb Millionen Einwohner, mit den Vororten sind es sogar gut zwei Millionen. Wie soll sie sich dort zurechtfinden? Fräulein Plottnitz hat sie für verrückt erklärt. Natürlich hat sie ihr das nicht ins Gesicht gesagt, denn sie ist ja ihre Chefin, doch ein verständnisloser Blick und ein skeptischer Augenaufschlag sagen oft mehr als Worte. Sie ließ sich aber nicht beirren und besorgte sich die neueste Ausgabe eines Spanien-Reiseführers, den ihr eine Buchhändlerin empfohlen hatte.

Margarete Hertel spricht kein Spanisch. Glaubt man dem Reiseführer, kommt man in Barcelona auch mit dem Französischen oder Englischen weiter. Französisch beherrscht sie ebenfalls nicht, doch ihr Englisch ist recht passabel. Darüber hinaus sind am Ende des Handbuchs ein paar gängige Formulierungen in Spanisch aufgelistet, die sie so oft vor sich hingesagt hat, dass sie diese nun auswendig kann.

Ich bin Ihnen sehr dankbar: Le estoy muy agradecido.

Ich bitte Sie höflich darum: Se lo pido por favor.

Ich verstehe nicht: No entiendo.

Ich komme aus Deutschland: Soy de Alemania.

Einen Satz musste sie sich selbst zusammenreimen: Estoy buscando a mi hermano. Ich suche meinen Bruder.

Margarete Hertel bezieht ihr Quartier im Hotel Condestable. Diese Unterkunft ist als Haus der Klasse 1B nicht ganz billig, hat aber einen unbezahlbaren Vorteil. In der Ronda de la Universidad gelegen, sind es nur wenige Meter zur Plaza de la Universidad, wo sich das Münchner Bierstübl befindet. In Gedanken hat sie sich in den vergangenen Tagen oft ausgemalt, wie sie sich dort auf die Lauer legt, am besten an einer Stelle, von der sie den gesamten Platz sowie den Eingang des Lokals im Blick hat. Doch als sie nun erstmals auf dem Platz vor der Universität steht, wird ihr augenblicklich klar, wie unsinnig dieses Vorhaben ist. Die Plaza de la Universidad ist ein großes und ziemlich unübersichtliches Areal, auf das mehrere Hauptverkehrsstraßen zulaufen. Hinzu kommen zahlreiche Straßenbahnlinien, die, von der Plaza de Cataluña heranfahrend, über den Platz führen. Zu mancher Stunde ist der Straßenlärm ohrenbetäubend.

Es ist halb zwölf, als sie das Münchner Bierstübl betritt. Die Einrichtung ist so, wie man sich in Barcelona eine bayerische Gastwirtschaft vorstellt. Rustikal, viel Holz, anheimelnd. Über der Tür hängt ein Kruzifix, an der Stirnseite ein gerahmtes und signiertes Porträt von Francisco Franco.

Margarete Hertel nimmt an einem der freien Tische Platz, eine mürrisch dreinschauende Kellnerin bringt die Speisekarte. Das Menü ist zweisprachig – links in Deutsch, rechts in Spanisch – und bietet viele Fleischgerichte auf. Daneben diverse Suppen und Salate sowie eine Handvoll Süßspeisen.

Nach ein paar Minuten kommt die Bedienung zurück. »¿Qué desea?«, fragt die Frau in der geblümten Schürze«.

Margarete Hertel ist darauf nicht vorbereitet, stammelt »ich« und »bitte« und zeigt schließlich auf die Leberknödelsuppe.

»Ach so ... Deutsche«, antwortet die Kellnerin. »Sagen Sie das doch gleich. Sie wünschen die Suppe?« Margarete Hertel nickt. »Ja, bitte ... und ein Glas Bier.«

Das Lokal hat sich mittlerweile gefüllt. Während sie auf ihr Essen wartet, mustert sie die anwesenden Gäste. An einem der Tische sitzt ein stämmiger Mann mit Halbglatze und Stiernacken, der sich mit einer Frau angeregt unterhält, die ein auffälliges Muttermal hat. Margarete Hertel versucht herauszuhören, in welcher Sprache die beiden miteinander sprechen, doch als sich die Tür öffnet, schaut sie unweigerlich dorthin.

Ein Mann von Anfang fünfzig betritt das Restaurant. Er ist gut gekleidet, trägt einen grauen Anzug, einen leichten Überzieher und hält in der rechten Hand einen Aktenkoffer. Er geht auf einen Gast zu, der zwei Tische von Margarete Hertel entfernt sitzt und offenbar auf ihn wartet. Als die beiden Männer sich erkennen, sagt der mit dem Aktenkoffer: »Heil Hitler, Obersturmbannführer!« Beide Männer lachen laut und reichen sich zur Begrüßung die Hände.

Wo bin ich hier nur hineingeraten, denkt Margarete Hertel. Sie hat ihren Bruder vor fast zwanzig Jahren das letzte Mal gesehen. Das ist eine sehr lange Zeit. Falls er noch lebt, wäre er nun über fünfzig. Vielleicht trägt er ja inzwischen Bart? Vielleicht würde sie ihn gar nicht wiedererkennen? Zur Sicherheit führt sie in ihrer Handtasche ein Foto von Erich mit sich. Die Aufnahme entstand im Sommer 1931 bei einem Besuch von ihm in Bad Gandersheim. Als ob sie ihrer Erinnerung nicht trauen würde, schaut sie ab und zu auf das Bild. Doch eine Person, die auch nur entfernt wie der Mann auf dem Abzug aussieht, ist nirgends zu erkennen.

»Wohl zu munden«, sagt die Bedienung und serviert die Suppe und das Bier.

Doch Margarete Hertel schenkt dem Essen keine Beachtung. Als die Kellnerin etwas später die Suppenterrine abräumt und sich erkundigt, ob es denn zugesagt habe, weiß sie keine ehrliche Antwort.

Die Stunden vergehen, und um vierzehn Uhr sitzt sie immer noch an ihrem Platz.

»Soll's noch etwas sein?«, fragt die Bedienung.

Margarete Hertel schüttelt den Kopf. »Darf ich Ihnen eine Frage stellen?«

»Warum nicht.«

»Wie lange leben Sie schon in Barcelona?«

»Seit fünfzehn Jahren«, antwortet die Kellnerin. »Ist 'ne lange Zeit, nicht wahr?«

»Allerdings.« Margarete Hertel öffnet ihre Handtasche, entnimmt ihr das Foto und legt es auf den Tisch. »Haben Sie diesen Mann schon mal gesehen?«

Die Serviererin betrachtet das Foto.

»Sie müssen sich die Person deutlich älter vorstellen«, ergänzt Margarete Hertel. »Das Bild ist schon einige Jahre alt.«

Noch bevor die Frau antworten kann, kommt der stämmige Mann mit der Halbglatze und dem Stiernacken, den Margarete Hertel zuvor beobachtet hat, auf die beiden zu. Der Mann schwitzt übermäßig, wobei der Schweiß vom Kopf in die Falten seines Nackens rinnt, wo zahllose fettige Mitesser in voller Blüte stehen.

»Hier bist du ja«, sagt er zu der Kellnerin. Das kreisrunde Gesicht ist von apoplektischer Farbe wie rohe Leber. »Ich habe dich schon überall gesucht. Wie oft soll ich dir noch sagen, dass ich dich nicht zum Reden beschäftige.«

»Das ist meine Schuld«, sagt Margarete Hertel. »Ich habe lediglich gefragt, ob die Person auf dem Foto hier bekannt ist.«

Der Mann wirft einen Blick auf das Bild und erklärt umgehend: »Nein, bedaure, noch nie gesehen. Ganz sicher nicht.«

»Schauen Sie ruhig etwas länger hin«, fordert Margarete Hertel den Mann auf und wiederholt: »Das Bild ist knapp zwanzig Jahre alt.«

»Wenn ich es Ihnen doch sage, dass ich diese Person nicht kenne, dann kenne ich sie auch nicht«, antwortet die Halbglatze. Der Mann erhebt vor Ärger seine Stimme: »Ich bin der Wirt dieses Lokals. Und wenn ich Ihnen zu verstehen gebe, dass dieser Herr hier nicht verkehrt, können Sie mir das getrost glauben. Kann ich Ihnen sonst irgendwie dienen?«

»Dann möchte ich gerne zahlen.«

Der Mann nickt, wodurch sich für kurze Zeit die Falten seines Stiernackens öffnen. »Du hörst ja, was die Dame sagt«, raunt er der Kellnerin zu. »Und danach marsch zurück an deine Arbeit.« Ebenso plötzlich, wie er aufgetaucht war, ist er wieder verschwunden.

Die Bedienung addiert die Preise auf einem Block. Doch bevor sie den Zettel dem Gast übergibt, notiert sie auf der Rückseite in fliehender Schrift: »Kommen Sie um 18 Uhr zur Kirche Santa Anna, südlich von der Plaza de Cataluña. Ich kann Ihnen vielleicht helfen.«

★

Die Kirche Santa Anna ist eine Oase der Ruhe und des Friedens. So heißt es jedenfalls in Margarete Hertels Reiseführer. Und in der Tat: Als sie durch eine Toreinfahrt den Placeta de Ramon Amadeu betritt, hat sie sofort das Gefühl, in einer anderen Stadt zu sein. Hier die Menschenmengen und der Trubel, dort eine abgeschiedene Idylle. Vor der Kirche steht ein kleiner Kiosk, in dem Blumen zum Kauf angeboten werden. Ein echtes Postkartenmotiv.

Die Anfänge der Kirche lassen sich bis in das 12. Jahrhundert zurückverfolgen, wie man dem Reiseführer entnehmen kann, als Mitglieder des Ritterordens vom Heiligen Grab zu Jerusalem nach Barcelona entsandt wurden. Der Bau des Gotteshauses erstreckte sich schließlich über drei Jahrhunderte. Doch Margarete Hertel hat für die Schönheit der Architektur kein Auge, sie ist in Gedanken woanders. Mehrfach schaut sie auf ihre Armbanduhr. Zur besagten Zeit hat sie die Kirche betreten, und nun positioniert sie sich in einer Bank in der Mitte des Kirchenschiffs. Dort, so glaubt sie, ist sie für die Kellnerin gut zu erkennen.

»Da sind Sie ja«, flüstert die Bedienung aus dem Münchner Bierstübl, die plötzlich in der Reihe hinter ihr sitzt. »Kommen Sie … wir gehen in den Kreuzgang. Dort können wir uns in Ruhe unterhalten.«

»Ich liebe diesen Teil der Kirche ganz besonders«, sagt die Kellnerin, als sie im Innenhof der Kirche angelangt sind. »Achten Sie einmal darauf, dass jede Seite des Kreuzgangs aus exakt zehn Rundbögen besteht. Und haben Sie schon den kleinen Brunnen hier in der Mitte des Hofes entdeckt?« Die Frau zeigt sich nun redselig. »Sie müssen wissen«, erläutert sie weiter mit feierlichem Unterton, »ich bin katholisch. Und wenn man schon so lange wie ich im Ausland lebt, kann so eine wunderschöne Kirche ein ganz klein wenig die Heimat ersetzen. Sind Sie katholisch?«

Margarete Hertel schüttelt den Kopf. »Darf ich Sie fragen, was Sie damit meinten, dass Sie mir helfen können?«

»Ganz einfach«, antwortet die Kellnerin, während die Frauen langsam durch den Kreuzgang wandeln. »Ich habe den Mann auf dem Foto schon einmal hier in Barcelona gesehen.«

Margarete Hertel erstarrt vor Schreck.

»Um Gottes willen! Sie zittern ja. Setzen wir uns lieber für einen Moment.«

Sie nehmen auf einer verwitterten Steinbank Platz. Margarete Hertel zieht erneut das Foto aus ihrer Handtasche und zeigt es ihrer Begleiterin. »Sind Sie sich ganz sicher, dass sie diese Person kennen?«

»Ja«, antwortet die Kellnerin kurz und bündig. »Dieser Mann hat sich gelegentlich mit Josef, meinem Chef, im Bierstübl getroffen.«

»Wie kann Ihr Chef dann das Gegenteil behaupten? Das verstehe ich nicht. Was ist schon dabei …«

»Ich kann Ihnen nicht sagen, warum er bestreitet, die Person vom Foto zu kennen. Ich weiß nur, dass mein Chef ein sehr einflussreicher Mann ist, mit dem man sich besser nicht anlegt. Wenn man keine Fragen stellt, kann man mit ihm klarkommen. Das habe ich schnell gelernt.« Die Kellnerin schaut vorsichtig nach links und rechts. »Wir müssen vorsichtig sein«, sagt sie leise. »Spanien ist kein freies Land. Und was glauben Sie, wer im Bierstübl alles ein und aus geht? Bei uns verkehren Männer, die man in Deutschland von den Fahndungsplakaten kennt. Alte Nazis. Vielleicht ist der Mann ja ein Kriegsverbrecher, wird gesucht und hat sich nun nach Spanien abgesetzt. Er wäre nicht der Erste …«

»Mein Bruder?!«

»Der Mann auf dem Foto ist Ihr Bruder?«, fragt die Kellnerin ungläubig.

»Ja. Er heißt Erich Mühe.«

»Merkwürdig«, sagt die Frau nachdenklich. »Josef hat ihn mit einem spanischen Namen angeredet. Doch wenn ich genauer darüber nachdenke, habe ich damals schon nicht geglaubt, dass der Mann Spanier ist.«

»Warum? Haben Sie mit ihm gesprochen?«

»Nein. Ich stelle keine Fragen, ich will ja keinen Ärger. Es war eher sein ganzes Auftreten – das kam mir nicht sehr spanisch vor. Verzeihen Sie, wenn ich das sage, doch der Mann war mir irgendwie unheimlich.«

»Können Sie sagen, warum?«

»Nicht wirklich, es war eher ein Gefühl. Aber es ist jetzt besser, wenn wir von hier verschwinden.«

Die beiden Frauen erheben sich und gehen schweigend zum Ausgang der Kirche. Sie öffnen eine schwere Holztür und treten ins Freie. Die Sonne scheint ihnen ins Gesicht. Sie müssen blinzeln, um etwas erkennen zu können.

»Dieses Gespräch hat nicht stattgefunden«, sagt die Kellnerin zum Abschied zu Margarete Hertel. Dann fügt sie hinzu: »Kommen Sie in den nächsten Tagen noch einmal zu uns ins Bierstübl. Vielleicht kann ich bis dahin noch etwas in Erfahrung bringen. Aber Sie dürfen sich nichts anmerken lassen. Und Sie dürfen meinem Chef auf gar keinen Fall sagen, dass wir uns getroffen haben. Das müssen Sie mir versprechen. Der wäre sonst zu allem fähig.«

Sie verspricht es. Danach trennen sich ihre Wege.

Auf dem Weg zum Hotel weiß Margarete Hertel nicht, was sie denken soll. In ihrem Kopf herrscht Chaos. Erich scheint noch zu leben. Doch warum hat er sich in all den Jahren nicht bei ihr gemeldet? Irgendetwas muss vorgefallen sein. Aber was? Und was, wenn diese Vorfälle so monströs sind, dass man davon gar nichts wissen möchte? Hat Erich sich womöglich eines schlimmen Verbrechens schuldig gemacht, eines so schrecklichen, dass man es ihm nicht verzeihen könnte? Vielleicht war es ein Fehler, nach Barcelona zu reisen …

Als sie auf der Plaza de Cataluña steht, hört sie plötzlich laute Schreie. An einer Straßenbahnhaltestelle bildet sich eine Menschentraube. Eine Frau ruft: »Socorro! Hilfe!«, andere gestikulieren mit den Armen, wieder andere drehen sich entsetzt weg. Eine junge Mutter hält ihrem weinenden Kind die Hände vor das Gesicht. Und immer wieder: »Socorro … socorro!«

Margarete Hertel nähert sich der Menge, fast magisch angezogen. Zunächst kann sie allerdings nicht erkennen, was passiert ist. Langsam schiebt sie sich nach vorne. Dann sieht sie, dass eine schwer verletzte Person auf den Gleisen liegt. Offensichtlich wurde sie von der einfahrenden Straßenbahn erfasst. Sie tritt noch näher heran, dann erkennt sie das Gesicht der Kellnerin aus dem Bierstübl.

»Um Gottes willen!«, ruft sie entsetzt und beugt sich zu der blutenden Frau. »Was ist geschehen?«

Die Kellnerin bewegt die Lippen, doch sie versteht sie nicht. Als sie schließlich ihr rechtes Ohr ganz nah über den Mund der Verletzten hält, flüstert diese mit letzter Kraft: »Eine Hand … ich habe plötzlich eine Hand auf meiner Schulter gespürt …« Noch bevor Margarete Hertel die Worte begreifen kann, hört sie das Eintreffen des Krankenwagens.

»Gleich wird Ihnen geholfen«, sagt sie und erhebt sich.

Während die Menschen beiseitetreten, um den Sanitätern Platz zu machen, fällt ihr Blick auf einen Mann, der etwas entfernt vom Unfallort steht. Sie schaut ihm frontal ins Gesicht, ihre Augen treffen sich. Starr und entgeistert sieht der Mann sie an.

»Erich?«, ruft sie. Dann lauter: »Erich?«

Sie bahnt sich ihren Weg durch das Chaos zu der Stelle, wo der Mann stand. Doch als sie dort ankommt, ist er verschwunden.

Die Sanitäter bedecken den leblosen Körper mit einem weißen Tuch.

OLIVER HILMES ÜBER DIE RECHERCHEN
ZU DIESEM BUCH

An einem der wenigen Regentage des endlosen Sommers 2015 besteige ich die Berliner S-Bahn und mache mich auf den Weg zum Landesarchiv. Ich recherchiere seit einiger Zeit für ein neues Buch über die Olympischen Spiele von 1936, das im nächsten Jahr erscheinen soll. Archivbesuche haben immer etwas Unvorhersehbares, denn man weiß nie, was einen dort erwartet. Ein bekannter Publizist hat mich vor einigen Jahren einmal verständnislos gefragt, warum ich mir denn immer so viel Mühe mit »dieser Archivarbeit« mache. »Diese Archivarbeit« – aus seinem Mund klang das irgendwie negativ, als ob das Forschen in Archiven im Grunde pure Zeitverschwendung sei. Ich finde diesen Einwand immer noch so absurd, als frage man einen Friseur, warum er Haare schneide.

Für einen Historiker wie mich gehört das Stöbern in alten Akten, Papieren, Zeitungen und Fotoalben zur beruflichen DNA. Das ist mühsam und zeitaufwändig, meistens holt man sich an den verstaubten Dokumenten schmutzige Finger, und nicht selten findet man keine verwertbaren Informationen. Doch mit dem richtigen Riecher und etwas Glück sind echte Archivschätze zu heben – brisante Briefe, intime Tagebücher, Fotos und andere bedeutende Papiere, die bislang unentdeckt geblieben waren. Man nehme etwa die Protagonistin meines ersten Buches:

Alma Mahler-Werfel. Über Almas sagenhaftes Leben existierten bereits mehrere Veröffentlichungen, als ich anfing, mich mit ihr zu beschäftigen. War nicht schon alles gesagt? Was sollte ich noch hinzufügen können? Schnell stellte sich jedoch heraus, dass alle Alma-Biographien einen – allerdings entscheidenden – Nachteil hatten: die lückenhafte Quellenbasis. Woher die Autorinnen und Autoren ihre Informationen nahmen, blieb ihr Geheimnis. Das war meine Chance! Wie konnte ich nun Alma am besten gerecht werden? Indem ich versuchte, möglichst viele unbekannte Dokumente zu finden, aus denen Alma direkt zu uns spricht. So entdeckte ich ihre verschollen geglaubten Tagebücher.

»Für den heutigen Tag habe ich mir einen Bestand gewählt, der den etwas umständlichen Titel ›Zentralkartei für Mordsachen und Lehrmittelsammlung‹ trägt«

Die S-Bahn rattert über die Gleise, und es bleiben mir gerade einmal siebzehn Minuten, in denen ich meine Notizen studieren kann. Menschen steigen zu, andere verlassen den Waggon. Die Fahrscheine werden kontrolliert. Ein junger Mann isst Döner Kebap. An der Station Eichborndamm steige ich aus, verlasse das Bahnhofsgebäude und gehe durch die regennasse Straße. Ein paar schmucke Häuser aus den 1920er-Jahren stehen neben hässlichen Wohnblocks, die 50 Jahre später entstanden sind. Man sieht nur wenige Menschen. Die Erde dampft. Nach etwa 200 Metern habe ich mein Ziel erreicht.

Das Landesarchiv befindet sich in einem neogotischen Backsteinbau, der zwischen 1907 und 1917 für die »Deutschen Waffen- und Munitionsfabriken« errichtet worden war. Welch eine Ironie der Geschichte, dass das Gedächtnis der Stadt Berlin in einem Gebäude untergebracht ist, in dem einmal etwas hergestellt wurde, das Krieg und Zerstörung über Städte, Landschaften und Menschen brachte! Im Lesesaal liegen die vorab bestellten Akten für mich bereit.

Für den heutigen Tag habe ich mir einen Bestand vorgenommen, der den etwas umständlichen Titel »Zentralkartei für Mordsachen und Lehrmittelsammlung« trägt. Meine Hoffnung ist, dass ich dort einen spannenden Fall aus dem Sommer 1936 finde. Eine Geschichte, in der es nicht um Sport, Athleten, Hitler und Goebbels geht, sondern um die Schicksale von normalen Berlinerinnen und Berlinern während jener sechzehn Tage im August.

»Leichen durften nicht mehr angerührt, Gegenstände nicht weggeräumt oder Unbeteiligte an den Tatort gelassen werden, bevor nicht alle Spuren gesichert waren.«

Die »Zentralkartei für Mordsachen« wurde von Ernst Gennat (1880–1939) angelegt. Der schwergewichtige Kommissar genießt unter Krimifans Kultstatus, gilt er doch als der erste »Profiler« weltweit. Gennat hat die kriminalistische Ermittlungsarbeit revolutioniert: Leichen durften nicht mehr angerührt, Gegenstände nicht weggeräumt oder Unbeteiligte an den Tatort gelassen werden, bevor nicht alle Spuren gesichert waren. Gennats Ziel war es, Material über Kapitalverbrechen gesamtheitlich zu erfassen und auszuwerten. Das war für die damalige Zeit ein überaus fortschrittlicher Ansatz. Wurden Akten bis dato nach Ablauf einer gewissen Frist vernichtet, hat Gennat die Unterlagen über interessante Verbrechen aufbewahrt. In kurzer Zeit konnten so länger zurückliegende Fälle rekonstruiert werden, um mögliche Verbindungen zu einer aktuellen Tat erkennbar werden zu lassen. Gennat wollte, dass die Polizei aus den Fallbeschreibungen lernt. In den etwa 2400 Akten aus Gennats Sammlung geht es um Se-

Berlin Alexanderplatz 1932
Rechts hinten ist die Kuppel des Berliner Polizeipräsidiums, genannt
»Rote Burg«, zu erkennen (© akg-images/Sammlung Berliner Verlag/Archiv)

rienmörder wie Peter Kürten, den »Vampir von Düsseldorf«, um
Verbrechen gegen die Sittlichkeit, Körperverletzung, Diebstahl
und Unterschlagung, Suizide, Raub und Erpressung, politisch
motivierte Verbrechen und autoerotische Unfälle. In den Dossiers
finden sich Zeugenaussagen, Obduktionsberichte, Gutachten, Ab-
schiedsbriefe, Geständnisse, Fotos von Verdächtigen und Tätern
sowie Zeitungsausschnitte. Die meisten dieser Delikte geschahen
in Berlin, doch der Kommissar hat auch außergewöhnliche Fälle
aus der Republik und dem benachbarten Ausland registriert.

Im Sommer 2015 sitze ich also im Lesesaal des Landesarchivs
und wühle mich durch menschliche Abgründe. Immer wieder
legen die Mitarbeiterinnen und Mitarbeiter des Archivs neue
Aktenbündel auf meinen Tisch. Manche sind mit Kordeln gebunden, um nicht auseinanderzufallen, und scheinen seit Jahren
oder Jahrzehnten nicht benutzt worden zu sein. War vielleicht
Ernst Gennat der letzte, der die Blätter in Händen hielt? Um in

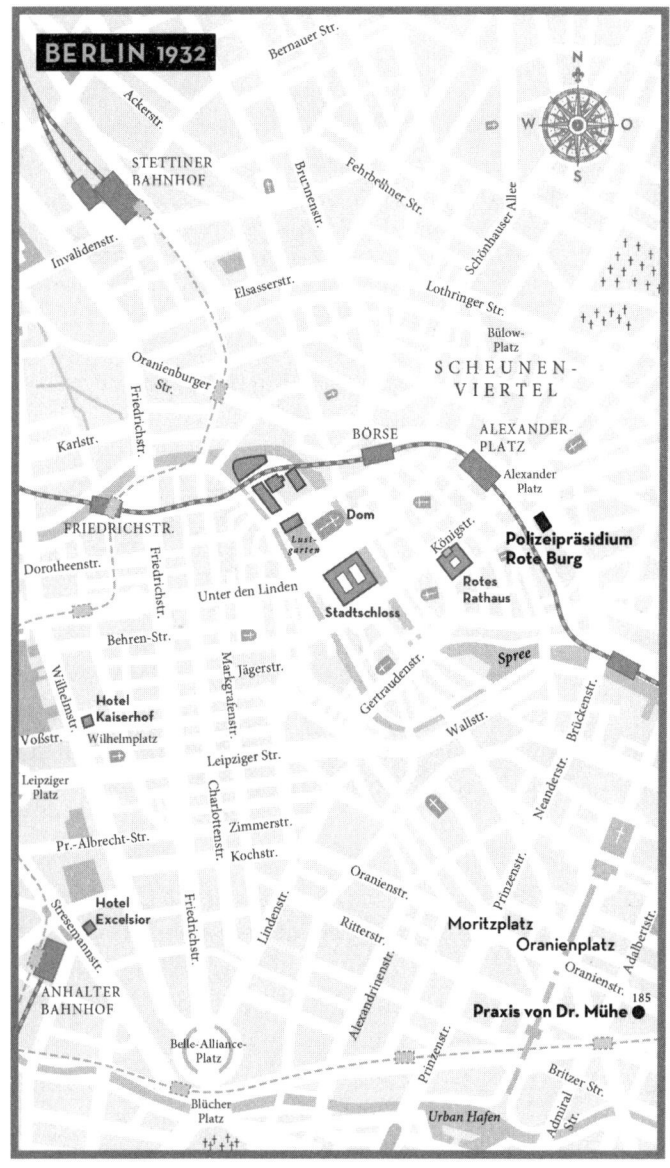

BERLIN 1932

Bernauer Str.

Ackerstr.

STETTINER
BAHNHOF

Invalidenstr.

Brunnenstr.

Fehrbelliner Str.

Schönhauser Allee

Elsasserstr.

Lothringer Str.

Oranienburger
Str.

Bülow-
Platz

SCHEUNEN-
VIERTEL

Friedrichstr.

Karlstr.

BÖRSE

ALEXANDER-
PLATZ

Alexander
Platz

FRIEDRICHSTR.

Dom

Königstr.

Polizeipräsidium
Rote Burg

Dorotheenstr.

Lust-
garten

Friedrichstr.

Rotes
Rathaus

Unter den Linden

Stadtschloss

Behren-Str.

Jägerstr.

Spree

Markgrafenstr.

Gertraudenstr.

Wilhelmstr.

Hotel
Kaiserhof

Wilhelmplatz

Wallstr.

Brückenstr.

Neanderstr.

Voßstr.

Leipziger Str.

Leipziger
Platz

Charlottenstr.

Zimmerstr.

Pr.-Albrecht-Str.

Kochstr.

Oranienstr.

Prinzenstr.

Adalbertstr.

Hotel
Excelsior

Friedrichstr.

Lindenstr.

Ritterstr.

Moritzplatz

Stresemannstr.

Oranienplatz

Oranienstr.

ANHALTER
BAHNHOF

Alexandrinenstr.

Praxis von Dr. Mühe ●

185

Belle-Alliance-
Platz

Prinzenstr.

Britzer Str.

Blücher
Platz

Urban Hafen

Admiral
Str.

N
W O
S

243

der Papierflut nicht unterzugehen, will ich mich auf Fälle aus dem Sommer 1936 konzentrieren. Schnell werde ich fündig. Die Geschichte der Martha Geidel, einer 36-jährigen alleinerziehenden Mutter, die sich und ihre kleine Tochter umbringt, bewegt mich sehr. Und was hat Erna Rakel dazu veranlasst, am S-Bahnhof Neukölln vor einen einfahrenden Zug zu springen? Beide Geschichten werde ich später in meinem Buch »Berlin 1936« aufgreifen.

»Als nächstes nehme ich mir eine gut 100 Seiten starke Akte vor, in der es laut Kurzbeschreibung um eine Vermisstensache geht.«

Als nächstes nehme ich mir eine gut 100 Seiten starke Akte vor, in der es laut Kurzbeschreibung um eine Vermisstensache geht. Ich öffne behutsam den Deckel und werfe einen flüchtigen Blick auf die erste Seite.

Wenige Zeilen genügen, und mir wird klar, dass der Fall im Frühjahr 1932 spielt – für mein aktuelles Buchprojekt vier Jahre zu früh. Nun hätte ich die Kladde sofort wieder schließen können, um mich dem nächsten Konvolut zuzuwenden, doch meine Blicke bleiben auf dem gelbstichigen Papier hängen. Ist es Zufall, oder der Instinkt des archiverfahrenen Historikers? Ist es der »richtige Riecher«, der mich dazu bringt, die Akte nicht wegzulegen? Wie auch immer – ich blättere nun durch den ganzen Stapel, lese Seite um Seite und tauche zum ersten Mal tief in das Leben eines Mannes ein, ohne ahnen zu können, wie lange er mich beschäftigen wird.

Aktendeckel »Fall Mühe«

Ist es der »richtige Riecher«, der mich dazu bringt, die Akte nicht wegzulegen?

Wie immer, wenn ein Mensch vermisst wird, befragt die Polizei zunächst das Umfeld: Familie, Freunde und Bekannte, Nachbarn und Arbeitskollegen. Das war auch 1932 so. Insofern besteht die Akte Mühe hauptsächlich aus Verhörprotokollen und Aktennotizen, aus denen sich ein ungefähres Bild des Falls ergibt.

Berlin-Kreuzberg, im Juni 1932. Der Arzt Dr. Erich Mühe betreibt eine gutgehende Praxis in der Oranienstraße. Mühe ist 34 Jahre alt und seit gut acht Jahren verheiratet. Seine Frau Charlotte ist nicht berufstätig. Sie liebt das Schöngeistige, nimmt Gesangunterricht und geht gerne in die Oper und in Konzerte. Da Erich Mühe sehr viel Geld verdient, können sich die Eheleute in politisch und wirtschaftlich schwierigen Zeiten ein sorgenfreies Leben auf großem Fuß leisten.

An einem späten Montagabend verlässt Mühe seine Wohnung und kommt nicht mehr zurück. Sein Auto wird am folgenden Tag am Sacrower See im Süd-Westen Berlins von einem Gastwirt gefunden, doch vom Doktor fehlt jede Spur. Zunächst sieht alles nach einem Badeunfall aus: Mühe sei nachts zum Schwimmen an den See gefahren und dort ertrunken, heißt es, eine Leiche wird allerdings nicht gefunden. Routinemäßig übernimmt die Kriminalpolizei die Ermittlungen und führt zahlreiche Verhöre. Die Beamten befragen Patienten und Hausangestellte des Arztes, die Ehefrau, deren Gesangslehrer, Kollegen und Bekannte. Jeder hat eine andere Erklärung für das, was geschehen sein könnte. Die Polizisten tappen lange im Dunkeln. Als sicher gilt nur, dass Dr. Mühe nicht im See ertrunken ist. Derweil tun sich immer mehr Ungereimtheiten auf.

```
                    I n v e n t a r
                    ====================

                    des Nachlasses
                    =================

der verstorbenen Frau Charlotte M ü h e, Charlottenburg Eisenacherstr.6.
=====================================================================


        Pos.1.  1 Flügel    (Hoffmann)                     ℳ 250.-
         "  2.  1 Schrankgramophon mit Platten               25.-
         "  3.  1 Klavierbank                                10.-
         "  4.  1 Sofa,2 Sessel  Damast  def. 1 Fusskissen   75.-
         "  5.  1 runder Tisch                                5.-
         "  6.  1 echte Tischdecke,1 Zierdecke               10.-
         "  7.  1 Glasvase                                    2.-
         "  8.  1 Ständerlampe                               15.-
         "  9.  1 schwarzes Kissen                            2.-
         " 1o.  2 Stühle mit Damast                          15.-
         " 11.  1 Bücherschrank mit Rollwände                20.-
         " 12.  1 Partie Bücher                              20.-
         " 13.  1 kleine blaue Vase,4 Nippes                  2.-
         " 14.  1 Lichterkrone                               3o.-
         " 15.  2 Fensterdekorationen                        2o.-
         " 16.  1 Bronce Pferd                                5.-
         " 17.  1 Bronce Figur                                5.-
         " 18.  1 Sektkühler als Ständer                      1.-
         " 19.  1 Schreibmaschine mit Tisch    (Kappel?)     75.;-
         " 2o.  1 Afghanbrücke                               5o.-
         " 21.  1 Brücke    rot                              4o.-
         " 22.  1 Brücke    bunt                             4o.-
         " 23.  1 kleine Brücke                              2o.-
         " 24.  1 kleiner echter Teppich                    1oo.-
         " 25.  1 Ölbild              Frauenkopf              5.-
         " 26.  1  dto              2 Sängerinnen             5.-
         " 27.  1 ·dto               Landschaft              5.-
         " 28.  1  dto   def. Rahmen  Nonne                  5.-
         " 29.  1 kl. Ölbild                                 2.-
         " 3o.  1 Ölbild    versilbertem Rahmen              5.-
         " 31.  1 Samtkissen                                 1.-

                    Schlafzimmer
         " 32.  1 Ankleideschrank                           75.-
         " 33.  1 Waschkomode,2 Nachttische                 3o.-
                                             ======================

                              Übertrag: ℳ  970.-
```

Inventar des Nachlasses der verstorbenen Charlotte Mühe

Moritzplatz in Berlin, 1935 (© akg images /akivi)

**Es ist ein raffiniertes Vexierspiel, in dessen Verlauf
immer neue Spuren und Fährten gelegt werden.**

Als ich die Akte Mühe zu Ende gelesen hatte, ist mir sofort klar, dass ich darüber irgendwann einmal ein Buch schreiben werde. Was mich an diesem Fall so fasziniert, ist das ständige Wechseln der Richtung: Glaubt man für einen Moment, eine Erklärung für das Verschwinden des Arztes zu haben, nimmt die Geschichte in der nächsten Sekunde eine ganz neue Wendung. Es ist ein raffiniertes Vexierspiel, in dessen Verlauf immer neue Spuren und Fährten gelegt werden. Nichts ist so, wie man zunächst glaubt.

»Das Verschwinden des Dr. Mühe« erzählt eine faszinierende Kriminalgeschichte aus der Spätzeit der Weimarer Republik. Das Buch ist aber auch eine Geschichte von Schuld und Verbrechen und darüber, wozu Menschen fähig sind.

Die vielen Namen, Adressen und lokalhistorischen Details – von Frau Kornrumpfs Bandagengeschäft bis zu Aschingers

Speisekarte – sind penibel recherchiert, die Dialoge indes größtenteils fiktionalisiert. Bei einem Film würde man vorwegstellen: »Nach einer wahren Begebenheit.«

Ihr allein kleine

Oliver Hilmes, Berlin, im März 2020

BERLINER UMLAND 1932

Neubrandenburg

Fleesensee Kölpinsee · Waren
Tollensesee
Plauer See Malchow
Müritz
Leizen · Neustrelitz
· Altstrelitz

· Pritzwalk · Wittstock
Templin ·
· Rheinsberg
Dosse
Gransee · Havel
RUPPINER LAND · Zehdenick
Kyritz · Neuruppin
Ruppiner See
Liebenwalde
Rhin Ruppiner Kanal Hohenzollern-Kanal
Kremmen · Wandlitz
Oranienburg
Velten · Bernau ·
Hennigsdorf ·
· Rathenow Nauen ·
HAVELLAND Falkensee ·
Havel Spree
Sacrower See Berlin
(Gaststätte Waldfrieden)
Brandenburg · Potsdam ○
Werder · Teltow
Lehnin Nuthe Sputendorf
N · Ludwigslfelde
Beelitz
W O · Trebbin
S
Belzig ·

Verschiedene Schauplätze zum Fall Dr. Mühe

Weitere Informationen und Hintergründe unter
www.doktormuehe.de

»Was für ein Leben, was für eine Frau! Spannender als jeder Krimi.«
Elke Heidenreich

Cosima Wagner war eine Ausnahmeerscheinung.
Nach einer turbulenten Ehe mit dem Dirigenten Hans
von Bülow heiratete die uneheliche Tochter Franz Liszts
ihre große Liebe Richard Wagner – eine Beziehung,
die die Musikwelt verändern sollte.
Oliver Hilmes erzählt in seinem Bestseller das Leben
einer beeindruckenden Frau, die als »Herrin des
Hügels« zur Gralshüterin des Wagner-Kults wurde und
eine Dynastie gründete, die uns bis heute fasziniert.

PENGUIN VERLAG

OLIVER HILMES
LUDWIG II.
Der unzeitgemäße König

König Ludwig II. von Bayern (1845–1886) war und ist ein Mythos. Millionen Menschen besuchen jährlich seine Schlösser Neuschwanstein, Linderhof und Herrenchiemsee. Erstmals legt Bestsellerautor Oliver Hilmes nun eine Biographie des »Märchenkönigs« vor, die ihn als Herrscher und historische Gestalt ernst nimmt. Denn Ludwig, so Hilmes, wusste trotz aller scheinbaren Widersprüche seines Lebens genau, was er wollte – ein absoluter König sein.

»Die maßgebliche Biografie Ludwigs II. von Bayern für unsere Zeit.«

www.pantheon-verlag.de